ZEITGESCHICHTE

Ehrenpräsidentin:
em. Univ.-Prof. Dr. Erika Weinzierl († 2014)

Herausgeber:
Univ.-Prof. DDr. Oliver Rathkolb

Redaktion:
em. Univ.-Prof. Dr. Rudolf Ardelt (Linz), ao. Univ.-Prof.[in] Mag.[a] Dr.[in] Ingrid Bauer (Salzburg/ Wien), SSc Mag.[a] Dr.[in] Ingrid Böhler (Innsbruck), Dr.[in] Lucile Dreidemy (Wien), Prof. Dr. Michael Gehler (Hildesheim), ao. Univ.-Prof. i. R. Dr. Robert Hoffmann (Salzburg), ao. Univ.-Prof. Dr. Michael John / Koordination (Linz), Assoz. Prof.[in] Dr.[in] Birgit Kirchmayr (Linz), Dr. Oliver Kühschelm (Wien), Univ.-Prof. Dr. Ernst Langthaler (Linz), Dr.[in] Ina Markova (Wien), Univ.-Prof. Mag. Dr. Wolfgang Mueller (Wien), Univ.-Prof. Dr. Bertrand Perz (Wien), Univ.-Prof. Dr. Dieter Pohl (Klagenfurt), Dr.[in] Lisa Rettl (Wien), Univ.-Prof. Mag. Dr. Dirk Rupnow (Innsbruck), Mag.[a] Adina Seeger (Wien), Ass.-Prof. Mag. Dr. Valentin Sima (Klagenfurt), Prof.[in] Dr.[in] Sybille Steinbacher (Frankfurt am Main), Dr. Christian H. Stifter / Rezensionsteil (Wien), Priv.-Doz.[in] Mag.[a] Dr.[in] Heidemarie Uhl (Wien), Gastprof. (FH) Priv.-Doz. Mag. Dr. Wolfgang Weber, MA, MAS (Vorarlberg), Mag. Dr. Florian Wenninger (Wien), Assoz.-Prof.[in] Mag.[a] Dr.[in] Heidrun Zettelbauer (Graz).

Peer-Review Committee (2018–2020):
Ass.-Prof.[in] Mag.[a] Dr.[in] Tina Bahovec (Institut für Geschichte, Universität Klagenfurt), Prof. Dr. Arnd Bauerkämper (Fachbereich Geschichts- und Kulturwissenschaften, Freie Universität Berlin), Günter Bischof, Ph.D. (Center Austria, University of New Orleans), Dr.[in] Regina Fritz (Institut für Zeitgeschichte, Universität Wien/Historisches Institut, Universität Bern), ao. Univ.-Prof.[in] Mag.[a] Dr.[in] Johanna Gehmacher (Institut für Zeitgeschichte, Universität Wien), Univ.-Prof. i. R. Dr. Hanns Haas (Universität Salzburg), Univ.-Prof. i. R. Dr. Ernst Hanisch (Salzburg), Univ.-Prof.[in] Mag.[a] Dr.[in] Gabriella Hauch (Institut für Geschichte, Universität Wien), Univ.-Doz. Dr. Hans Heiss (Institut für Zeitgeschichte, Universität Innsbruck), Robert G. Knight, Ph.D. (Department of Politics, History and International Relations, Loughborough University), Dr.[in] Jill Lewis (University of Wales, Swansea), Prof. Dr. Oto Luthar (Slowenische Akademie der Wissenschaften, Ljubljana), Hon.-Prof. Dr. Wolfgang Neugebauer (Dokumentationsarchiv des Österreichischen Widerstandes, Wien), Mag. Dr. Peter Pirker (Institut für Zeitgeschichte, Universität Innsbruck), Prof. Dr. Markus Reisenleitner (Department of Humanities, York University, Toronto), Dr.[in] Elisabeth Röhrlich (Institut für Geschichte, Universität Wien), ao. Univ.-Prof.[in] Dr.[in] Karin M. Schmidlechner-Lienhart (Institut für Geschichte/Zeitgeschichte, Universität Graz), Univ.-Prof. i. R. Mag. Dr. Friedrich Stadler (Wien), Assoc.-Prof. Dr. Gerald Steinacher (University of Nebraska), Assoz.-Prof. DDr. Werner Suppanz (Institut für Geschichte/Zeitgeschichte, Universität Graz), Univ.-Prof. Dr. Philipp Ther, MA (Institut für Osteuropäische Geschichte, Universität Wien), Prof. Dr. Stefan Troebst (Leibniz-Institut für Geschichte und Kultur des östlichen Europa, Universität Leipzig), Prof. Dr. Michael Wildt (Institut für Geschichtswissenschaften, Humboldt-Universität zu Berlin).

Alle Hefte dieser Zeitschrift sind peer-reviewed.

zeitgeschichte
47. Jg., Sonderheft (2020)

Neue Universitäten
Österreich und Deutschland in den
1960er- und 1970er-Jahren

Herausgegeben von
Maria Wirth

V&R unipress

Vienna University Press

Bibliografische Information der Deutschen Nationalbibliothek
Die Deutsche Nationalbibliothek verzeichnet diese Publikation in der Deutschen
Nationalbibliografie; detaillierte bibliografische Daten sind im Internet über
https://dnb.de abrufbar.

**Veröffentlichungen der Vienna University Press
erscheinen bei V&R unipress.**

Gedruckt mit freundlicher Unterstützung der Johannes Kepler Universität Linz.

Druck und Bindung: CPI books GmbH, Birkstraße 10, D-25917 Leck
Printed in the EU.

Vandenhoeck & Ruprecht Verlage | www.vandenhoeck-ruprecht-verlage.com

ISSN 0256-5250
ISBN 978-3-8471-1079-8

Inhalt

Oliver Rathkolb

Vorwort des Herausgebers der *zeitgeschichte*

Es freut mich sehr, dass mit dem vorliegenden Sammelband zu den österreichischen und deutschen Universitätsgründungen der 1960er- und 1970er-Jahre der erste Sonderband im Rahmen der 1974 von Erika Weinzierl gegründeten Zeitschrift *zeitgeschichte* erscheinen kann.

Die Herausgeberin dieses Bandes, Maria Wirth, präsentiert in Zusammenarbeit mit sieben AutorInnen eine fundierte Analyse der Gründung von neuen Universitäten in Salzburg, Klagenfurt und Linz sowie deren Hintergründe und Zusammenhänge. Gleichfalls umfasst der Band eine Darstellung der inhaltlichen und institutionellen Kontinuitäten vergangener Hochschulregime und der Reformdebatte in den 1960er-Jahren sowie eine Auseinandersetzung mit der Langzeitentwicklung der Österreichischen Hochschülerschaft und der Rolle der Studierenden in der gesellschaftlichen Transformationsphase der 1960er- und 1970er-Jahre. Welche Bedeutung der Architektur bei den Universitätsgründungen zukam bzw. inwiefern diese ein Ausdruck der gesellschaftlichen Entwicklungen der 1960er-Jahre war, werden in einem weiteren Beitrag am Beispiel des Universitätsstandorts Linz ebenso reflektiert, wie jene Gründe warum es trotz entsprechender Diskussionen in Vorarlberg zu keiner Universitätsgründung gekommen ist. Der Artikel über die Gründungsphase in der Bundesrepublik Deutschland ermöglicht einen fundierten Überblick in die Thematik, rundet den Band perfekt ab und regt zu Vergleichen über Unterschiede und Ähnlichkeiten von Reformdebatten sowie konkreter Umsetzung an.

Ich gratuliere der Herausgeberin, die zudem den Artikel über die Hochschulgründung in Linz verfasst hat, sehr zu diesem innovativen Band. Dieser stellt eine wichtige Bereicherung für die österreichische Wissenschafts- und Bildungsgeschichte der 1960er- und 1970er-Jahre dar. Mit der vorliegenden Publikation leisten die Herausgeberin und alle anderen AutorInnen einen vorbildhaften Beitrag für die Zeitgeschichtsforschung in Österreich, die – wie der Band zeigt – durchaus im Stande ist, den zeitlichen Rückstand in der Forschung mit einem Fokus auf die 1960er- und 1970er-Jahre gegenüber internationalen Entwicklungen aufzuholen.

Wien, im März 2020   Univ.-Prof. DDr. Oliver Rathkolb

Maria Wirth

Editorial

In den 1960er- und 1970er-Jahren befand sich die Universitätslandschaft weltweit im Umbruch. In vielen Staaten kam es zu einem nie dagewesenen Ausbau
des Universitätssystems, wobei die Errichtung neuer Hochschulen sowohl dazu
beitragen sollte, den steigenden studentischen Andrang aufzufangen als auch
das Universitätssystem zu reformieren. Investitionen in Bildung, die Bedeutung
von Wissenschaft und Forschung für die wirtschaftliche und gesellschaftliche
Entwicklung eines Staates, Chancengleichheit für sozial- und regional benach-
teiligte Gruppen waren wichtige Themen des Diskurses.

Auch in Österreich, dessen Hochschulsystem bis dahin aus den drei altehr-
würdigen Universitäten in Wien, Graz und Innsbruck, einer Katholisch-Theo-
logischen Fakultät in Salzburg sowie einer Reihe von fachspezifisch ausgerichteten Hochschulen in Wien, Graz und Leoben bestand, kam es zur Gründung von
drei neuen Universitäten. Maßgeblich angestoßen durch die Bundesländer und
Landeshauptstädte wurde zunächst in Linz und Salzburg (1962), später auch in
Klagenfurt (1970) per Gesetz mit der Errichtung neuer Universitäten begonnen.
Gleichzeitig wurde auch der Bildungs-, Hochschul- und Wissenschaftspolitik
erstmals nach Kriegsende eine größere Aufmerksamkeit geschenkt. Dies zeigte
sich nicht nur darin, dass nach einem bereits in den 1950er-Jahren anlaufenden
Ausbau der Gymnasien erstmals „Bildungsplanung" möglich wurde und – be-
ginnend mit dem Rat für Hochschulfragen – ab 1964 erste Gremien für eine
Hochschulreform eingesetzt wurden. 1970, als auch die Studierenden immer
stärker auf Veränderungen an den Hochschulen drängten, wurde auch ein eigenes Wissenschaftsministerium etabliert, das die Reform weitervorantreiben
sollte.[1] Die 1960er- und 1970er-Jahre können somit auch in Österreich als zentrale Umbruchsphase in der Universitätsgeschichte bezeichnet werden. In der
zeithistorischen Literatur hat bisher jedoch die Auseinandersetzung mit dem

---

1 Einen guten Überblick über die Entwicklung gibt noch immer: Henrik Kreutz/Heinz Rögl, Die
umfunktionierte Universitätsreform. Von der Steigerung der Produktivität zur staatlichen
Förderung sozialen Aufstiegs politischer Kernschichten, Wien 1994.

Nationalsozialismus, den Folgen der Vertreibung vieler WissenschaftlerInnen und der unvollkommenen Entnazifizierung dominiert.

Die Johannes Kepler Universität Linz hat daher den fünfzigsten Jahrestag ihrer Eröffnung im Jahr 1966 nicht nur zum Anlass genommen, ihre Geschichte in zwei Bänden aufarbeiten zu lassen,[2] sondern 2017 auch eine Tagung durchgeführt, um das Augenmerk auf diese zentrale Phase der Universitätsgeschichte zu lenken. Das damit verbundene Bestreben war es, die eigene Entstehungsgeschichte in einen größeren Kontext einzubetten bzw. zumindest die Entwicklung in Österreich und Westdeutschland berücksichtigen zu können.[3]

Die vorliegende Publikation gibt eine Auswahl der gehaltenen und überarbeiteten Vorträge wieder. Der Schwerpunkt liegt auf Texten, die die nationale Hochschulgeschichte fokussieren, da sich parallel zu diesem Sammelband auch das „Jahrbuch für Universitätsgeschichte" mit den Universitätsgründungen der 1960er- und 1970er-Jahre beschäftigte und hierbei die Entwicklung in der Bundesrepublik Deutschland ins Zentrum stellte.[4] Um Verdoppelungen aufgrund gemeinsamer AutorInnen und Themen zu vermeiden und eine sinnvolle Ergänzung vorzunehmen, wurde so auf eine Reihe von Fallbeispielen westdeutscher Universitätsgründungen, die auf der Tagung präsent waren, verzichtet, aber ein umfangreicher Überblicksartikel über die Entwicklung in der Bundesrepublik Deutschland aufgenommen. Welche neuen Wege in der bundesdeutschen Universitätsarchitektur beschritten wurden und wie diese in Österreich rezipiert wurde, ist zudem Bestandteil der vorliegenden Beiträge, die die österreichischen Hochschulgründungen mit unterschiedlichen Schwerpunktsetzungen bearbeiten. Hinzu kommt – als Ergänzung zur Tagung – ein neuer Beitrag, der die Universitätsdiskussion in Vorarlberg behandelt.

Der vorliegende Band gliedert sich in acht Beiträge und verfolgt folgenden Aufbau:

Ausgehend davon, dass in den 1960er-Jahren wiederholt von einer „Krise" der österreichischen Universitäten die Rede war, gibt *Thomas König* zunächst einen Rückblick auf das österreichische „Hochschulregime" zwischen 1920 und 1960 bzw. auf dessen Rahmenbedingungen und Handlungsmustern. Zugleich beschreibt er wichtige Punkte im Krisendiskurs, wie die kulturkonservative Reaktion auf die neuen Anforderungen einer „Wissensgesellschaft" oder die so-

---

2 Maria Wirth/Andreas Reichl/Marcus Gräser, 50 Jahre Johannes Kepler Universität Linz. Eine „Hochschule neuen Stils", Wien/Köln/Weimar 2016; Maria Wirth/Andreas Reichl/Marcus Gräser (Hg.), 50 Jahre Johannes Kepler Universität Linz. Innovationsfelder in Forschung, Lehre und universitärem Alltag, Wien/Köln/Weimar 2017.

3 Andreas Huber, Tagungsbericht: Platz für neue Universitäten. Österreich und Deutschland in den 1960er und 1970er Jahren, H/SOZ/KULT, URL: https://www.hsozkult.de/conferencereport/id/tagungsberichte-7328 (abgerufen 30.9.2019).

4 Vgl. Jahrbuch für Universitätsgeschichte 21 (2018) (im Erscheinen).

ziokulturellen und ökonomischen Ziele einer neuen, auf Veränderung abzie-
lenden Generation von Universitätskritikern.

Im Anschluss behandelt *Paulus Ebener* die wesentlichen Entwicklungen im
Bereich der Studentenschaft zwischen 1961 und 1975, wobei die Österreichische
Hochschülerschaft (ÖH) im Zentrum steht. Dabei beleuchtet er sowohl die
Wahlergebnisse dieser Jahre, neue Akteure und Veränderungen in den Machtverhältnissen der Studierendenvertretung als auch das veränderte Verhältnis
zwischen den Studierenden und der universitären Obrigkeit bzw. den zuständigen politischen Machthabern. Er skizziert Forderungen und Vorschläge, die
die Studierenden in Hinblick auf die Hochschulreform stellten, Reaktionen auf
die Hochschulgründungen in Österreich und ein verstärktes kulturelles und
gesellschaftspolitisches Engagement, das mit dem „Symposium 600" zu einer
hochgradig besetzten Gegenveranstaltung zur offiziellen 600-Jahr-Feier der
Universität Wien im Jahr 1965 führte.

Maria Wirth skizziert die Entwicklungsgeschichte der Johannes Kepler Universität Linz von den ersten Hochschulbestrebungen im 17. Jahrhundert bis in
die Gegenwart. Im Fokus steht jedoch der eigentliche Gründungsprozess ab
Mitte der 1950er-Jahre, der 1962 zur Errichtung der Linzer Hochschule für So-
zial- und Wirtschaftswissenschaften führte, die bald um weitere Fakultäten er-
weitert wurde. Neben den zentralen Akteuren im Gründungsprozess und der
Hochschulfinanzierung wird besonders der Frage nachgegangen, was neu an der
Linzer Hochschule sein sollte, welche Rolle dies im Gründungsdiskurs – auch im
Hinblick auf die anderen Hochschulen und das Ausland – spielte und wie sich
das Neue im Laufe der Zeit gewandelt hat.

Alexander Pinwinkler greift in seinem Beitrag über die gleichzeitig mit der
Hochschule in Linz gegründete Universität Salzburg ebenfalls weit in die Vergangenheit zurück. Er beginnt seinen Text mit der Schließung der 1622 gegründeten Benediktiner-Universität im Jahr 1810 und den anschließenden Bemühungen zur „Wiedererrichtung" einer Universität, die lange auf die Schaffung
einer katholischen Einrichtung abzielten. Dabei erörtert er u. a. welche politische
Strategie hinter der Forderung nach einer „Wiedererrichtung" stand und wie
sich der katholisch-konservative Geist im Gründungsdiskurs und der „Gründergeneration" der 1962 errichteten Alma Mater Paridiana bzw. deren politischer Profilierung niederschlug.

Johannes Dafinger[5] beleuchtet den Einfluss der Organisation for Economic
Co-operation and Development (OECD) bei der Gründung der Universität
Klagenfurt 1970 und wendet sich damit einem Akteur zu, der – wie auch die 1967

---

5 Ich danke Johannes Dafinger, der es nach dem Ausfall eines vorgesehenen Artikels zur Universität Klagenfurt ermöglicht hat, dass die vorliegende Publikation mit Beiträgen zu allen
österreichischen Hochschulgründungen der 1960er- und 1970er-Jahre erscheinen kann.

vom Unterrichtsministerium eingerichtete Arbeitsgemeinschaft für Hochschulentwicklung – bei der Errichtung der Universitäten in Linz und Salzburg noch keine Rolle spielte. Er behandelt die Bedeutung der OECD für die inhaltliche Ausrichtung der Hochschule von den Wirtschafts- zu den Bildungswissenschaften ebenso wie das bald nachlassende Interesse an einer Kooperation und die schwere Krise der Klagenfurter Universität in den 1990er-Jahren, die zu einer weitgehenden Profiländerung zurück zu den Wirtschaftswissenschaften führte.

Anna Minta beschäftigt sich in ihrem Beitrag über „gebaute Bildungslandschaften" mit der Bedeutung der Architektur für die neuen Universitäten der 1960er- und 1970er-Jahre. Im Zentrum steht dabei das Modell der Campus-Universität, das vielfach als ideale Form für die Verwirklichung einer harmonischen Wissenschaftsgemeinschaft, eines neuen demokratischeren Zusammenseins von Lehrenden und Studierenden und einer multidisziplinären Durchdringung der Wissenschaftsbereiche gesehen wurde. Exemplifiziert wird dies am Beispiel des Campus der Johannes Kepler Universität Linz und der Pädagogischen Akademie der Diözese Linz. Zugleich finden sich im Text aber auch zahlreiche Verweise auf Campus-Anlagen in anderen Staaten – wie etwa jene der 1961 gegründeten Ruhr-Universität Bochum – und ein Vergleich zum Gebäudekomplex der Universität Klagenfurt.

Ingrid Böhler behandelt die ergänzend zur Tagung hinzugekommene Hochschuldiskussion in Vorarlberg, die im Gegensatz zu Linz, Salzburg und Klagenfurt mit deutlicher Verspätung erst in den 1970er-Jahren in Gang kam und dann auch nur zu vergleichsweise geringen Resultaten führte. Thematisiert werden hierbei einerseits die tatsächlichen Ergebnisse der Diskussion bzw. die Gründung einer Reihe „hochschulartiger", „hochschulähnlicher" oder „hochschulnaher" Einrichtungen. Andererseits werden die unterschiedlichen Positionen, die Experten, SPÖ und ÖVP in der stark parteipolitisch überformten Auseinandersetzung einnahmen, und mentalitätsbedingte Faktoren angesprochen, die dazu führten, dass die Hochschuldebatte in Vorarlberg in der Öffentlichkeit nie wirklich in Schwung kam.

Den Abschluss bildet der bereits angesprochene Artikel über die Hochschulgründungen in der Bundesrepublik Deutschland, auf die in den vorhergehenden Beiträgen mehrfach Bezug genommen wird. *Wilfried Rudloff* gibt ausgehend von der Feststellung, dass die 1960er- und 1970er-Jahre die Hochschullandschaft in der Bundesrepublik verändert haben wie „keine Zeit davor oder danach" einen typisierenden Überblick über die neuen Universitäten, die in den „Boomjahren" der bundesdeutschen Hochschulexpansion entstanden sind. Nach einer Erörterung von Reformbedarf und Reformursachen umfasst dies eine Auseinandersetzung mit folgenden Modellen: Entlastungsuniversität, forschungsgeleitete Reformuniversität, Fachhochschule, Gesamthochschule, Fernuniversität und Studienreformhochschule. Inkludiert ist dabei die Frage, inwiefern die Neugründungen tatsächlich zu einer Erneuerung des Hochschulwesens beitragen konnten und wie sich diese angesichts eines zunehmenden Anpassungsdrucks sowie steigender Studierendenzahlen entwickelt haben. Die Antwort hierauf fällt durchwachsen aus. Die Feststellung, dass sich die in der Bundesrepublik in den 1960er-Jahre und 1970er-Jahren gegründeten Universitäten inzwischen „ein ganzes Stück weit" den älteren Universitäten angeglichen haben, kann – wie die Beiträge zu den österreichischen Hochschulgründungen zeigen – auch für die Entwicklung im Nachbarland unterstrichen kann. Die Faktoren dafür reichen vom Bestreben der Bundesländer und Landeshauptstädte überhaupt eine Hochschule zu bekommen (und dafür bei der Profilbildung flexibel zu sein) über den Wunsch nach einem raschen Wachstum und der Angliederung neuer Fakultäten bis zu Krisen, die eine Angleichung an die traditionellen Universitäten befördert haben.[6] Parallelen zwischen den beiden Ländern sind somit trotz aller Verschiedenheiten feststellbar.

Die vorliegende Publikation erscheint als erster Sonderband der Zeitschrift *zeitgeschichte*.

Ich danke Professor Oliver Rathkolb und Mag.[a] Agnes Meisinger seitens der Redaktion sowie Oliver Kätsch seitens des Verlages für die Aufnahme des Sammelbandes in die neue Publikationsreihe. Mag.[a] Jutta Fuchshuber gebührt mein Dank für die umsichtige Durchsicht des Textes und das penible Korrektorat. Der Johannes Kepler Universität Linz, insbesondere Rektor Meinhard Lukas und Professor Marcus Gräser, danke ich für die Ermöglichung und Finanzierung der Publikation. Bei MMag. Andreas Reichl möchte ich mich für die organisatorische Betreuung der Tagung „Neue Universitäten: Österreich und Deutschland in den 1960er-und 1970er-Jahren" im Rahmen des 50-Jahr-Jubiläums der Johannes Kepler Universität Linz bedanken.

---

6 Vgl. hierzu ausführlicher: Maria Wirth/Herbert Posch, Linz, Salzburg, Klagenfurt – die österreichischen Universitätsgründungen der 1960er Jahre, in: Jahrbuch für Universitätsgeschichte 21 (2018) (im Erscheinen).

Thomas König

Krise und neue Anforderungen. Das österreichische Hochschulregime 1920–1960 und die Kritik der frühen 1960er-Jahre[1]

Am 4. November 1966 hielt Anton Tautscher im Audimax der Universität Wien einen Festvortrag zur „Stellung des Hochschulprofessors in der Gesellschaft von Heute". Es war ein aktuelles Thema in einer Zeit, in der die „Verwissenschaftlichung des Lebens" allgegenwärtig war und Konzepte gefragt waren, diese beispiellose gesellschaftliche Entwicklung zu erklären. In seinem Vortrag (vermutlich vor versammelter Professorenriege) brachte Tautscher denn auch eine begriffliche Innovation ein, als er sagte, dass „die *industrielle Gesellschaft* von heute zur *Bildungsgesellschaft* im Sinne einer *Wissensgesellschaft*" geworden sei.[2]

Heute ist Wissensgesellschaft zu einem beliebten Fluchtpunkt politischer Rhetorik und wissenschaftlicher Literatur geworden; damals war dieser Begriff neu. Historisch betrachtet spricht jedenfalls einiges dafür, dass Tautscher nicht nur ein früher Verwender, sondern sogar einer seiner Erfinder gewesen sein könnte. Der amerikanische Soziologe Robert E. Lane schrieb im selben Jahr etwas umständlich von der „knowledg*able* society"[3] – man war noch nicht bei der „knowledge society" angekommen.

Als Professor der Volkswirtschaftslehre und Finanzwissenschaft an der Universität Graz war Tautscher in der privilegierten Position, sich mit neuen gesellschaftlichen Trends zu beschäftigen. Und nicht nur das: Er hatte in Graz zuletzt zwei Mal in den akademischen Jahren 1957–58 sowie 1965–66 auch das Amt des Rektors übernommen und war somit der „Elite der Professorenfunktionäre" zuzurechnen, die für die Gestaltung der „inneren politischen Ge-

1 Ich danke Andreas Huber für wertvolle Hinweise. Der Text verfolgt den Anspruch, eine gesamtösterreichische Perspektive einzunehmen. Die in Kapitel 2 vorgenommene Analyse erfolgt jedoch (wenngleich nicht ausschließlich) auf Basis historischer Forschungen zur Universität Wien, da Überblicksstudien, die die Entwicklung an allen Hochschulstandorten berücksichtigen, noch ausständig sind.
2 Anton Tautscher, Die Stellung des Hochschulprofessors in der Gesellschaft von heute, Wien 1966, 12, 13. Kursivsetzung im Original. Der Vortrag fand im Rahmen des Ersten Österreichischen Professorentages statt.
3 Robert E. Lane, The Decline of Politics and Ideology in a Knowledgeable Society, in: American Sociological Review 31 (1966) 5, 649–662. Kursivsetzung durch den Autor.

schichte" der Hochschulen bedeutend waren.[4] Sein Wort hatte durchaus Gewicht.

Jedoch: Selbst wenn Tautscher unverhofft den später so wirkmächtigen Neologismus der Wissensgesellschaft erfunden haben sollte, so geschah dies offensichtlich nicht mit der Absicht, damit eine fundierte Gesellschaftsanalyse vorzunehmen. Die Hauptstoßrichtung des Vortrags war es, den „Verlust des gerechtfertigten Sozialstatus" für Seinesgleichen zu beklagen. Zwar anerkannte Tautscher, dass die genannte „Verwissenschaftlichung" „für das geistige Niveau des ganzen Volkes positiv" sei, doch im gleichen Zug hielt er „eine negative Wirkung" für die Hochschulen fest, „weil diese durch die zuströmenden Massen in ihrer Bildungsarbeit erdrückt werden." Und das war schließlich sein Problem: „Die sittliche Kraft des Forschens und Lehrens verflüchtigt sich in der Masse."[5]

Man kann den Vortrag als längst vergessenen Beitrag eines unbedeutenden Vertreters der kulturkonservativen Kritik der Moderne deuten, der Anton Tautscher sicher war. Als konzeptionelle Basis dienten ihm Philosophen und einschlägige Denker wie Fichte und Plato, Alois Dempf, Karl Jaspers, Ortega y Gasset und Othmar Spann, die nicht unbedingt als Vordenker gesellschaftlichen Fortschritts und Innovation gelten. Aber aufgrund seiner Position ist der Vortrag aus heutiger Sicht auch Ausdruck einer veritablen Krise, in welche das über viele Jahre etablierte hochschulpolitische Regime in Österreich in den frühen 1960er-Jahren gekommen war.

I.   Die Krise der Universitäten in Österreich

Nur eine andere Institution auf österreichischem Boden, so schreibt Ernst Hanisch in seiner Geschichte über „Männlichkeiten", sei in den 1960er-Jahren in eine ähnlich tiefe Identitätskrise geraten wie das Bundesheer und das war die Universität.[6] Der Zusammenhang war kaum zufällig: Beide waren bis dahin nicht in der demokratischen Zweiten Republik angekommen, und das wurde nun (endlich) als Problem wahrgenommen. Es wurde evident, dass die Universitäten insgesamt mit der sich herausbildenden Wissensgesellschaft nicht Schritt halten konnten. Die steigenden Studierendenzahlen seit der zweiten Hälfte der 1950er-

---

4 Die beiden zitierten Ausdrücke stammen von Mitchell G. Ash, Die österreichischen Hochschulen in den politischen Umbrüchen der ersten Hälfte des 20. Jahrhunderts, in: Johannes Koll (Hg.), „Säuberungen" an österreichischen Hochschulen 1934–1945. Voraussetzungen, Prozesse, Folgen, Wien 2017, 30; sowie Walter Höflechner, Die Baumeister des künftigen Glücks. Fragment einer Geschichte des Hochschulwesens in Österreich vom Ausgang des 19. Jahrhunderts bis in das Jahr 1938, Graz 1988, 18.

5 Tautscher, Die Stellung des Hochschulprofessors in der Gesellschaft von heute, 13–14.

6 Ernst Hanisch, Männlichkeiten. Eine andere Geschichte des 20. Jahrhunderts, Wien 2005, 115.

Jahre wurden nur unzureichend mit Mehrausgaben kompensiert. Dazu kamen neue Anforderungsprofile: In Hinblick auf die Ausbildung von wissenschaftlichem Personal schnitt Österreich schlechter ab als die meisten westeuropäischen Vergleichsländer.[7] Und dann gab es auch noch Anzeichen einer generellen Verwahrlosung. Im ganzen deutschsprachigen Raum war etwa bekannt, dass – wenn man sonst nirgendwo mehr ein Doktorat erhalten konnte – dies im Rahmen des staatswissenschaftlichen Studiums an der Universität Graz immer noch möglich war.[8]

Wenn die politische Gesinnung, die Handlungsnormen und Regeln, die wissenschaftlichen Theorien und Gegenwartsanalysen der Mehrheit der Hochschulprofessoren nicht mit der breiteren gesellschaftlichen Wahrnehmung von technischem Fortschritt und Zukunftsoptimismus übereinstimmten, dann war das ein Problem. Es passte nicht mit dem sich herauskristallisierenden Bild zusammen, dass es gerade die Hochschulen sein sollten, an denen das Humankapital eines entwickelten industrialisierten Landes ausgebildet und ein demokratisches Bildungsziel realisiert werden sollte. Die daraus resultierenden Konfliktpunkte waren – im Rückblick betrachtet – wenig überraschend.[9]

Auffallend an der Krise der 1960er-Jahre ist zunächst, dass den etablierten Professoren nicht mehr nachgesehen wurde, was einige Jahre davor noch akzeptiert, ja vielleicht sogar Konsens gewesen war oder zumindest kein Aufsehen erregt hatte. Mit anderen Worten, es musste in relativ kurzer Zeit ein öffentlicher „Meinungsumbruch" stattgefunden haben. Zweitens ist bemerkenswert, dass es den Hochschulen selbst bzw. den Professoren, so überhaupt nicht gelang, auf diesen Umbruch zu reagieren. Wie konnte es soweit kommen, dass an den österreichischen Hochschulen überhaupt Personen mit fragwürdiger Vergangenheit lehrten, die auf einen teilweise dezidiert anti-demokratischen Wissensbestand vertrauten (wie etwa Tautschers Referenzliste belegt) und Vorstellungen vertraten, die mit dem Bildungspluralismus einer demokratischen Republik nicht kompatibel waren?

---

7 OEEC, Producing Scientists and Engineers. A Report on the Number of Graduate Scientists and Engineers Produced in O.E.E.C. Member Countries, Canada, the United States and the Soviet Union, Paris 1960; Josef Steindl, Bildungsplanung und wirtschaftliches Wachstum. Der Bildungsbedarf in Österreich bis 1980 (Studien und Analysen des Wifo), Wien 1967.

8 Adolf Kozlik, Wie wird wer Akademiker? Zum österreichischen Schul- und Hochschulwesen, Wien/Frankfurt/Zürich 1965, 136: „Die Aufgliederung nach Semestern zeigt, daß die ausländischen Studenten im letzten Jahre ihres Studiums nach Graz kommen, um sich in dieser Fabrik ihr Doktorat, das sie sonst nirgends bekommen würden, geben zu lassen."

9 Thomas König, „Konserven des Geistes". Semantischer Wandel in den hochschulpolitischen Debatten der frühen 1960er Jahre in Österreich, in: Ingrid Böhler/Eva Pfanzelter/Thomas Spielbüchler/Rolf Steininger (Hg.), 7. Österreichischer Zeitgeschichtetag 2008. 1968 – Vorgeschichten – Folgen. Bestandsaufnahme der österreichischen Zeitgeschichte, Innsbruck/Wien/Bozen 2010, 64–71.

Die kurze Antwort liegt in den eigentümlichen Entwicklungen nach 1945, in denen sich die „autochthone Provinzialisierung" des Hochschulpersonals[10] mit den Anstrengungen der politischen Verwaltung traf, die Hochschulen zu isolieren.[11] Diese Antwort ist schon oft gegeben worden,[12] und sie ist jedenfalls nicht falsch, aber – so möchte dieser Beitrag argumentieren – doch unvollständig. Denn auch die Entwicklung zwischen 1945 und bis zu den 1960er-Jahren ist nur verständlich, wenn wir sie als Teil einer Hochschulpolitik verstehen, die sich bereits in den knapp drei Dekaden davor entwickelt hat. Der vorliegende Artikel geht von der Annahme aus, dass sich in Österreich zwischen ca. 1920 und 1960 ein spezifisches „Hochschulregime" etabliert hat, das zu verstehen notwendig ist, um die Krise der 1960er-Jahre nachvollziehen zu können.[13]

Eine solche Annahme betont notwendigerweise Kontinuitäten;[14] gerade für die Periode zwischen 1920 und 1960 mag das widersinnig erscheinen, kam es doch gerade in dieser Zeitspanne zu mehreren grundlegenden Einschnitten und Ver-

---

10 Christian Fleck, Autochthone Provinzialisierung. Universität und Wissenschaftspolitik nach dem Ende der nationalsozialistischen Herrschaft in Österreich, in: Österreichische Zeitschrift für Geschichtswissenschaften 7 (1996) 1, 67–92.

11 Ich habe versucht, diese Politik als „Containment" (also bewusste „Eindämmung") im Detail zu beschreiben. Vgl. Thomas König, A Strategy of Containment: Heinrich Drimmel's Political Activism in the Realm of Higher Education Policy in the Early Second Republic, in: Österreichische Zeitschrift für Geschichtswissenschaften 29 (2018) 4, 180–205.

12 Die vielleicht früheste und immer noch lesenswerte derartige Darstellung stammt von Bernd Schilcher. Vgl. Bernd Schilcher, Hochschulen, in: Erika Weinzierl/Kurt Skalnik (Hg.), Österreich. Die Zweite Republik, Band 2, Graz 1972, 347–367.

13 Bisher haben „funktionalistische" Analysen zur österreichischen Hochschul- und Wissenschaftsgeschichte des 20. Jahrhunderts die politischen Brüche als Strukturvorgabe der eigenen Darstellung genommen. Vgl. etwa Marina Fischer-Kowalski, Zur Entwicklung von Universität und Gesellschaft in Österreich, in: Heinz Fischer (Hg.), Das politische System Österreichs, Wien 1974, 571–624; Susanne Preglau-Hämmerle, Die politische und soziale Funktion der österreichischen Universität. Von den Anfängen bis zur Gegenwart, Innsbruck 1986, 140–269; Karl H. Müller, Vier Etappen in der Entwicklung von Wissenschaft und Gesellschaft in Österreich seit 1918, in: Johann Dvořák (Hg.), Staat, Universität, Forschung und Hochbürokratie in England und Österreich im 19. und 20. Jahrhundert, Frankfurt/Main 2008, 115–74; Rupert Pichler/Michael Stampfer, Forschungspolitik in Österreich nach dem Krieg. Offene Gegensätze, stillschweigende Arrangements, in: Wolfgang L. Reiter/Juliane Mikoletzky/Herbert Matis/Mitchell G. Ash (Hg.), Wissenschaft, Technologie und industrielle Entwicklung in Zentraleuropa im Kalten Krieg (Ignaz-Lieben-Gesellschaft: Studien zur Wissenschaftsgeschichte 1), Wien 2017, 35–68.

14 Ein solcher Ansatz nimmt den Vorschlag von Mitchell Ash ernst, dass man in der Wissenschaftsgeschichte neben den Brüchen auch Kontinuitäten suchen muss. Vgl. Mitchell Ash, Verordnete Umbrüche – Konstruierte Kontinuitäten. Zur Entnazifizierung von Wissenschaftlern und Wissenschaften nach 1945, in: Zeitschrift für Geschichtswissenschaft 43 (1995) 10, 903–923; Mitchell Ash, Wissenschaft und Politik als Ressourcen für Einander, in: Rüdiger vom Bruch/Brigitte Kaderas (Hg.), Wissenschaften und Wissenschaftspolitik – Bestandaufnahmen zu Formationen, Brüchen und Kontinuitäten im Deutschland des 20. Jahrhunderts, Stuttgart 2002, 32–51.

änderungen der gesellschaftspolitischen Rahmenbedingungen.[15] Fasst man den Begriff des „Hochschulregimes" aber abstrakter, dann kann die durch die Umbrüche induzierte Instabilität der gesellschaftspolitischen Rahmenbedingungen selbst als ein wesentliches Kennzeichen dieser Periode interpretiert werden. Außerdem verstehe ich unter „Hochschulregime" nicht nur institutionelle, funktionelle und normative Rahmen- und Grundbedingungen der Hochschulpolitik, sondern auch die durch diese Bedingungen induzierten Handlungsmuster maßgeblicher AkteurInnen, die ihrerseits zur Ausgestaltung des Regimes führen – etwa durch Personalentscheidungen, diskursive Tropen, etc.

Anfang der 1960er-Jahre änderten sich die Rahmenbedingungen der Hochschulpolitik dann maßgeblich, und damit wurden auch die bis dahin vertrauten Handlungsmuster inadäquat. Konkrete Entscheidungen und Handlungen wurden in einer verhältnismäßig schnellen Folge von einer neuen, kritischen Öffentlichkeit als falsch und problematisch wahrgenommen. Erst dann wird offensichtlich, warum die Hochschulen in den 1960er-Jahren als derart krisenhaft wahrgenommen wurden, ihr Kernpersonal in vielerlei Hinsicht das Problem war und es keine Lösung anzubieten hatte. Umgekehrt war dies die negative Folie, auf Basis der die Kritiker des Regimes ihre eigene, zukunftsfrohe Vision skizzieren konnten.

II.　Charakteristika des Hochschulregimes zwischen 1920 und 1960

Durch den Zerfall des Habsburger-Reiches blieben (die Kunstakademien ausklammernd) auf dem Boden der österreichischen Republik drei Universitäten sowie zwei Technische Hochschulen, die Montanistische Hochschule in Leoben, die Hochschule für Bodenkultur und die Tierärztliche Hochschule in Wien sowie die Katholisch-Theologische Fakultät in Salzburg übrig. Formal neu gegründet (faktisch: in staatliche Verwaltung gelegt) wurde die Hochschule für Welthandel in Wien.[16] Das Hochschul- und Wissenschaftsnetzwerk im Habsburger-Reich hatte sich nicht zuletzt durch einen gemeinsamen akademischen Arbeitsmarkt und die Zirkulation von Ideen und Vorstellungen ausgezeichnet.[17] Das Ende der

---

15　Ähnlich zuletzt Ash, der allerdings auf die im Zuge der Umbrüche von 1918, 1933/34, 1938 und 1945 jeweils neu verteilten „Ressourcenkonstellationen" eingeht. Vgl. Ash, Österreichische Hochschulen.

16　Walter Brunner/Helmut Wohnout, Hochschulrecht, in: Herbert Schambeck (Hg.), Parlamentarismus und öffentliches Recht in Österreich: Entwicklung und Gegenwartsprobleme, Band 2, Berlin 1993, 1110–1111.

17　Jan Surman, Habsburg Universities 1848–1918, Diss., Universität Wien 2012; Jan Surman, Science and Its Publics: Internationality and National Languages in Central Europe, in:

Monarchie löste die österreichischen Hochschulen aus dem größeren Verbund heraus und konfrontierte sie in dem neuen, viel kleineren Staat mit neuen Herausforderungen: Welche Rolle kam den Hochschulen in dem neuen Staat zu? Und wie sollten sie verwaltet werden?

Zwischen 1918 und 1922 übernahm die Hochschulverwaltung maßgebliche Prinzipien durch die Novellierung der entsprechenden Gesetzgebung aus der zweiten Hälfte des 19. Jahrhunderts.[18] Was die Rolle der Hochschulen im neuen Staat betraf, so begnügte man sich im Wesentlichen ebenfalls mit denselben Zielen, die die Hochschulen schon zu Zeiten der Habsburger-Monarchie hatten – sieht man von wenigen Innovationsversuchen wie etwa der Neugründung des staatswissenschaftlichen Doktorats[19] ab. Und so blieb es auch. Ob es die Wirtschaftskrise Ende der 1920er-Jahre war, die Ausschaltung des Parlaments 1933, der „Anschluss" Österreichs an Nazi-Deutschland 1938, das Kriegsende 1945, die Entnazifizierung, oder die Besetzung durch die vier alliierten Mächte bis 1955 – die institutionelle Konstitution der Hochschulen änderte sich in den in Betracht stehenden vier Dekaden kaum.

Das lässt sich sowohl an dem Ensemble an Hochschulen als auch an den gesetzlichen Rahmenbedingungen deutlich ablesen. Der oben bereits aufgezählte Bestand von drei Universitäten, sechs Hochschulen und einer Fakultät blieb – sieht man von kleinen und temporären Eingriffen ab – im Wesentlichen bis Anfang der 1960er-Jahre gleich. Schon unter dem Austrofaschismus wurden zaghafte Reformen rasch wieder zurückgenommen.[20] Natürlich wurden 1938 nach dem „Anschluss" die österreichischen Hochschulen ins gesamtdeutsche, nationalsozialistische Regime eingegliedert. Und während es im Reichserziehungsministerium durchaus ambitionierte Pläne für die Universitäten der „Ostmark" gab, so dauerte das NS-Regime für nachhaltige institutionelle Änderungen schlicht zu kurz und war – wenn dieser Euphemismus erlaubt ist – zu turbulent.[21] Mit der Wiedererrichtung der Republik 1945 wurde die Situation an

---

Mitchell Ash/Jan Surman (Hg.), The Nationalization of Scientific Knowledge in the Habsburg Empire, 1848–1918, Basingstoke 2012, 30–56; Kamila Staudigl-Ciechowicz, Zwischen Wien und Czernowitz – österreichische Universitäten um 1918, in: Beiträge zur Rechtsgeschichte Österreichs 4 (2014) 2, 223–240.

18 Sascha Ferz, Ewige Universitätsreform. Das Organisationsrecht der österreichischen Universitäten von den theresianischen Reformen bis zum UOG 1993, Frankfurt 2000, 283–287.

19 Tamara Ehs, Die Staatswissenschaften. Historische Fakten zum Thema „Billigdoktorate" und „Frauen- und Ausländerstudien", in: Zeitgeschichte 37 (2010) 4, 238–256.

20 Die Montanistische Hochschule wurde im Jahr 1934 mit der Technischen Hochschule Graz zusammengelegt (BGBl. 208/1934, §1); der Vorgang wurde 1937 rückgängig gemacht (BGBl. 97/1937, §1).

21 In Linz kam es etwa zur Errichtung einer provisorischen, nur kurze Zeit bestehenden Technischen Hochschule, die jedoch nur aus einer Architekturklasse bestand. Vgl. dazu den Beitrag von Maria Wirth in diesem Band.

den Hochschulen von vor 1938 wiederhergestellt; bis zum Wirksamwerden der Verfassung im Dezember 1945 wurde dafür etwa explizit auf das austrofaschistische Hochschulermächtigungsgesetz zurückgegriffen.

Auch die rechtliche Verfasstheit der Hochschulen änderte sich – wenn man von den maßgeblichen Einschnitten des Nationalsozialismus absah – über den Untersuchungszeitraum hinweg nur unwesentlich. In den Novellen des Organisationsgesetzes für Universitäten wurde bis auf kleinere Modifikationen das Gesetz von 1873 fortgeschrieben, welches zwischen innerer und äußerer Verwaltung der Universitäten unterschied; die äußere Verwaltung oblag dem zuständigen Ministerium,[22] die innere Verwaltung dem jeweiligen Professorenkollegium. Für die Hochschulen existierten eigene Rechtsvorlagen.[23] Sieht man von einem maßgeblichen, aber im Wesentlichen steckengebliebenen Eingriffsversuch während der NS-Zeit ab,[24] blieb diese Struktur bestehen und fand ihre (späte) Kodifizierung im Hochschul-Organisationsgesetz von 1955, welches den Hochschulen einen einheitlichen Rechtsrahmen verschaffte.[25] Der damals neue Unterrichtsminister Heinrich Drimmel (1954–1964, ÖVP) bezeichnete dieses Gesetz entsprechend als „wohltemperiertes Gericht".[26]

Wenn es überhaupt eine erkennbare Hochschulpolitik gab, dann betraf diese die explizite Orientierung auf den deutschsprachigen Raum. Schon vor 1914 war das deutsche Universitätssystem immer wieder Referenzpunkt für Österreich gewesen; in § 1 der Novelle des Organisationsgesetzes von 1873 für Universi-

---

22 Neben dem Unterrichtsministerium hatte auch das Handelsministerium Kompetenzen, da ihm ursprünglich die Hochschule für Welthandel und die Montanistische Hochschule unterstanden.

23 Eine wichtige Unterscheidung betraf die Binnenorganisation der Hochschulen: im Fall der fachlich orientierten Hochschulen gab es ein Professorenkollegium für die gesamte Hochschule, während im Fall der drei Universitäten (Wien, Graz, Innsbruck) jede der jeweils vier (in Wien: fünf) Fakultäten ein Professorenkollegium mit dem gleichen Entscheidungsrecht hatte. Der auf universitärer Ebene eingerichtete Senat war dagegen ein Kontrollorgan mit Disziplinarrecht.

24 Albert Müller, Dynamische Adaptierung und „Selbstbehauptung". Die Universität Wien in der NS-Zeit, in: Geschichte und Gesellschaft 23 (1997) 4, 592–617. Die „Gleichschaltung" der Universität Wien, so wird in dem Beitrag gut herausgearbeitet, erfolgte schnell und umfassend, sofern es um den Ausschluss von Hochschulpersonal nach politischen und rassistischen (antisemitischen) Gesichtspunkten ging. Als es aber dann darum ging, die Wiener Universitäten „im Zuge der weitergehenden Rechtsangleichung" einer Verwaltungsreform zu unterziehen, formierte sich unter der nationalsozialistischen Universitätsleitung nachhaltiger Widerstand.

25 Brunner/Wohnout, Hochschulrecht; Ferz, Ewige Universitätsreform, 279–395; zu einer historischen Analyse des Gesetzes von 1955 vgl. Thomas König, Die Entstehung eines Gesetzes. Österreichische Hochschulpolitik in den 1950er Jahren, in: Österreichische Zeitschrift für Geschichtswissenschaft 23 (2012) 2, 57–91.

26 Heinrich Drimmel, Das Verhältnis von Hochschule und Staat nach dem neuen österreichischen Hochschulgesetz, in: Otto Molden (Hg.), Erkenntnis und Aktion. Vorträge und Gespräche des Europäischen Forums Alpbach 1955, Wien 1955, 27–43, 41.

täten wurde nun 1922 hinzugefügt, dass die Universitäten „deutsche Forschungs-
und Lehranstalten" seien.[27] Diese Orientierung machte in geografischer und
sprachlich-kultureller Hinsicht durchaus Sinn, war aber mehr als nur das. Unter
dem Bezug auf den „deutschen Charakter" der Hochschulen[28] gewann rasch eine
Melange an gesellschaftspolitischen Ordnungsvorstellungen die Oberhand, die
als konservativ bis rechtsstehend zu bezeichnen ist und für den Untersuchungszeitraum hegemonial blieb.

Die politische Polarisierung an den Universitäten wurde durch ein Vorle-
sungsprogramm versinnbildlicht, das zwischen 1918 und 1938 in ganz Österreich „nur eine einzige Vorlesung über die Demokratie" umfasste.[29] Zugleich
waren diese Hegemonialvorstellungen – auch weil sie in engem taktischem Zusammenspiel mit den volatilen politischen Entwicklungen auf gesamtgesell-
schaftlicher Ebene standen – keineswegs fest formiert, sondern unterlagen
immer wieder Deutungskämpfen unter den intellektuellen Protagonisten.[30] Nach
1945 standen die zögerlichen und widersprüchlichen Ansätze zu einem Re-
Education Programm der (westlichen) Alliierten[31] einer faktischen Rückholung
aus dem Bestand der Universitätslehrer (und wenigen Universitätslehrerinnen)
aus den autoritären Zeiten der 1930er-Jahre gegenüber.

Auch wenn dieser Bereich nicht einfach zu überblicken ist, so dürfte fast
während der ganzen Periode hindurch die finanzielle Ausstattung des Hochschulwesens in Österreich geschrumpft sein. Die beste (weil verlässlichste)
Kennzahl ist vielleicht die jährliche Zahl der Planstellen für Professuren an den
Hochschulen gemäß Bundesfinanzgesetz. Über die vier Dekaden hinweg (für die
ersten Jahre gibt es keine Angaben) wurden hier Kosten gespart (siehe Darstellung 1). Waren es 1925 noch 436 ordentliche und 131 außerordentliche

---

27 Thomas Olechowski/Tamara Ehs/Kamila Staudigl-Ciechowicz, Die Wiener Rechts- und
    Staatswissenschaftliche Fakultät 1918–1938 (Schriften des Archivs der Universität Wien 19),
    Göttingen 2014, 41.
28 Wie Staudigl-Ciechowicz scharfsinnig beobachtete, war schon der Zusatz in der Novelle von
    1922 nicht auf die sprachliche Ausrichtung der Hochschulen beschränkt, da Deutsch ohnehin
    die Landessprache der neuen Republik war; betont werden sollte auch hier vielmehr der
    „deutsche Charakter" der Universitäten. Vgl. Staudigl-Ciechowicz, Wien und Czernowitz,
    237.
29 Erika Weinzierl, Universität und Politik in Österreich. Antrittsvorlesung gehalten am 11. Juni
    1968 an der Universität Salzburg (Salzburger Universitätsreden 33), Salzburg 1969, 16. Ich
    danke Linda Erker für den Hinweis auf diese frühe und ergiebige Analyse.
30 Janek Wasserman, Black Vienna, The Radical Right in the Red City, 1918–1938, Ithaca 2017.
31 Zu den (weitgehend erfolglosen) Versuchen einer Re-Education in Österreich durch die USA
    vgl. Thomas König, Die Frühgeschichte des Fulbright Program in Österreich. Transatlanti-
    sche „Fühlungsnahme auf dem Gebiet der Erziehung" (transatlantica 6), Innsbruck 2012;
    Christian H. Stifter, Zwischen geistiger Erneuerung und Restauration. US-amerikanische
    Planungen zur Entnazifizierung und demokratischen Reorientierung und die Nachkriegs-
    realität österreichischer Wissenschaft 1941–1955, Wien 2014.

Planstellen, so senkte sich das Niveau bis 1935 auf insgesamt 468. Auch hier stellte die NS-Zeit einen nur kurzfristigen Ausreißer dar, wo nicht nur die Zahl der ordentlichen Professuren erhöht wurde, sondern durch so genannte „applizierte Professuren" mehr als 100 zusätzliche Stellen geschaffen wurden. 1949, vier Jahre nach Kriegsende, war die Zahl auf den absoluten Tiefstand von 418 Professuren gesunken. Mit der Konsolidierung der Zweiten Republik setzte zwar ein leichtes Wachstum ein; aber selbst 1961 war mit insgesamt 507 Planstellen für Hochschullehrer noch nicht das Niveau von 1926 (und 1941!) erreicht.

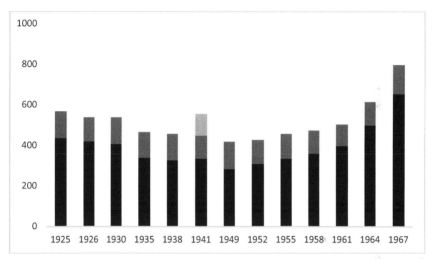

Planstellen für Professuren an österreichischen Hochschulen. Eigene Zusammenstellung;[32] schwarz: ordentliche Professuren; grau: außerordentliche Professuren; hellgrau: „applizierte Professuren"

Die Reduktion der Professuren (in Dienstpostenplanstellen) bedeutete für jene AbsolventInnen, die auf eine wissenschaftliche Karriere hinarbeiteten, dass die Aussicht auf eine bezahlte Stelle immer unwahrscheinlicher wurde. Es überrascht daher weder, dass schon ab 1918 ein Brain Drain von WissenschafterInnen ins Ausland stattfand,[33] noch, dass bei der Bestellung der wenigen offenen Stellen

---

32 Die Angaben entsprechen bis auf 1941 dem Dienstpostenverzeichnis in den jährlichen Bundesfinanzgesetzen (veröffentlicht in den Bundesgesetzblättern 111/1925, 443/1925, 406/1929, 430/1934, 404/1937, 44/1949, 14/1952, 27/1955, 1/1958, 1/1961, 1/1964, 1/1967). Vor 1925 war kein Dienstpostenverzeichnis beigefügt. Zu beachten ist, dass diese Angaben nur die geplanten Stellen, nicht die tatsächliche Zahl an berufenen ProfessorInnen zum gegebenen Zeitpunkt wiedergeben. Die Angaben für 1941 folgen Anne Christine Nagel, Hitlers Bildungsreformer: das Reichsministerium für Wissenschaft, Erziehung und Volksbildung 1934–1945, Frankfurt/Main 2012, 304–305.

33 Johannes Feichtinger, 1918 und der Beginn des wissenschaftlichen Braindrain aus Österreich, in: Beiträge zur Rechtsgeschichte Österreichs 4 (2014) 2, 286–98; Staudigl-Ciechowicz,

zuweilen kaum noch wissenschaftsintrinsische Merkmale ausschlaggebend waren: Die rechtlichen und tradierten Normen eröffneten sowohl bei Habilitationen (dem Qualifikationsverfahren für wissenschaftlichen Nachwuchs) als auch bei Berufungen auf Professuren (dem Rekrutierungsverfahren auf bezahlte, unbefristete Stellen) ausreichend Spielraum, um politische, ideologische und rassistische/antisemitische Gesichtspunkte entscheiden zu lassen.

Bei der Habilitation etwa war es möglich, die persönliche Eignung des Kandidaten bzw. der Kandidatin zu prüfen,[34] und bei der Berufung wurde der politisch „richtige" Kandidat/die „richtige" Kandidatin auf die Vorschlagsliste „gehievt".[35] Funktioniert haben dürfte das bereits verschiedentlich in den 1920er-Jahren.[36] 1955 verkündete freilich der nunmehr zum für Hochschulen zuständigen Unterrichtsminister hochgearbeitete Ministerialbeamte Heinrich Drimmel stolz, das Ministerium habe seit 1945 nie in einen Ternavorschlag des Professorenkollegiums eingegriffen.[37] Das mochte formal gestimmt haben, doch deuten einige Indizien darauf hin, dass nunmehr die Mechanismen der informellen Vorauswahl in den als politisch heikel erachteten Lehrstühlen so gut klappten, dass ein entsprechendes Eingreifen gar nicht mehr notwendig war.[38]

Wien und Czernowitz, 236. Hier findet sich auch der Hinweis, dass die Besoldung an österreichischen Hochschulen deutlich schlechter gewesen sein dürfte als in den umliegenden Ländern.

34 Albert Müller, Grenzziehungen in der Geschichtswissenschaft. Habilitationsverfahren 1900–1950 (am Beispiel der Universität Wien), in: Christian Fleck (Hg.), Soziologische und historische Analysen der Sozialwissenschaften (Österreichische Zeitschrift für Soziologie, Sonderband 5), Opladen 2000, 287–307. Vgl. auch den in Erscheinung befindlichen Beitrag von Andreas Huber, Von mangelnder „persönlicher Eignung"? Habilandinnen an der Universität Wien 1904–1938, in: Sybille Oßwald/Ute Scherb (Hg.), Antisemitismus – Antifeminismus. Ausgrenzungsstrategien im 19. und 20. Jahrhundert, Roßdorf 2019, 161–186.

35 Von dieser Entwicklung scheinen die Gesellschaftswissenschaften mehr als die Naturwissenschaften betroffen gewesen zu sein. Evidenz gibt es nur in disziplinärer Hinsicht, aber da ausreichend. Vgl. Wolfgang L. Reiter, Von Erdberg in die Boltzmanngasse – 100 Jahre Physik an der Universität Wien, in: Karl Fröschl/Gerd Müller/Thomas Olechowski/Brigitta Schmidt-Lauber (Hg.), Reflexive Innensichten aus der Universität (650 Jahre Universität Wien – Aufbruch ins neue Jahrhundert 4), Wien 2015, 191–210; Müller, Grenzziehungen; Hansjörg Klausinger, Academic Anti-Semitism and the Austrian School, Vienna, 1918–1945 (Working Paper, Wirtschaftsuniversität Wien/Department of Economics), Wien 2013.

36 Klaus Taschwer, Hochburg des Antisemitismus. Der Niedergang der Universität Wien im 20. Jahrhundert, Wien 2015; Linda Erker/Andreas Huber/Klaus Taschwer, Von der „Pflegestätte nationalsozialistischer Opposition" zur „äußerst bedrohlichen Nebenregierung". Der Deutsche Klub vor und nach dem „Anschluss" 1938, in: Zeitgeschichte 44 (2017) 2, 78–97.

37 Drimmel, Das Verhältnis von Hochschule und Staat nach dem neuen österreichischen Hochschulgesetz, 39.

38 König, A Strategy of Containment.

Zu dieser generellen Entwicklung kamen noch die drei „heißen" Phasen unter dem austrofaschistischen Regime, unter dem Nationalsozialismus[39] und nach 1945 dazu, als eine anfangs durchaus ernst gemeinte, später immer mehr rückgängig gemachte Entnazifizierung stattfand, der kaum Rückholungen aus der Emigration entgegenstanden.[40] Das Ausmaß an Einflussnahme unterschied sich zwar jeweils nach Standort und ebenso klarerweise die Motivation; für die letzten beiden Phasen lässt sich komplementär auch der Versuch ausmachen, die Lücken durch aktive Neubesetzungen zu füllen. Ab den späten 1940er Jahren erfolgte dann eine konservative Restauration durch die Rückholung von jenen Personen, die die Universität 1938 aufgrund ihrer Nähe zum Austrofaschismus verlassen hatten müssen, aber auch zu einer (aus heutiger Sicht erstaunlichen) Rückkehr von Personen, die in der verhältnismäßig kurzen Phase der Entnazifizierung außer Dienst gestellt worden waren (wenngleich letztere zumeist nicht als ordentliche Professoren). Die Speerspitze der Reaktion in dieser Hinsicht war die Akademie der Wissenschaften.[41]

Welche Auswirkungen hatte die Korruption des (Selbst-)Erneuerungssystems? Es fehlt leider ein Überblick über die Karriereverläufe der HochschullehrerInnen in Österreich zwischen 1920 und 1960,[42] der eine Gesamtschau über Kontinuitäten im Personalbestand geben könnte. Die Vertreibung und Verhinderung von WissenschaftlerInnen hat im historischen Rückblick lange Zeit die Sicht auf die fortgesetzten Aktivitäten jener festgestellt, die in den 1920er-Jahren ihre Vormachtstellung erlangt haben. Einzelstudien sowie kleinere Samples zeigen, dass einige Professoren von den 1920er- und 1930er-Jahren bis in die 1950er-Jahre hinein gewirkt haben und dass in erster Linie der eigene wissenschaftliche Nachwuchs, der in den frühen Dekaden des Hochschulregimes

---

39 Kurt Mühlberger, „Vertriebene Intelligenz 1938". Der Verlust geistiger und menschlicher Potenz an der Universität Wien von 1938 bis 1945, 2. Auflage, Wien 1993.

40 Zur Entnazifizierung: Roman Pfefferle/Hans Pfefferle, Glimpflich entnazifiziert: Die Professorenschaft der Universität Wien von 1944 in den Nachkriegsjahren, Göttingen 2014; Willi Weinert, Die Entnazifizierung an den österreichischen Hochschulen, in: Klaus-Dieter Mulley/Oliver Rathkolb/Sebastian Meissl (Hg.), Verdrängte Schuld, verfehlte Sühne. Entnazifizierung in Österreich 1945–1955, Bad Vöslau 1986, 254–269. Vgl. zur unterlassenen Rückholung: Fleck, Autochthone Provinzialisierung.

41 Klaus Taschwer, Die zwei Karrieren des Fritz Knoll. Wie ein Botaniker nach 1938 die Interessen der NSDAP wahrnahm – und das nach 1945 erfolgreich vergessen machte, in: Johannes Feichtinger/Herbert Matis/Stefan Sinell/Heidemarie Uhl (Hg.), Die Akademie der Wissenschaften in Wien 1938 bis 1945. Katalog zur Ausstellung, Wien 2013, 47–54.

42 Vgl. für die Universität Wien: Andreas Huber, Die Hochschullehrerschaft der 1930er- und 1940er-Jahre. Sozialstruktur und Karrierewege vor dem Hintergrund politischer Zäsuren, in: Mitchell G. Ash/Josef Ehmer (Hg.), Universität – Politik – Gesellschaft (650 Jahre Universität Wien – Aufbruch ins neue Jahrhundert 2), Wien 2015, 649–96.

akademisch sozialisiert worden war, für Nachbesetzungen auf freiwerdende Stellen herangezogen wurde.[43]

Ein zentrales Versprechen im späten Habsburger-Reich war der soziale Aufstieg durch Bildung gewesen. Nach 1918 blieb dieses Versprechen zwar für viele junge Menschen handlungsmotivierend, konnte aber vielfach nicht mehr eingelöst werden. In den frühen Jahren der Ersten Republik gab es (insbesondere in Wien) vergleichsweise viele Studierende und akademisch ausgebildete Personen, wodurch der Arbeitsmarkt im Bereich der so genannten freien Berufe (ÄrztInnen, RechtsanwältInnen, JournalistInnen, WissenschaftlerInnen) stark unter Druck stand.[44] Verschärft wurde diese Situation in den 1930er-Jahren durch eine Austeritätspolitik, die unter anderem auch einen aktiven Abbau von Beamten umfasste. Auch nach 1945 setzte sich das Narrativ vom geistigen Proletariat fort.[45] Wohl nicht zuletzt aufgrund der sozioökonomischen Unsicherheit intensivierten sich in den 1920er- und 1930er-Jahren die bereits im 19. Jahrhundert aufflackernden Gewaltausbrüche gegenüber „missliebigen" Lehrenden und Studierenden.[46]

Wenig überraschend verläuft im Untersuchungszeitraum daher auch die Entwicklung der Studierendenzahlen. Wie in Darstellung 2 ersichtlich, schwankte die Zahl zwar zu gewissen Zeiten, was vor allem durch den Zweiten Weltkrieg und dessen Folgen zu erklären ist. Insgesamt bewegte sich die Zahl der Studierenden aber die meiste Zeit hindurch innerhalb einer Bandbreite von 15.000 bis 25.000 Studierenden pro Semester (erst ab Mitte der 1950er-Jahre machte sich eine

---

43 Ohne Anspruch auf Vollständigkeit finden sich in den folgenden Arbeiten solche Biographien: Christian Fleck, Der Fall Brandweiner. Universität im Kalten Krieg, Wien 1987; Alexander Pinwinkler, Wilhelm Winkler (1884–1984) – eine Biographie. Zur Geschichte der Statistik und Demographie in Österreich und Deutschland (Schriften zur Wirtschafts- und Sozialgeschichte 75), Berlin 2002; zwei Samples von HochschullehrerInnen habe ich hier verglichen: Thomas König, Irrfahrer und Dulder, Titanen und Halbgötter. Eine empirische Analyse eines Samples von HochschullehrerInnen von 1949 bis 1964, in: Zeitgeschichte 38 (2011) 2, 109–29.

44 Der zu Beginn der Ersten Republik international vergleichsweise hohe Anteil an Studierenden sowie Professuren im Verhältnis zur Bevölkerungszahl ist empirisch belegt. Vgl. Christian Fleck, Arisierung der Gebildeten. Vergleich zweier aus Österreich emigrierter Wissenschaftlergruppen im Kontext, in: Friedrich Stadler (Hg.), Österreichs Umgang mit dem Nationalsozialismus. Die Folgen für die naturwissenschaftliche und humanistische Lehre, Wien 2004, insbes. 229–237.

45 Preglau-Hämmerle, Funktion, 180. Der Begriff „Intelligenzproletariat" findet sich etwa bei Josef Keil, Die Arbeit der Österreichischen Akademie der Wissenschaften, in: Almanach für das Jahr 1950, hg. von der Österreichischen Akademie der Wissenschaften, Wien 1951, 431–443, 434.

46 Auf die „materiell ausweglos erscheinende Lage" von Studierenden und den „Stellenwert der Korporationen … als soziale Kleingruppensysteme" verweist etwa Michael Gehler, Studenten und Politik: der Kampf um die Vorherrschaft an der Universität Innsbruck 1918–1938, Innsbruck 1990, 54, 56. Vgl. zur Gewalttätigkeit Taschwer, Hochburg des Antisemitismus.

deutliche Zunahme bemerkbar). Dauerhaftes Wachstum – wie es ab den 1960er-Jahren und bis heute zu einer impliziten Selbstverständlichkeit geworden ist – war damals nicht üblich. Im Gegenteil: Die allgemeine Annahme war tendenziell eine Stagnation der Studierendenzahlen.

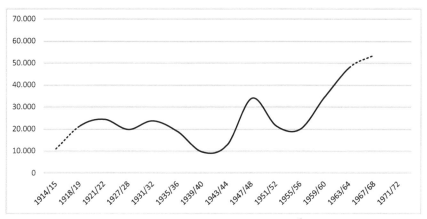

Studierende an österreichischen Hochschulen. Eigene Darstellung[47]

Zusammenfassend lässt sich sagen, dass das Hochschulregime in Österreich zwischen 1920 und 1960 durch ein instabiles politisches Umfeld und den Umstand geprägt war, dass die finanziellen Zuwendungen über die meiste Zeit der Periode knapper wurden. Statt einer gezielten Hochschulpolitik wurde versucht, politischen und ideologischen Einfluss auf die Hochschulen auszuüben. Die „Realgestalt" der Universitäten war von der finanziellen Vernachlässigung, aber auch von politischer Polarisierung und Korrumpierung wissenschaftsintrinsischer Werte geprägt. Die Vielfältigkeit wissenschaftlicher Positionen und die intellektuelle Kreativität, die noch aus der Jahrhundertwende kommend und bis in die 1920er-Jahre in Österreich (insbesondere in Wien) geblüht hatte, war von den Hochschulen zunächst ins extramurale Exil und dann komplett aus Österreich verdrängt worden.[48] Vielmehr blieben – gerade in den Gesellschaftswissenschaften – jene Wissens- und Theoriebestände übrig, die mit dem politischen Zeitgeist kompatibel waren oder diesem zumindest nicht widersprachen.

---

47 Angaben aus: Preglau-Hämmerle, Funktion, 177, 224. Auf der x-Achse die zwischen 1918 und 1960 ausgewählten Studienjahre.

48 Vgl. Tamara Ehs, Das extramurale Exil. Vereinsleben als Reaktion auf universitären Antisemitismus, in: Evelyn Adunka/Georg Traska/Gerald Lamprecht (Hg.), Jüdisches Vereinswesen in Österreich im 19. und 20. Jahrhundert, Innsbruck 2010, 15–29.

III.   Universität und Gesellschaft

Kritik an den Universitäten gab es schon ab dem Zeitpunkt, da das oben skiz-
zierte Hochschulregime in all seinen Facetten wirkmächtig wurde.[49] Sie drang
allerdings nicht durch: weil es nicht dem politischen Konsens entsprach, der dem
deutschnationalistischen und zugleich konservativen Geist an den Hochschulen
entsprach; weil es die bereits angedeuteten Ausschlussverfahren und Vertrei-
bungen gab; und weil die gerne behauptete „Autonomie" der Hochschulen ein
geschicktes rhetorisches Instrument war, um sich gegen Kritik zu wappnen. Vor
allem aber ließ sich immer auf die geringe finanzielle Ausstattung der Hochschulen verweisen, und dieses Argument brachte jede Opposition zum Ver-
stummen.[50]

Nur wenige KritikerInnen waren überhaupt an den Hochschulen selbst tätig,
während viele andere an den Rändern darbten (oder fortzogen). Noch während
der 1950er-Jahre mochte es so scheinen, als wäre die Übermacht überwältigend
und der Widerstand oppositioneller Intellektueller zu schwach, um ernsthaft die
Grundprämissen des Hochschulregimes ins Wanken zu bringen.[51] Die zu Beginn
des Artikels von Tautscher angesprochene Krise kam umso unverhoffter und
schneller,[52] sowohl für die KritikerInnen als auch für diejenigen, die bisher den
„Gipfel des Professorenhügels" unangefochten besetzt hielten.[53] Ausdruck der
Unzufriedenheit mit den Hochschulen war eine Reihe von kleineren und größeren Skandalen bzw. Ereignissen, in welchen der wachsende Graben zwischen
Erwartungshaltungen einerseits und den tatsächlichen Verhältnissen an den
Hochschulen andererseits zum Ausdruck kam. Für Aufregung sorgten die
Weltanschauungen und Normen, die vom führenden Personal der Hochschulen
– den Professoren – vertreten wurden. Dafür sei je ein relativ geläufiges Beispiel
genannt.

Für einen der größeren Skandale der jungen Republik sorgte der an der
Hochschule für Welthandel tätige Wirtschaftshistoriker Taras Borodajkewycz

---

49 Taschwer, Hochburg des Antisemitismus. Taschwer hat entsprechende Berichte und Kom-
     mentare in österreichischen und internationalen Zeitungen aus den 1920er-Jahren zusam-
     mengetragen.
50 Vgl. den damals noch durchaus positivistisch gesinnten, jungen Philosophen: Paul Feyer-
     abend, Die Geisteswissenschaften in Österreich (unveröffentlichter Bericht 1954), in: Mi-
     chael Benedikt/Reinhold Knoll/Franz Schwediauer/Cornelius Zehetner (Hg.), Auf der Suche
     nach authentischem Philosophieren. Philosophie in Österreich 1951–2000 (Verdrängter
     Humanismus – verzögerte Aufklärung 6), Wien 2010, 33.
51 Thomas König, Kritische Reflexion und öffentliche Intervention. Die Entstehung einer neuen
     Wissenschaftskultur in Österreich nach 1945, in: Helmut Kramer/Karin Liebhart/Friedrich
     Stadler (Hg.), Österreichische Nation, Kultur, Exil und Widerstand: in memoriam Felix
     Kreissler, Wien 2006, 279–288.
52 König, A Strategy of Containment.
53 Kozlik, Wie wird wer Akademiker?, 150.

mit antisemitischen Ausführungen, die nachhaltige Proteste und juristische Verwicklungen zur Folge hatten.[54] Borodajkewycz war ein besonders offener Vertreter einer nationalsozialistisch bzw. deutschnational geprägten Gesinnung, die an den österreichischen Hochschulen durchaus breit vertreten war.[55]

Die politische Gesinnung, die ein Gutteil der Hochschullehrenden wie auch der Studierenden vor sich hertrug, war noch nicht alles. Auch die (Großteils impliziten) Normen und Regeln des Hochschulbetriebs sorgten nunmehr für Unverständnis in öffentlichen Kommentaren, die nicht mehr ohne weiteres übergangen werden konnten. Als der Wirtschaftswissenschafter Wilhelm Weber sagte, dass er keinen Kommunisten auf einen Lehrstuhl einer österreichischen Universität kommen zu lassen gedenke, gab er nur preis, was im Hochschulbetrieb alle wussten: Nämlich, dass es klare ideologische Vorgaben gab, wer an österreichischen Universitäten habilitieren oder gar Professor werden durfte.[56] Mit dem scharfen Widerspruch, den er dadurch auslöste, schien er nicht gerechnet zu haben.[57]

Borodajkewycz und Weber versinnbildlichten die „Realgestalt" der österreichischen Hochschulen und Universitäten zu Beginn der 1960er-Jahre – Ergebnis eines vier Jahrzehnte anhaltenden Hochschulregimes. Zumindest in den Augen der KritikerInnen war das so. Dass diese überhaupt eine öffentlichkeitswirksame Arena fanden, war neu, ebenso wie es irritieren musste, dass nun Umstände zu Skandalen gemacht werden konnten, die doch seit Jahrzehnten auf vertraute Weise funktionierten. Hier ging es um die Interpretation von Ereignissen und Verfahren, die je nach Sichtweise eben ein „Skandal" oder die „Normalität" waren.

All dem lag eine Frage zugrunde, die nun ebenfalls aufgeworfen wurde, nämlich wie das Verhältnis von gesellschaftlicher Entwicklung und Universität zu gestalten sei. Der eingangs zitierte Vortrag des Volkswirtes und Professors Anton Tautscher gibt darauf eine klare Antwort: die Hochschulen seien durch die „Wissensgesellschaft" in Gefahr, die Demokratisierung von Wissen hinterfragte

---

54 Vgl. Heinz Fischer, Einer im Vordergrund. Taras Borodajkewycz. Eine Dokumentation, Wien 1966; Gerard E. Kasemir, Die Borodajkewycz-Affäre 1965. Spätes Ende für „wissenschaftlich" vorgetragenen Rassismus, Dipl. Arb., Universität Wien 1994; zur Einordnung dieser Affäre in die Liste politischer Skandale seit 1945 vgl.: Michael Gehler/Hubert Sickinger, Politische Skandale in der Zweiten Republik, in: Reinhard Sieder/Heinz Steinert/Emmerich Tálos (Hg.), Österreich 1945–1995. Gesellschaft, Politik, Kultur, 2. Auflage, Wien 1996, 671–683, 678.

55 Pfefferle/Pfefferle, Glimpflich entnazifiziert; zur Akademie siehe etwa den Fall von Fritz Knoll, Rektor der Uni Wien von 1938–43: Taschwer, Zwei Karrieren.

56 Klar ausgesprochen war das schon in Zeitungsartikeln in den 1920er-Jahren worden, und sozialistische Politiker vergaßen auch später nicht darauf hinzuweisen. Vgl. etwa Bruno Pittermann, Zu aktuellen Fragen, in: Forvm 4 (1957) 45, 307–308.

57 Heinz Fischer, Hochschulprobleme, in: Die Republik. Beiträge zur österreichischen Politik 2 (1966) 2, 23.

nicht nur seinen eigenen Stand (des Hochschulprofessors), sondern bedrohte auch einen ganzen Wissensbestand kulturkonservativer und reaktionärer Gesellschaftstheorie, der sich selbst ja zur Demokratie nicht besonders positiv verhielt.

Damit unterschied er sich dabei doch diametral von jenen, die im Rahmen einer ganz anders verstandenen Sozialwissenschaft zu der entstehenden „Wissensgesellschaft" publizierten, auch wenn sie den Begriff damals noch nicht verwendeten. Der ebenfalls eingangs genannte Artikel des amerikanischen Soziologen Lane etwa fasste rezente soziologische Studien dahingehend zusammen, dass wissenschaftliches Wissen Ideologie und Machtpolitik („politics") ersetzen oder wenigstens komplementieren würde.[58] Peter Drucker hatte in einem seiner Bestseller in den späten 1950er-Jahren auf die Bedeutung von Wissen für ökonomische Innovationen hingewiesen.[59] Ökonomen versuchten wenig später die Produktion und Distribution von Wissen systematisch zu erfassen.[60] Und die OEEC begann mit ihren vergleichenden Studien zur Produktion von wissenschaftlich ausgebildetem Personal in den industrialisierten Staaten.[61] Auch der Veränderungsdruck, unter dem die Universitäten standen, wurde diskutiert.[62]

Tautschers Vortrag nahm keinerlei Bezug auf diese internationalen, vor allem englischsprachigen Debatten, und er ignorierte auch die wenigen Beiträge, die dazu in Österreich inzwischen ihren Niederschlag gefunden hatten.[63] Dabei waren diese analytischen Zugänge nicht weniger normativ als das, was Tautscher von sich gab; sie waren allerdings moderner, und das bedeutet zweierlei: Sie beruhten auf einer ganz anderen, nämlich einer empirisch orientierten Art von Wissensbestand, und sie waren zukunftsoptimistisch. Man kann diese Zugänge als modernisierungstheoretisch fassen, denn damit kommt auch gut zum Ausdruck, woraus sich das Gefühl der Krise Anfang der 1960er-Jahre speiste.

---

58 Lane, Knowledgeable Society, 658: „It appears to me that the political domain is shrinking and the knowledge domain is growing, in terms of criteria for decisions, kinds of counsel sought, evidence adduced, and nature of the ‚rationality' employed."
59 Peter F. Drucker, Landmarks of Tomorrow, New York 1957.
60 Edward Ames, Research, Invention, Development and Innovation, in: The American Economic Review 51 (1961) 3, 370–381; Fritz Machlup, The Production and Distribution of Knowledge in the United States, Princeton, N.J. 1962.
61 OEEC, Producing Scientists and Engineers: A Report on the Number of Graduate Scientists and Engineers Produced in O.E.E.C. Member Countries, Canada, the United States and the Soviet Union, Paris 1960.
62 Francis E. Rourke/Glenn E. Brooks, The Managerial Revolution in Higher Education, Baltimore 1966.
63 Kozlik, Wie wird wer Akademiker?; Manfred Leeb/Werner Vogt, Anregungen zur Reform der wissenschaftlichen Hochschulen in Österreich, Wien 1964; Hans Michalicek/Peter Pliem, Die Studenten Österreichs. Entwicklungstendenzen 1965–1989, Wien 1966.

Nach den Jahrzehnten der gesellschaftspolitischen Instabilität hatten sich die Rahmenbedingungen geändert. Das nunmehr konsolidierte Wirtschaftswachstum erforderte erstmals wieder eine größere Zahl an hoch ausgebildeten Arbeitskräften, nicht zuletzt im technischen und naturwissenschaftlichen Bereich. Das Versprechen über Bildung sozialen Aufstieg zu erreichen, begann wieder zu greifen. Aber vor allem behauptete sich zum ersten Mal seit 1918 nunmehr auf österreichischem Boden ein politisches Regime länger als 15 Jahre, ohne in eine schwere wirtschaftliche oder politische Krise geraten zu sein. Damit kamen Studierende an Hochschulen, die sich mit diesem demokratischen Regime auch positiv identifizieren konnten.

All dies macht verständlich, warum sich das Interesse an dem, was an den Hochschulen passierte, in der Öffentlichkeit erhöhte, warum die konservativen und teilweise reaktionären Konzepte des etablierten Kernpersonals in die Kritik kamen und das österreichische Hochschulwesen als „geistiger Naturschutzpark" bezeichnet werden konnte, in dem „auch jemand Hochschulprofessor werden kann, der nicht durch größere wissenschaftliche Publikationen, sondern vor allem dadurch bekannt ist, daß er Kelsen als Juden und die Existenz einer österreichischen Nation als Geflunker bezeichnet".[64] Zu den Trägern dieser Entwicklung wurden daher auch wenig überraschend Vertreter (und sehr wenige Vertreterinnen) einer neuen Generation, die auch in der medialen Auseinandersetzung den Ton angaben und sich dabei natürlich auch selbst zu profilieren wussten. Die „neue" Generation ist dabei als Metapher zu verstehen. In Wahrheit handelte es sich nämlich um Vertreter von gleich zwei Generationen, die ihre Unzufriedenheit mit den Hochschulen ventilierten: Das eine war die „betrogene Generation", also Personen, die den Zweiten Weltkrieg bzw. das Exil als Jugendliche miterfahren haben und den Wiederaufbau sowie die Demokratie als friedliche Alternative zu schätzen gelernt hatten.[65] Es handelte sich hier um Personen wie etwa Fritz Fellner, Eduard März, Günther Nenning oder Kurt Rothschild. Das andere war die Generation an jungen Intellektuellen, die tatsächlich in der neuen Republik sozialisiert worden waren und nach Neuem drängten. Ihre Vertreter waren unter anderem Anton Pelinka und Heinz Fischer.

---

64 Heinz Fischer, Universität zwischen Tradition und Fortschritt, in: Österreich – geistige Provinz?, hg. vom Forum Verlag, Wien 1965, 230. Der angesprochene Professor ist Borodajkewycz.

65 Der Ausdruck der „betrogenen Generation" stammt von Fritz Fellner, zitiert nach Johannes Feichtinger/Franz Leander Fillafer, Leo Thun und die Nachwelt. Der Wissenschaftsreformer in der österreichischen Geschichts- und Kulturpolitik des 19. und 20. Jahrhunderts, in: Brigitte Mazohl/Christof Aichner (Hg.), Die Thun-Hohenstein'schen Universitätsreformen 1849–1860: Konzeption – Umsetzung – Nachwirkungen, Wien 2017, 347–378, 375.

Zwei Motivlagen durchmischten die Kritiken des bestehenden Hochschulregimes in ihren diskursiven Interventionen in den frühen 1960er-Jahren.[66] Zum einen war dies eine soziokulturelle Motivation, die beabsichtigte, die Hochschulen im Sinne eines demokratisierend und aufklärerisch wirkenden Bildungsziels einzusetzen; zum anderen war es das ökonomische Ziel, durch Steigerung der Ausgaben im Bereich Forschung und Entwicklung das Wirtschaftswachstum zu befördern. Für letzteres wurden „die Beziehungen zwischen Wissenschaft und Wirtschaftswachstum" ins Auge gefasst und die Notwendigkeit zur „Bildung von ‚geistigem Kapital'" unterstrichen, aus der die Vermutung eines „stark anwachsenden Bedarfs an wissenschaftlichem Nachwuchs" abgeleitet wurde.[67]

Die soziokulturelle Motivation lässt sich aus einem paradigmatischen Beitrag von Heinz Fischer herausarbeiten, der den Universitäten eine „gegenwärtige Monopolisierung" konstatierte. Als Ursache identifizierte er das Narrativ der erfolgreich etablierten österreichischen Hochschulautonomie, die in der Gegenwart aber „dazu verwendet" würde, „um alles fernzuhalten, was die[] konservative Hegemonie gefährde und an den Hochschulen geistige Bewegung hervorrufen könnte." So lange man nicht „den echten, freien Wettbewerb herstellt", würde die Universität „die ihr zukommende Aufgabe" nicht erfüllen können.[68]

Die Verwendung des Wettbewerbsarguments durch einen sozialistischen Kritiker entbehrt nicht der Ironie. Doch die Aufgabe der Universitäten hatte Fischer deutlich vor Augen: Sie bestünde darin, die Studierenden „zu kritischen, fortschrittlichen, über einen kleinbürgerlichen Horizont hinaussehenden Akademikern" zu erziehen, „die den modernen gesellschaftlichen und sozialen Tendenzen aufgeschlossen gegenüberstehen".[69] Nur wenig später sollten im Rahmen des groß angelegten Reformvorhabens der Hochschulen soziokulturelle und ökonomische Motivation selbst für einen Konflikt sorgen;[70] doch fürs erste wurden sie Seite an Seite gegen das bestehende Hochschulregime in Anschlag gebracht. Demgegenüber empfand Tautscher die

---

66 Dieser und die folgenden zwei Absätze folgen meiner Analyse in König, Konserven des Geistes.
67 Eduard März, Forschung und Entwicklung in Österreich. Eine Studie der Wirtschaftswissenschaftlichen Abteilung der Wiener Kammer für Arbeiter und Angestellte, Wien 1965, 12.
68 Fischer, Universität, 223–25.
69 Ebd., 204.
70 Vgl. dazu ausführlicher: Raoul F. Kneucker, Das Universitäts-Organisationsgesetz 1975, in: Österreichische Zeitschrift für Politikwissenschaft 9 (1980) 3, 261–276; Josef Melchior, Zur sozialen Pathogenese der österreichischen Hochschulreform. Eine gesellschaftstheoretische Rekonstruktion, Baden-Baden 1993; Henrik Kreutz/Heinz Rögl, Die umfunktionierte Universitätsreform. Von der Steigerung der Produktivität zur staatlichen Förderung sozialen Aufstiegs politischer Kernschichten, Wien 1994.

„Wissensgesellschaft" als Krise;[71] seine Ausführungen nahmen eine Stoßrichtung ein, die als weiterer Beleg für die Unfähigkeit genommen werden
konnten, eine neue gesellschaftliche Entwicklung zu erklären oder überhaupt
verstehen zu wollen.

---

71 Tautscher selbst hatte schon fünf Jahre vor seinem Vortrag in einem Artikel die „Vermassung" der Hochschulen beklagt; siehe Anton Tautscher, Die innere Not der Hochschulen, in:
   Wissenschaft und Weltbild, 14 (1961) 4, 246–252, 247.

Paulus Ebner

Alles neu? Die ÖH und die österreichischen Studierenden in den 1960er- und 1970er-Jahren

„Reform oder Revolution" – mit diesem Titel versah die „Bilanz", das offizielle Organ der Österreichischen Hochschülerschaft (ÖH), in der Ausgabe vom Mai/ Juni 1968 ein Doppelinterview mit ihrem Vorsitzenden Sepp-Gottfried Bieler und Unterrichtsminister Theodor Piffl-Perčević (1964–1969, ÖVP).[1] Adressatin dieser Entscheidungsfrage war niemand anderer als die österreichische Bundesregierung. Bieler beantwortete die Frage, was denn bei einer Ablehnung der in inhaltlich und politisch breiter Diskussion erstellten studentischen Vorschläge zur Hochschulreform passieren würde, so: „Ja, dann ist die Frage, ob ein Zentralausschuss-Vorsitzender der Österreichischen Hochschülerschaft die studentischen Emotionen noch länger in Zaum halten kann oder will."[2]

Handelte es sich hier um eine Posse zwischen konservativem ÖH-Vorsitzenden und konservativem Minister zur Beruhigung der konkreten Lage durch verbale Kraftmeierei oder war die Situation in Österreich vielleicht doch etwas gespannter als der (im Übrigen auch von den Studierenden immer wieder angestellte) Vergleich mit der deutschen oder französischen Studierendenbewegung vermuten lässt?

In der Folge sollen die wesentlichen hochschulpolitischen Entwicklungen der Jahre 1961 bis 1975 nachgezeichnet werden. Im Zentrum stehen die gesetzliche Vertretung der österreichischen Studierenden, die ÖH, und ihre Antworten auf den von allen politischen Lagern empfundenen Reformstau an den Universitäten. Mittels einer genauen Lektüre der „Bilanz", der Zeitschrift des Zentralausschusses (ZA) der ÖH, in den Jahren 1962 bis 1971 lassen sich auch die Veränderungen im Umgang zwischen Studierenden und Professorenkurie in den 1960er-Jahren skizzieren. Die Ideen und Konzepte zur Neugestaltung der österreichischen Hochschullandschaft stießen nicht zuletzt durch die Ereignisse

---

1 Reform oder Revolution? Aus Gesprächen mit Unterrichtsminister Dr. Theodor Piffl-Perčević und Sepp-Gottfried Bieler, dem Vorsitzenden des Zentralausschusses der Österreichischen Hochschülerschaft, in: Bilanz 6 (1968) 5/6, 6. Wenn nicht angeführt, fehlen Angaben zu den AutorInnen der Artikel.

2 Ebd.

in Deutschland und Frankreich auf eine vergleichsweise starke Resonanz in der
Öffentlichkeit.

I.   Die ÖH bis 1967

Die Grundvoraussetzungen für studentischen Protest waren in Österreich jedenfalls völlig anders als in Deutschland und in Frankreich. Dass es in Österreich
Strategien zur Erreichung der studentischen Wünsche gab, die sich wesentlich
von denen in Westeuropa unterschieden, lässt sich nicht zuletzt aus der Geschichte und der Konstruktion der ÖH herleiten.

Die Vorläuferorganisation der ÖH geht auf die 1930er-Jahre und auf die ne-
gativen Erfahrungen mit einer deutschnational ausgerichteten Studierendenvertretung zurück. Die 1919 gegründete, rassistisch organisierte und sehr bald
nationalsozialistisch geführte Deutsche Studentenschaft wurde im September
1933 behördlich aufgelöst und an ihre Stelle die Sachwalterschaft, später
Hochschülerschaft Österreichs, gesetzt. In ihr waren als erste staatliche Gesamt-
Studierendenvertretung mit Pflichtmitgliedschaft alle Studierenden mit österreichischer Staatsbürgerschaft ohne Ansehen von Religion, Herkunft, Stand
oder Geschlecht nach dem Kammerprinzip vertreten; sie besaßen aber keinerlei
Rechte, ihre Vertretung per Wahl zu bestimmen.[3]

Nach 1945 wurde diese Konstruktion wiederaufgenommen und im Laufe der
Zeit auf demokratische Weise umgestaltet. Der ZA der ÖH konnte seit 1946 als
landesweites Studierendenparlament agieren. 1950 wurde der Status der ÖH im
Hochschülerschaftsgesetz geregelt. Ursprünglich gab es drei Vertretungsebe-
nen: an erster Stelle das österreichische Studierendenparlament, den schon
angeführten ZA, an jeder Hochschule einen sogenannten Hauptausschuss (HA)
und schließlich Fakultäts- bzw. Fachschaftsvertretungen.[4] Als Körperschaft des
öffentlichen Rechts hatte die ÖH einerseits eine weitaus „bessere" Ausgangs-
position im (hochschul-)politischen Machtgefüge als die Studierendenvertre-
tungen in anderen Ländern. Die Einbindung in die universitären und adminis-
trativen Strukturen, etwa durch die Mitwirkung bei Disziplinarverfahren, das
Recht auf Stellungnahmen bei Universitätsgesetzen oder den Aufbau von Wirt-
schaftsbetrieben an einzelnen Hochschulstandorten, erschwerte aber andererseits die Möglichkeiten für eine Fundamentalopposition und revolutionäre
Ausbrüche.

---

3 Vgl. ausführlich Gerhard Wagner, Von der Hochschülerschaft Österreichs zur Österreichischen Hochschülerschaft, Dipl. Arb., Universität Wien 2010.
4 Vgl. zu den Kontinuitäten und Brüchen zwischen 1933 und 1945/46: Ebd.; Christine H.
   Forster, Die Geschichte der Österreichischen Hochschülerschaft 1945–1955, Diss., Universität
   Wien 1984.

Die ÖH war durchgehend – auch im hier behandelten Zeitraum – von einer mehr oder weniger deutlichen Mehrheit der ÖVP-nahen Studierenden und einer sehr starken rechten Minderheit geprägt, die im Ring Freiheitlicher Studenten (RFS) versammelt war. Bei den ÖH-Wahlen der 1960er-Jahre gewannen die ÖVP-nahen Studierenden, bis 1968 versammelt im Wahlblock österreichischer Akademiker (Wahlblock), jedes Mal mit deutlichem Vorsprung und lagen dabei immer knapp über oder unter der 50-Prozent-Marke. Der RFS erreichte bis 1969 unangefochten mit jeweils ca. 30 Prozent die zweite Position, ja er konnte an einigen Hochschulen, wie etwa der Technischen Hochschule (TH) Graz, sogar den ersten Platz belegen. Der Verband Sozialistischer Studenten Österreichs (VSStÖ) lag abgeschlagen auf dem dritten Platz, seine AktivistInnen waren aber in Hochschulreformfragen überaus aktiv. Die kommunistischen Studierenden (zumeist unter VDS – Vereinigung Demokratischer Studenten antretend) scheiterten regelmäßig am Einzug in den ZA.

Zu dieser mehr oder weniger statischen Situation trugen die soziale Undurchlässigkeit der Hochschulen und das weitgehende Fehlen einer politischen Hochschulszene links von der SPÖ bei. Auch wenn es immer wieder harte Auseinandersetzungen (sehr oft um wirtschaftliche Angelegenheiten) gab, wurden praktisch alle Protestaktionen der 1950er- und frühen 1960er-Jahre im ZA von allen drei Fraktionen einstimmig umgesetzt. Es herrschte aber nicht nur eine weitgehende interfraktionelle Einigkeit in grundlegenden hochschulpolitischen Fragen, die studentischen Protestaktionen der frühen 1960er-Jahre wurden auch noch in enger Abstimmung mit der universitären Obrigkeit, insbesondere der Österreichischen Rektorenkonferenz, durchgeführt.[5] International populäre Schlagworte wie „Sputnik-Schock" oder „Bildungsnotstand" spielten keine große Rolle, die chronische Unterfinanzierung und die Rückständigkeit der Hochschulen gehörten eher zu den Topoi von Festreden. Die österreichischen Proteste richteten sich gegen konkrete Regierungsmaßnahmen: 1961 wurde auf diese Weise immerhin die schon vereinbarte Kürzung des Unterrichts- und Kulturbudgets zurückgenommen, 1962 waren ähnliche Pläne der Regierung der Auslöser einer Demonstration vor dem Parlament.

In der Regel unterstützten auch alle Parteien von der FPÖ bis zur KPÖ, wenn auch in unterschiedlicher Intensität, grundsätzlich die professoralen und studentischen Anliegen, wobei das für die bis 1970 regelmäßig den Unterrichtsminister stellende ÖVP oft eine Gratwanderung darstellte.

---

5 Vgl. zum großen Streik von 1961 etwa: Paulus Ebner, Hochschulen – „Armenhäuser von heute", URL: https://www.tuwien.ac.at/fileadmin/t/univarch/downloads/studentenstreik1961.pdf (abgerufen 19. 11. 2018).

II.   Veränderungen – 1964–1967

Gab es bei den Demonstrationen von 1961 und 1962 zwar einen konkreten Auslöser für den Protest, aber keine weiterführenden, langfristigen studentischen Konzepte, so sollte sich das in den darauffolgenden Jahren ändern. Zwischen 1962 und 1965 waren nicht zuletzt im Umfeld des Österreichischen Cartellverbandes (ÖCV/CV) einige reformerisch gesinnte Studenten tätig. So waren auch im Raacher Rat für Hochschulfragen, den Minister Piffl-Perčević bald nach seiner Amtsübernahme als persönliches Beratungsorgan zur Entwicklung und Reform der österreichischen Hochschulen einrichtete und dieses nicht nach dem Proporz-Prinzip, sondern als Expertengremium zusammensetze, Studierende wie Michael Mitterauer, Manfred Leeb und Werner Vogt vertreten.[6]

Leeb (Physikstudent an der TH in Wien) und Vogt (Medizinstudent an der Universität Wien) waren es auch, die 1964 eigene Reformvorschläge in Buchform vorlegten. Dabei ging es zwar am Rande auch um Themen wie studentische Mitbestimmung, der Fokus lag aber auf der Forderung nach einer Organisationsreform, die neben der notwendigen Verbesserung der Fachbildung die Vermittlung einer möglichst umfassenden Allgemeinbildung sicherstellen sollte.[7]

Auf hochschulpolitischem Gebiet war der Beschluss des Allgemeinen Hochschulstudiengesetzes (AHStG) im Jahr 1966 von großer Bedeutung. Dieses Gesetz, mit dem die Struktur der Zweiteilung der Studien an wissenschaftlichen Hochschulen in Diplom- und Doktoratsstudien grundsätzlich beschlossen wurde, war unter Berücksichtigung der studentischen Wünsche entstanden und stellte ein wichtiges Rahmengesetz dar. Die konkrete Umsetzung erfüllte aber bei weitem nicht alle Erwartungen.[8]

Auf dem Feld der Hochschulpolitik konnten Gegensätze in Sitzungen und Tagungen meist überbrückt werden, sobald aber gesellschaftspolitische Fragen dazukamen, traten die Bruchlinien innerhalb der ÖH sehr deutlich zutage – so auch beim „Fall Borodajkewycz" Anfang/Mitte der 1960er-Jahre: Ausgangs-

---

6 Vgl. zur Entstehung, Zusammensetzung und Arbeit des Rates für Hochschulfragen: Henrik Kreutz/Heinz Rögl, Die umfunktionierte Universitätsreform (Schriftenreihe des Instituts für Angewandte Soziologie 1), Wien 1994, 56–62. Vgl. zu den in den Rat kooptierten reformorientierten CV-Studenten: Ernst Bruckmüller, Erinnerung zu „Bildung" rund um 1968, in: Maria Dippelreiter/Michael Dippelreiter (Hg.), „1968" in Österreich. Aufbruch und Scheitern, Klagenfurt 2018, 87–107, 88.

7 Manfred Leeb/Werner Vogt, Anregungen zur Reform der wissenschaftlichen Hochschulen in Österreich. Wien 1964; Werner Vogt, Die schwarzen Achtundsechziger, Die Presse, 22. 5. 2008, URL: https://diepresse.com/home/politik/innenpolitik/385452/Cherity-fuer-den-Revolutio naer (abgerufen 14. 2. 2019).

8 Vgl. dazu die gesammelten Einschätzungen der ProtagonistInnen: Kreutz/Rögl, Universitätsreform, 62–76. Eine schlüssige Übersicht über das AHStG findet sich bei Marina Fischer-Kowalski, Zur Entwicklung von Universität und Gesellschaft in Österreich, in: Heinz Fischer (Hg.), Das politische System Österreichs, 2. Auflage, Wien 1977, 571–624, 592–593.

punkt war, dass ein sozialistischer Student, der spätere Finanzminister Ferdinand Lacina (1986–1995, SPÖ), antisemitische Äußerungen von Professor Taras Borodajkewycz in Lehrveranstaltungen an der Wiener Hochschule für Welthandel publik machte. Dieser stellte seine Gesinnung auch noch vor Fernsehkameras und damit einem Millionenpublikum zur Schau. In der anschließenden Auseinandersetzung wurde er von der Studierendenvertretung an seiner Universität und von den freiheitlichen Studierenden unterstützt, während ein auch von bürgerlichen Medien wie dem „Kurier"[9] getragenes Mitte/Links-Bündnis entschieden für seine Entfernung als Hochschullehrer eintrat.[10] Ein Angriff von RFS und Rechtsextremen auf eine Demonstration gegen Borodajkewycz am 31. März 1965 forderte schließlich sogar das erste politische Todesopfer in der Zweiten Republik: Der KZ-Überlebende Ernst Kirchweger wurde vom amtsbekannten Rechtsextremen Gunther Kümel niedergeschlagen und tödlich verletzt.

Diese Tragödie und ihre historische Genese waren für die „Bilanz" Anlass, die Ausgabe nach dem Tod Kirchwegers mit einem Cover zu versehen, das den Titel „Kein Volk, kein Reich, kein Führer"[11] trug. Ohne namentliche Zeichnung der AutorInnen wurde eine breit angelegte Analyse des österreichischen Rechtsextremismus der 1960er-Jahre versucht. Die enge organisatorische Zusammenarbeit von rechtsextremen und freiheitlichen Organisationen stand im Zentrum der Bestandsaufnahme. Auch der politische Werdegang des Totschlägers Kümel durch rechtsradikale Jugendorganisationen wurde penibel rekonstruiert. Die Informationen zu diesem Heft stammten nicht zuletzt von den Opferverbänden von ÖVP, SPÖ und KPÖ. Sehr ausführlich kam in dieser Ausgabe Simon Wiesenthal zu Wort. Seine Stellungnahme ließ an Deutlichkeit nichts zu wünschen übrig. Er kritisierte einerseits die Untätigkeit, ja das offensichtliche Desinteresse der österreichischen Behörden bei der Verfolgung (neo-) nationalsozialistischer Umtriebe, lobte aber die österreichische Presse.[12] Trotz dieser interessanten Ansätze blieb eine generelle Auseinandersetzung mit der NS-Vergangenheit der österreichischen Universitäten und ihrer Professorenschaft jedoch aus – und das bis in die frühen 1980er-Jahre.

Die ÖH-Wahlen von 1967, die ersten nach dem Beschluss des AHStG und der „Borodajkewycz-Affäre", brachten zwar prozentuell betrachtet nur geringe Verschiebungen, hatten aber schwerwiegende Folgen für die hochschulpolitische Landschaft: Der sehr stark vom CV dominierte Wahlblock verlor die absolute Mehrheit im ZA der ÖH. Dafür trat mit der Aktion, die in Graz entstanden

---

9 Vgl. Herbert Lackner, Interview mit Fischer, Lacina und Bronner zur „Borodajkewycz-Affäre", in: Profil, 1.4.2015, URL: https://www.profil.at/oesterreich/history/interview-fischer-lacina-bronner-borodajkewycz-affaere-5583894 (abgerufen 18.2.2019).
10 Rafael Kropiunigg, Eine österreichische Affäre. Der Fall Borodajkewycz, Wien 2015.
11 Nationale – kein Volk, kein Reich, kein Führer, in: Bilanz 3 (1965) 3, 3–21.
12 „Bilanz"-Gespräch mit Ing. Simon Wiesenthal, in: Bilanz 3 (1965) 3, 10–12.

war und sich fernab der Parteilinien konstituiert hatte, eine neue Gruppierung in
Erscheinung. Die Aktion als undogmatisch linksliberale, zum Teil libertäre
Gruppierung erreichte den zweiten Platz an der Universität Graz und schaffte
den Einzug in den ZA. Sie war die erste Fraktion außerhalb des parlamentarischen Parteienspektrums, welcher der Einzug in den ZA gelang.

III.   Reform oder Revolution – 1968 an den österreichischen Hochschulen

Im Jahr 1968 gab es nun also eine nicht sonderlich stabile, sich erst neu kon-
stituierende Studierendenvertretung, die mehrfach unter starkem Druck war.
Vermutlich stand keine andere Generation von ÖH-Funktionären derart im
Fokus der öffentlichen Wahrnehmung, insbesondere Peter Kowalski und Silvio
Lehmann vom VSStÖ oder der ÖH-Vorsitzende Sepp-Gottfried Bieler vom
Wahlblock. Ob es die Kritik von links, also vom ebenfalls von Flügelkämpfen
gezeichneten VSStÖ[13] und von neuen, keiner Partei verbundenen Gruppen war
oder doch die eigene Überzeugung, dass eine grundlegende Hochschulreform
notwendig sei, die Forderungen der ÖH-Spitze nach umfassenden Reformen,
insbesondere der Einbindung der Studierenden in die entscheidungsbefugten
Gremien, wurden von Monat zu Monat drängender.

Das Thema „Mitbestimmung" hatte bisher keine vordringliche Rolle gespielt.
Nicht zuletzt durch die ausländischen Vorbilder wurde der Ruf nach Demokratisierung der universitären Strukturen aber immer lauter. Im Jänner 1968
wollten der ÖH-Vorsitzende der Universität Wien und ein sozialistischer Stu-
dierendenvertreter an einer Senatssitzung teilnehmen, zu der sie eingeladen
worden waren. Beim Eingang wurden sie mit dem Argument abgewiesen, dass es
nur um Belange gehe, die die Hochschülerschaft nicht betreffe. Da also nicht
einmal informell zugesagte Beteiligungsmöglichkeiten eingehalten wurden,
wuchs der Druck auf die ÖH-Führung, endlich sichtbare Erfolge zu erzielen.[14]

Die Niederlage bei den ÖH-Wahlen 1967 und die nicht mehr zeitgemäße
Struktur des Wahlblocks endete nach heftigen Diskussionen im Frühjahr 1968
mit dessen Selbstauflösung und der Überführung in die modernere Österreichische Studentenunion (ÖSU), die sich selbst sehr gerne als „progressive Mitte"
darstellte und neben den CV-Verbindungen durchaus auch eine linkskatholische

---

13 Vgl. zur Linkswende im VSStÖ ab 1966: Sigrid Nitsch, Die Entwicklung des allgemeinpoliti-
   schen Vertretungsanspruchs innerhalb des Verbandes Sozialistischer StudentInnen Österreichs in Wien im Zeitraum von 1965–1973, Dipl. Arb., Universität Wien 2004, 48–101.
14 Öffnung der Hochschulen, in: Bilanz 6 (1968) 1, 1.

Flanke besaß.[15] Der CV spielte nach wie vor eine wichtige Rolle, doch auch andere Gruppen konnten sich nun verstärkt in der ÖSU einbringen, wobei die Grenzen fließend waren: Der erste ÖSU-Vorsitzende (und ÖH-Hauptausschuss-Vorsitzende) an der Universität Wien Stephan Schulmeister gehörte damals noch dem CV an,[16] weitere AktivistInnen in der Wiener ÖSU waren unter anderem Karl Aiginger, Eva L. Panoch, Clemens Steindl, Johannes Hawlik oder Ernst Bruckmüller.[17]

Zur gleichen Zeit geriet auch der VSStÖ in schwere Turbulenzen: Mit dem 1. Mai 1968 wurde das ohnehin angespannte Verhältnis zur Mutterpartei, der SPÖ, auf die bis dato schwerste Probe gestellt. Schon das ganze Jahr 1968 hatte es immer wieder den Austausch von Unfreundlichkeiten zwischen der Parteispitze unter Bruno Kreisky und den Studierenden gegeben.[18] Für Kreiskys Bemühungen um eine möglichst klare Abgrenzung nach links bedeutete das Agieren der jungen GenossInnen geradezu ein Geschenk. Durch sein hartes Vorgehen gewann er langsam das Vertrauen der bürgerlichen Medien.[19] Nach der innerparteilich als skandalös empfundenen Störaktion gegen das Blasmusikfest am Rathausplatz am 1. Mai geriet der VSStÖ innerparteilich endgültig in die Defensive. Mitglieder, die daran teilgenommen hatten, wurden auf Druck der SPÖ zum Austritt gedrängt oder ausgeschlossen. Zudem wurde die VSStÖ-Spitze auch gezwungen, klar festzuhalten, dass eine Doppelmitgliedschaft im VSStÖ und im neu gegründeten Sozialistischen Österreichischen Studentenbund (SÖS) nicht möglich sei.

Angesichts des von den Medien gemachten größten Skandales des Jahres 1968, der vom kurzlebigen SÖS veranstalteten Aktion „Kunst und Revolution" am 7. Juni im Hörsaal I des Neuen Institutsgebäudes der Universität Wien, war dies eine strategisch kluge Entscheidung. Anzumerken ist dabei, dass an der so genannten „Uni-Ferkelei", bei der die Aktionisten Günter Brus, Otto Muehl, Peter Weibel und Oswald Wiener versuchten, so viele Tabus wie möglich zu brechen (u. a. Verrichtung der Notdurft beim Absingen der österreichischen

---

15 Roland Floimair, Die Geschichte der Österreichischen Studenten-Union (ÖSU), Diss., Universität Salzburg 1974. Vgl. zur politischen Einschätzung der ÖSU insbesondere 263–266.

16 Vgl. Armin Thurnher, Rezension von „Die Sprengkraft des langsamen Denkens" von Stephan Schulmeister, URL: https://www.falter.at/falter/rezensionen/buch/732/9783711001481/der-weg-zur-prosperitat (abgerufen 10. 12. 2018); Oliver Pink, Stephan Schulmeister: „Ich bin gar kein Linker", Die Presse, 14. 2. 2015, URL: https://diepresse.com/home/politik/innenpoli tik/4663136/Stephan-Schulmeister_Ich-bin-gar-kein-Linker (abgerufen 10. 12. 2018).

17 Vorstellung des Programms und der KandidatInnen der ÖSU, in: Report 1 (1968) 1, 2 (Schulmeister), 7 (Aiginger) und 15 (KandidatInnenliste mit zwei Frauen auf wählbaren Listenplätzen).

18 Vgl. Fritz Keller, Wien, Mai 68 – Eine heiße Viertelstunde, Wien 1983.

19 Vgl. Paulus Ebner/Karl Vocelka, Die zahme Revolution. '68 und was davon blieb, Wien 1998, 151–155.

Bundeshymne), nur ein einziger Student aktiv teilnahm, und zwar Otmar Bauer, der an der TH in Wien Architektur belegt hatte. Der öffentlichen Wahrnehmung entging zwar, dass Bauer, später mit Muehl Mitbegründer der Kommune am Friedrichshof, dafür von seiner Hochschule verwiesen wurde und sein Studium aufgeben musste.[20] Seine Relegierung hatte aber eine wichtige Folge: An den meisten Hochschulen ließen die Studierenden nun ihre Sitze in den Disziplinarkommissionen unbesetzt.

Vor allem lösten Vorfälle wie dieser in einer zutiefst verunsicherten Öffentlichkeit, verstärkt durch fast alle Medien, aber Angst und zum Teil auch Hass gegenüber den rebellierenden Studierenden aus. Vor der Folie der Nachrichten aus Deutschland, Frankreich, den USA und Mexiko und – für Österreich wohl am wichtigsten – dem Prager Frühling in der ČSSR bekamen auch die österreichischen Ereignisse eine andere Bedeutung. Und auch die drei folgenschweren Attentate vom Frühjahr 1968 auf Martin Luther King (4. April), Rudi Dutschke (11. April) und Robert Kennedy (5. Juni) erhielten eine breite öffentliche Aufmerksamkeit.

Trotzdem setzte die „Bilanz" 1968 beinahe ausschließlich hochschulpolitische Schwerpunkte. Die in den ersten Jahren des Bestehens sehr stark ausgeprägten kulturellen und sozialen Themen waren in diesem Jahr nur mehr zweitrangig. Die Zurückhaltung im Umgang mit dem Ministerium und akademischen Funktionären wich einer bisher ungewohnten couragierten Diktion. Ganz bewusst wurde dabei auch die sozialistische Minderheit eingebunden.[21]

Die Aprilausgabe trug den Titel „Die Verhältnisse, die sind nicht so". Illustriert wurde der dazu gehörende Beitrag mit dem Foto eines Polizeieinsatzes gegen Studierende in Berlin, die gegen die „Springer"-Presse und ihre Mitschuld am Mordanschlag gegen Rudi Dutschke demonstriert hatten. Mit Bezug auf die österreichische Situation war als freie Fortsetzung zu dieser Brecht-Paraphrase zu lesen: „Es liegt an allen Beteiligten zu verhindern, daß sie je ‚so' werden."[22]

Es ist erstaunlich, dass es der ÖH genau in diesen Monaten der internen Grabenkämpfe gelang, ein vollständiges Reformpapier für das österreichische Hochschulwesen vorzulegen. Der vom 7. bis 11. Mai abgehaltene 6. Studententag arbeitete das so genannte „Obertrumer Konzept" entlang der Positionen aus, die

---

20 Otmar Bauer, 1968. Autographische Notizen, Maria Enzersdorf 2004. Vgl. zum Disziplinarverfahren auch Paulus Ebner, War da etwas? 1968 an der Technischen Hochschule in Wien, URL: https://freihaus.tuwien.ac.at/1968-an-der-tu/ (abgerufen 10.12.2018).

21 „Da dürfen Sie nicht wehleidig sein!" Interview mit Unterrichtsminister Dr. Piffl-Perčević, in: Bilanz 6 (1968) 2, 4. Das durchaus pointierte und harte Interview führten die beiden VSStÖ-Funktionäre Norbert Rozsenich und Silvio Lehmann.

22 EH, Die Verhältnisse, die sind nicht so, in: Bilanz 6 (1968) 4, 1. Hinter „EH" dürfte Ernst Hofbauer stehen, der zu dieser Zeit Pressereferent des ZA der ÖH war.

Stephan Schulmeister im März vorgestellt hatte.[23] Im Entwurf von Schulmeister stellte zwar die studentische Mitbestimmung einen Eckpfeiler dar, die Mehrheit der Professorenkurie in den Gremien hatte er aber noch nicht angetastet. Dies änderte sich jedoch in dem ausführlichen, auf sechs Seiten in der „Bilanz" vorgestellten Konzept.[24] Zentrales Anliegen war die abgesicherte Einbindung in die Entscheidungsabläufe: „Die Studentenschaft ist durch stimmberechtigte Vertreter in allen Kollegialorganen der Hochschule vertreten. Sie ist drittelparitätisch mit Beratungs- und Entscheidungsbefugnis insbesondere vertreten bei der Wahl des Rektors und im Akademischen Senat."[25] Nicht nur die Studierenden, auch der „Mittelbau" sollten nach diesem Konzept aufgewertet werden und ein Mitspracherecht erhalten. Alle Forderungen sollten einem großen Ziel dienen: „Der Bildungsanspruch der Universität besteht in der Heranbildung von kritisch-rational denkenden Menschen, die dem gesellschaftspolitischen Auftrag der Universität gerecht werden können."[26]

Während zentrale Anliegen des „Obertrumer Konzepts" Eingang in das Universitäts-Organisationsgesetz (UOG) 1975 fanden, wurden andere, wie die Schaffung der Position eines Universitätskanzlers nach deutschem Vorbild, die Untersagung von Hausberufungen, wenn die betreffenden Personen nicht auch an anderen Universitäten tätig gewesen waren, oder die Schaffung einer einzigen Universität pro Hochschulstandort nicht realisiert. Für Wien hätte dies etwa die Auflösung der TH, der Hochschule für Bodenkultur (BOKU), der Tierärztlichen Hochschule und der Hochschule für Welthandel bedeutet.

Eingebunden in das große Reformkonzept findet sich die Entscheidungsfrage „Reform oder Revolution", die an den Minister und den ÖH-Vorsitzenden gestellt wurde.[27] Alleine die Adressaten machen es höchst unwahrscheinlich, dass es sich bei der Fragestellung um eine Spiegelfechterei gehandelt hat. Alle Indizien verweisen darauf, dass auch die aus Wahlblock/ÖSU stammende ÖH-Spitze ganz offensichtlich von der Notwendigkeit von Reformen überzeugt war. Ob dieser Reformwille von der Furcht vor der Eskalation der Verhältnisse wie in Deutschland oder in Frankreich befeuert wurde, war sicherlich individuell sehr unterschiedlich.

Die weitgehend ablehnende oder wenigstens uninteressierte Haltung eines bedeutenden Teils der Professorenschaft und die sehr zurückhaltende Reaktion

---

23 Stephan Schulmeister, Der Entwurf zur Neuordnung der Hochschulorganisation, in: Bilanz 6 (1968) 3, 1–3.
24 Strukturen einer neuen Universität – Das studentische Reformkonzept. Neue Hochschulorganisation. Vorschlag der österreichischen Hochschülerschaft, in: Bilanz 6 (1968) 5/6, 1–5, 7.
25 Ebd., 2.
26 Ebd., 5.
27 Reform oder Revolution?, in: Ebd., 6.

des Unterrichtsministeriums führten zu einer verbalen Eskalation: Im Oktober veröffentlichte die „Bilanz" einen polemischen Artikel des später in den obskurantistischen Rechtsextremismus[28] abgedrifteten Karl Steinhauser – und zwar gleich auf dem Cover. Unter dem Titel „Akademische Dekadenz" rechnete der Autor mit den Ordinarien in einem Tonfall ab, wie er in Hochschuldiskussionen in Österreich bisher nicht üblich gewesen war: Die Professorenkurie stelle demnach eine negative Auslese dar, die das Ziel habe, die eigene „Kaste" auf möglichst niedrigem Niveau zu reproduzieren, und dabei nichts zur gesellschaftlichen Entwicklung beitrage: „Besonders auffallend ist auch der manische Hang vieler Professoren fürs Unwesentliche. Obwohl die Welt vor lauter Problemen zu platzen droht, spielen sie im Sandkasten der Belanglosigkeiten wie naive Kinder."[29]

Dadurch geriet die zweite Polemik in diesem Heft, nämlich die inhaltliche Abrechnung von Karl Glatzl mit der Reaktion der Professorenschaft der Wiener Philosophischen Fakultät auf das „Obertrumer Reformkonzept" in den Hintergrund.[30] Glatzl rügte die „elitäre Arroganz" und auch die intellektuelle Dürftigkeit des „Memorandums" der Wiener Professorenschaft.

Während Glatzls Text also kaum wahrgenommen wurde, waren die Folgen des Steinhauser-Artikels beispiellos: Die überwiegende Mehrheit der österreichischen Professorenschaft fühlte sich kollektiv verunglimpft, der ÖH-Vorsitzende Bieler geriet unter gewaltigen Druck und musste zurückrudern, die an und für sich sinnvolle Debatte über die uneingeschränkte Macht der Ordinarien mündete schließlich in einer Groteske: Der ordentliche Professor für Forstwissenschaft an der BOKU Hannes Mayer fühlte sich durch den Artikel derart in seiner Ehre gekränkt, dass er Genugtuung verlangte. Hierfür forderte er aber nicht den Autor des Beitrags, sondern den für den Inhalt verantwortlichen ÖH-Vorsitzenden Bieler zum Duell, das durch einen Skilanglaufwettkampf über die klassische Marathondistanz ausgeführt werden sollte. Dass dieser Zweikampf im Jänner 1969 tatsächlich stattfand (und von Professor Mayer mit großem Vorsprung gewonnen wurde), war natürlich ein gefundenes Fressen für die Presse und verdrängte ernsthaftere Themen aus den Schlagzeilen.[31]

Zu einer Eskalation auf Hochschulboden kam es im November 1968 anlässlich der Inauguration des ohne studentische Beteiligung neu gewählten Rektors der Universität Wien Walther Kraus. Während linke Studierende versuchten, die Rektorsinauguration, die ohne studentische Reden geplant war, mit Parolen zu stören, fühlten sich Burschenschafter und RFS-Mitglieder dazu bemüßigt, den

---

28 Vgl. etwa Karl Steinhauser, EG, die Super-UdSSR von morgen. Tatsachenbericht über die totalitäre Machtergreifung der Geheimpartei der Freimaurerei in Europa, Wien 1992.
29 Karl Steinhauser, Akademische Dekadenz, in: Bilanz 6 (1968) 7, 1.
30 Dr. Karl Glatzl, Memorandum. Demaskierte Talare, in: Bilanz 6 (1968) 7, 2.
31 Ebner/Vocelka, Die zahme Revolution, 104–105.

Saalschutz zu übernehmen. Dass Bundespräsident Franz Jonas, Kardinal Franz König und das Rektorat mit Tomaten und Eiern beschossen wurden, führte zu einer heftigen öffentlichen Debatte und nicht zuletzt dazu, dass feierliche Inaugurationen mit Talar an der Universität Wien zunächst einmal abgeschafft wurden. Eine direkte physische Konfrontation zwischen rechts und links auf Hochschulboden war zwar in der Ersten Republik an der Tagesordnung gewesen, für die Nachkriegszeit war es aber höchst irritierend und ungewöhnlich. Dass der klassische Philologe Kraus ein Verfolgter des Nationalsozialismus war und sein Habilitationsverfahren nach dem „Anschluss" 1938 abgebrochen wurde, fand keine Erwähnung in den Medien.[32]

Weitgehend ohne mediale Resonanz blieben die Versuche einer freien Umsetzung des „Obertrumer Konzepts", wie etwa eine Urwahl an der Linzer Hochschule zur Bestimmung eines neuen Rektors (jede/r Hochschulangehörige, egal welchen Rangs, hatte eine Stimme) im Herbst 1968[33] oder das verstärkte Auftreten von Basisgruppen an der Universität Wien in den Jahren 1969 und 1970, die sich Institutsvertreterkonferenzen (IVK) nannten.[34] Bereits im Dezember 1968 hatte sich der VSStÖ für Institutsvertretungen stark gemacht, der stellvertretende Bundesobmann Peter Kowalski sorgte für die Koordination. Die fraktionsunabhängig linken IVK, die offensiv für eine Zerschlagung der Ordinarien-Universität eintraten, konstituierten sich im Jänner 1969 auf Basis des „Obertrumer Konzepts", aber außerhalb der ÖH. Die IVK traten gegen reaktionäre Lehrinhalte auf. An der Universität Wien forcierten sie 1969 ebenfalls das Konzept einer Rektors-Urwahl, die nach einem Hearing mit fünf Kandidaten im Juni 1969 durchgeführt wurde. Der dabei gewählte Professor für evangelische Theologie Wilhelm Dantine wurde in diesem Studienjahr genauso wenig Rektor wie sein Kollege, der Volkswirt Kurt Rothschild, in Linz im Jahr davor.[35] 1970 lösten sich die IVK auf, Basisgruppen traten an ihre Stelle.[36]

Gerade die Ereignisse des Herbsts 1968 zeigen sehr deutlich, wie sehr sich die universitäre Landschaft in wenigen Jahren verändert hat. Nun war keine Rede mehr von gemeinsamen Demonstrationen oder Aktionen von Rektorenkonferenz und Studierenden, das Verhältnis hatte sich innerhalb weniger Jahre extrem abgekühlt. Im hochschulpolitischen Machtgefüge tendierten die Studierenden nun zum zuständigen Bundesministerium, von dem sie sich eher Unterstützung für die Umsetzung eigener Vorstellungen versprachen.

---

32 Herbert Posch, Walther Kraus, Prof. Dr. Dr. h.c., URL: https://geschichte.univie.ac.at/de/per sonen/walther-kraus-prof-dr-dr-hc (abgerufen 4.12.2018).
33 Ebner/Vocelka, Die zahme Revolution, 183.
34 Keller, Wien, Mai 68, 89–92.
35 Nitsch, Allgemeinpolitischer Vertretungsanspruch, 156–158.
36 Ebd., 221–222.

IV.   Stagnation und erste linke Wahlerfolge

Die ÖH-Wahlen des Jahres 1969 sind vor allem deswegen bemerkenswert, weil sich so wenig verändert hatte. Die heftigen Konflikte des Jahres 1968 und die tagelangen Unruhen in Wien anlässlich des Schah-Besuchs[37] führten letztlich zu einem Wahlergebnis wie 1967 – mit dem kleinen Unterschied, dass die ohnehin schwache Position des VSStÖ weiter abbröckelte und sich links der Mitte keine andere relevante Kraft entwickelte. Die ÖSU fuhr 1969 und 1971 mehr oder weniger deutliche Wahlerfolge ein, der RFS begann leicht abzubröckeln, der VSStÖ stagnierte auf niedrigem Niveau, eine in sich zerstrittene linke Szene trat bei den Wahlen an, blieb aber zunächst weit entfernt von relevanter Größe.

Nach dem Wahlsieg der SPÖ 1970 wurde Hertha Firnberg (1970–1983, SPÖ) mit der Aufgabe betraut, ein Bundesministerium für Wissenschaft und Forschung zu gründen, das auch die Universitätsagenden umfasste. Gleich in ihren ersten Interviews betonte sie die Notwendigkeit weiterer Reformen auf Hochschulboden und trat auch für eine vierte Ebene der ÖH, nämlich auf Studienrichtungsebene ein. Dies war eine logische Forderung, denn seit 1969 hatten die Studierenden in den drittelparitätisch besetzten Studienkommissionen, erstmals im Technikstudiengesetz explizit vorgesehen, ein gesetzlich verbrieftes Mitspracherecht.[38] Die Studienrichtungsvertretungen, die mit dem Hochschülerschaftsgesetz 1973 eingeführt wurden, machten es nun auch losen Verbünden und Basisgruppen (zum Teil aus den IVK kommend) möglich, sich auf ÖH-Ebene zu engagieren. Sie stellten wie das passive Wahlrecht für ausländische Studierende, das mit dem gleichen Gesetz eingeführt wurde, die erste erfolgreiche Umsetzung von linken Forderungen aus dem Jahr 1968 im Hochschulrecht dar.

Bei den ÖH-Wahlen des Jahres 1974 gab es ein in der bisherigen ÖH-Geschichte einzigartiges Ergebnis: Ca. 15 Prozent der Stimmen gingen an Fraktionen, die sich klar links vom VSStÖ positioniert hatten. Darunter waren die Trotzkisten von der Gruppe Revolutionärer Marxisten (GRM), der KPÖ-treue Kommunistische Studentenverband (KSV), vor allem aber die Liste Kommunistischer Hochschulorganisationen, ein Zusammenschluss von meist orthodoxen maoistischen und neostalinistischen Organisationen. Die erste Überraschung war, dass unter Federführung der Marxistisch-Leninistischen Studenten (MLS) die Erstellung einer gemeinsamen Liste gelang. Dass diese dann sogar mehr als fünf Prozent der Stimmen erzielen konnte, war eine echte Sensation. Bei den Wahlen von 1975 war der Erfolg des MLS schon wieder Geschichte. Zu seltsam war das Abstimmungsverhalten der Fraktion.

---

37 Ebner/Vocelka, Die zahme Revolution, 185–189.
38 Fischer-Kowalski, Entwicklung von Universität, 593.

Für die meisten linksextremen Gruppen war die Abgrenzung zu den ideologisch nahestehenden Fraktionen am wichtigsten, die durch eine in der jeweiligen Publizistik zelebrierte Marx-Exegese erreicht wurde. Beleidigungen wie „Reformisten", „Revisionisten", „Speichellecker", „Spalter", „Sektierer", „Opportunisten" oder „Imperialisten" waren gang und gäbe und wurden insbesondere zwischen dem KSV und der maoistisch-stalinistisch orientierten Linken ausgetauscht.[39] Die „Perspektiven", das Organ des streng moskautreuen KSV, das monatlich mit mindestens 36 DinA4-Seiten erschien, beschimpfte da schon einmal den ins maoistische Fahrwasser geratenen Jean-Paul Sartre als „Clown der Bourgeoisie" und als an die „ideologische Front geschickten marxianischen Hofnarr".[40] Schwer zu ertragen ist die schrankenlose Glorifizierung des Kampfs und der Herrschaftspraxis der Roten Khmer seitens einiger K-Gruppen. 1979 wurden in einem Flugblatt des Kommunistischen Bundes die Intervention Vietnams zum Sturz des Schreckensregimes im Nachbarland als „Aggression" bezeichnet und die Erfolge des Pol Pot-Regimes gelobt. An der TU in Wien war sogar der Auftritt eines Funktionärs der Roten Khmer angekündigt.[41]

V.   ÖH und Universitätsgründungen

Wie stand die ÖH nun zu den Planungen und (Neu-)Gründungen von Universitäten? Öffentliche Äußerungen dazu sind sehr spärlich, es ist geradezu auffallend, wie wenig Bedeutung diesen Fragen zugemessen wurde. Einzig die deutliche und unmissverständliche Ablehnung des Hochschulstandorts Klagenfurt wurde des Öfteren wiederholt und war auch medial präsent.

Dass die Universität Salzburg ihren Lehrbetrieb eröffnet hatte, und die Hochschule in Linz gerade gebaut wurde, erfuhren die LeserInnen der „Bilanz" nur aus einem Interview mit Minister Piffl-Perčević.[42] Irgendwelche Nachfragen zur Konzeption oder zu Zukunftsplänen gab es seitens des Interviewers nicht. Immerhin folgte in dieser Ausgabe aber noch ein Gespräch mit dem Salzburger Stadtrat Walter Vavrovsky (1964–1967, ÖVP). Dieser wies auf die kleinen Dimensionen der Salzburger Universität hin, die nur halb so groß wie die ebenfalls neu gegründete Universität in Regensburg war und gar nur ein Achtel des

---

39 Vgl. dazu Archiv der TU Wien, HTU, Flugblattsammlung 1976–1979.

40 Sartre – Clown der Bourgeoisie, in: Rote Perspektiven. Kommunistisches Studentenmagazin 1 (1973) 3, 9–11.

41 Archiv der TU Wien, HTU, Flugblattsammlung 1976–1979, Klassenkampf, Sondernummer o. J. (vermutlich Jänner 1979).

42 Bilanz-Gespräch mit Unterrichtsminister Dr. Theodor Piffl-Perčević, in: Bilanz 2 (1964) 4, 7.

Raumangebots von Bochum anbieten konnte.[43] Auch hier blieben etwaige
Nachfragen zu Lehrangebot, Qualität und Perspektiven aus.

Die Ausgabe der „Bilanz" im Dezember 1966 bot, wie so oft, ein sehr inter-
essantes Feuilleton mit ausführlichen Literaturkritiken zu Neuerscheinungen
von James Baldwin, Irwin Shaw und J. D. Salinger sowie eine fundierte Diskussion zum Thema „Ist Österreich eine Nation?" und neuen Ideen zu einer
Hochschulreform. Dass in Linz soeben eine Hochschule eröffnet worden war,
erfuhren die LeserInnen erst in einem kleinen Artikel auf Seite 21. Eine Weiterentwicklung wurde seitens der ÖH nur „nach Maßgabe der Notwendigkeiten,
nicht aber aus Prestigegründen" befürwortet. Besonders betont wurden die
Gründungsumstände, nämlich die Leistungen des Lands Oberösterreich, der
Stadt Linz und „die nicht unbedeutenden Aufwendungen der österreichischen
Wirtschaft".[44]

Die Entwicklungen der neuen Universitäten waren für die ÖH zwar kein
Thema, ihre Errichtung bot aber Munition für eine polemische Attacke gegenüber der Gemeinde Wien. Im Februar 1968 wurde in der „Bilanz" heftige Kritik
an der ihrer Meinung nach völlig ungenügenden Wissenschaftsförderung durch
die Stadt geübt, die mit vier Millionen Schilling im Jahr weit hinter Oberösterreich (58,6 Millionen, davon 50 Millionen für die Linzer Hochschule), Tirol
(52,5 Millionen, davon 50 Millionen für die neue Fakultät für Ingenieurwesen
und Architektur in Innsbruck) und Kärnten (11,1 Millionen, davon 10 Millionen
Anschubfinanzierung für die Hochschule in Klagenfurt) lag.[45] Eine inhaltliche
Auseinandersetzung mit den neuen Hochschulen fand aber auch in diesem
Artikel nicht statt.

Die besonders feindselige Position gegenüber dem neuen Hochschulstandort
Klagenfurt zeigte die allererste Publikation der neu gegründeten ÖSU, die neben
der Präsentation der eigenen KandidatInnen und Positionen nur ein einziges
Sachthema behandelte, nämlich die Ablehnung der Wörthersee-Universität.[46]

Die „Bilanz" formulierte im Dezember 1968 ihre Neujahrswünsche so: „Be-
grüßen Sie das Jahr 1969 freundlich. (Auch wenn es eine Klagenfurter Hochschule zur Hebung des Kärntner Fremdenverkehrs bringen könnte.)"[47] 1970 war
von „Klagenfurter Hochschulbastlern" die Rede, die zwischen 1963 und 1970
bereits acht völlig unterschiedliche Konzepte auf den Tisch gelegt hätten.[48] In

---

43 Bilanz-Gespräch mit Stadtrat Dr. Walter Vavrovsky, in: Bilanz 2 (1963/64) 4, 15.
44 Hochschule in Linz eröffnet, in: Bilanz 5 (1966/67) 1, 21.
45 Wissenschaftsausgaben der Bundesländer, in: Bilanz 6 (1968) 2, 4.
46 Hochschule am Wörthersee? Deshalb lehnt die ÖSU die Neugründung einer Hochschule in
    Klagenfurt ab!, in: Report 1 (1968) 1, 7.
47 Titellose Weihnachts- und Neujahrswünsche, in: Bilanz 6 (1968) 9, 1.
48 Hans-Peter Korn, Bildungshochschule Klagenfurt, in: Bilanz 8 (1970) 1, 9–15.

einer Umfrage kamen elf Studierende zu Wort, von denen neun den Standort ablehnten.[49]

Die Skepsis gegenüber Hochschulgründungen war der Befürchtung geschuldet, dass dafür notwendige Investitionen des Bundes auf Kosten der bereits bestehenden Hochschulen gehen würden. Während die wenigen ÖH-Stellungnahmen zu den (Neu-) Gründungen von Salzburg und Linz noch weitgehend neutral (wenn auch nicht sonderlich interessiert) waren, herrschte gegenüber dem Vorschlag, in Klagenfurt eine Hochschule einzurichten, einhellige Ablehnung. Es gab aber auch inhaltliche Kritik: Ein ÖSU-Funktionär vermutete, dass in Klagenfurt „eine rein positivistisch orientierte Pädagogik etabliert" und „auf das Moment der kritischen Rationalität völlig verzichtet" werden soll.[50]

VI.   Kulturelle und gesellschaftspolitische Aktivitäten der ÖH

Jede Analyse der studentischen Aktivitäten der 1960er-Jahre wäre unvollständig, wenn nicht wenigstens streiflichtartig auch die kulturellen und gesellschaftspolitischen Ambitionen gewürdigt würden. Die Bedeutung der ÖH für die österreichische Kunst und Kultur in den ersten Jahrzehnten nach 1945 kann nicht überschätzt werden. Ihr Engagement reicht von Theatergruppen, wie dem Studio der Hochschulen, bis zur Etablierung des inzwischen weltweit geschätzten, 1964/65 gegründeten Österreichischen Filmmuseums, das personell und institutionell direkt aus dem Filmreferat der ÖH der TH in Wien entstanden ist.[51] Die Organisation von Dichterlesungen, Filmreihen, Diskussionsveranstaltungen und Konzerten gehörte lange Zeit zu den zentralen Aufgaben der ÖH.

Die spektakulärste kulturelle Aktivität der ÖH war das von Werner Vogt, Michael Mitterauer und Heribert Steinbauer angeregte „Symposium 600 – Gestaltung der Wirklichkeit", das an drei Abenden im Mai 1965 im vollen Auditorium Maximum Intellektuelle wie Golo Mann, Ernst Bloch, Johann Baptist Metz, AutorInnen wie Ingeborg Bachmann und Manès Sperber und Publizisten wie Rudolf Augstein zu Wort kommen ließ. Ausgangspunkt und Ziel der Veranstaltung war es, – so Werner A. Perger – mit zahlreichen VertreterInnen aus der „intellektuellen Champions League" der Zeit, einen Kontrapunkt zu den

---

49 Manfred Wendlandt, Zur Befragung, in: Bilanz 8 (1970) 1, 9–11.
50 Clemens Steindl, Wörthersee-Hochschule – Ein politisches Geschenk, in: Bilanz 6 (1968) 10, 2.
51 Vgl. dazu Eszter Kondor, Die Gründungsjahre des Österreichischen Filmmuseums und seine Entwicklung bis 1974, Dipl. Arb., Universität Wien 2012.

offiziellen, äußerst traditionalistischen Feierlichkeiten und zum verstaubten Lehrbetrieb an der Wiener Universität zu setzen.[52]

Das Kulturreferat der ÖH blieb auch in den Folgejahren sehr aktiv und präsentierte ab 1968 unter dem Titel „Literarische Situation" so etwas wie eine Vermessung der österreichischen Literaturlandschaft. Zu Wort kamen unter anderem die damaligen JungschriftstellerInnen Wolfgang Bauer, Barbara Frischmuth, Ernst Jandl, Elfriede Jelinek, Friederike Mayröcker, Heidi Pataki oder Peter Weibel. Verantwortlich dafür war der fraktionsunabhängige Kulturreferent Wolfgang Mayer König.[53]

Gesellschaftspolitische Anliegen versuchte der VSStÖ sowohl publizistisch als auch mit einem umfangreichen und qualitativ hochwertigen Programm abzudecken.

Einerseits gab es mit der vom späteren Nationalrat Albrecht Konecny herausgegebenen „alternative" ein theoretisches Publikationsorgan, das in der obersten Liga der österreichischen Publizistik angesiedelt war. Die beiden ersten Jahrgänge boten geradezu ein „Who Is Who" der österreichischen und auch der deutschen Intellektuellenszene: Mit Originalbeiträgen oder ausführlichen Interviews vertreten waren so unterschiedliche Persönlichkeiten wie Wolfgang Abendroth, Günther Anders, Ernst Fischer, Viktor Frankl, Claus Gatterer, Ernst Jandl, Conny Hans Mayer, Friederike Mayröcker, Oswald Nell-Breuning, Friedrich Torberg, Karl-Heinrich Waggerl, Heinz Zemanek u.v.a.[54]

Andererseits fanden intellektuelle Kontroversen auch auf der Ebene der Veranstaltungen statt, wobei auch hier eine breite ideologische Streuung bei der Einladungspolitik überrascht. So zeichnete der Wiener VSStÖ im Frühjahr 1967 für die aus Teach-Ins, Vorträgen und kulturellen Veranstaltungen bestehende Reihe „Vietnam – Analyse eines Exempels" verantwortlich. Dieser Titel knüpfte an jene legendäre Veranstaltung in Frankfurt aus dem Mai 1966 an, bei der Herbert Marcuse einen Vortrag mit diesem Titel hielt.[55] Für die Teach-Ins konnten ReferentInnen wie Günther Anders, Ossip K. Flechtheim oder Robert Jungk gewonnen werden. Weitere Vortragende dieser zehntägigen Reihe waren der österreichische Caritas-Präsident Prälat Leopold Unger und der Protagonist der Bekennenden Kirche und ehemalige KZ-Häftling Pastor Martin Niemöller.[56]

---

52 Vgl. dazu Werner A. Perger, Drei Tage im Mai, in: Die Zeit, 4. 5. 2015, URL: https://www.zeit.de/ 2015/18/wien-symposion-1965-passecker-kreis-studentenrevolte/seite-2 (abgerufen 14. 5. 2016).
53 K. Ziegler, Mayer-König, Wolfgang, URL https://austria-forum.org/af/Biographien/Mayer-K%C3%B6nig%2C_Wolfgang (abgerufen 18. 2. 2019).
54 Alternative. Sozialistische Zeitschrift für Politik, Wirtschaft und Kultur, 1–3 (1966–1968).
55 Herbert Marcuse, Vietnam – Analyse eines Exempels, in: Wolfgang Kraushaar (Hg.), Frankfurter Schule und Studentenbewegung. Von der Flaschenpost zum Molotowcocktail 1946–1995, Band 2, Hamburg 1998, 205–209.
56 neue generation 1967, Programmvorschau (undatiert, eventuell April).

Eine große Tagung im Oktober 1967 zum Thema „Sexualität ist nicht pervers. Normierte Sittlichkeit im österreichischen Strafrecht. Positionen moderner Wissenschaft" wurde auch von der sozialistischen Tagespresse mit einer ausführlichen Berichterstattung unterstützt. Um nur einige der prominentesten TeilnehmerInnen und Vortragenden zu nennen, kann auf folgende Personen verwiesen werden: den Philosophen Theodor W. Adorno, den hessischen Generalstaatsanwalt Fritz Bauer, den Psychologen Hans Strotzka oder die Theologen Adolf Holl (katholisch) und Wilhelm Dantine (evangelisch). Die meisten Beiträge erschienen 1969 in einer Publikation, die dem inzwischen verstorbenen Fritz Bauer gewidmet wurde.[57]

VII. Versuch einer Zusammenfassung und weitere Entwicklungen

Es gab wohl kein Jahrzehnt in der österreichischen Studierendenpolitik, in dem sich derart gravierende Umwälzungen abgespielt haben wie in den 1960er-Jahren. Was ist geblieben? Was hat sich dauerhaft verändert?

1) Der Absturz der Wahlbeteiligung: Dieser war nachhaltig, ja er setzte sich in den folgenden Jahrzehnten immer weiter fort: Gaben bei den ÖH-Wahlen des Jahres 1967 noch 59 Prozent der Studierenden ihre Stimme ab, so sank der Anteil bis zur Wahl von 1975 auf 33 Prozent. Auch wenn es dafür eine Reihe von Erklärungen geben mag, wie die rasante Zunahme von berufstätigen Studierenden, die keine besonders enge Verbindung zur eigenen Hochschule hatten, so bleibt es doch ein Phänomen, dass gerade zu einer Zeit, in der die Politisierung der Hochschulen einen in der Zweiten Republik einmaligen Stand erreichte und in der epochale Reformen in der Hochschulpolitik auf den Weg gebracht wurden, das Interesse der Studierenden an der eigenen Vertretung ebenfalls auf einen bis dahin historischen Tiefstand fiel. Was letztlich bleibt, ist ein Verlust von Legitimierung für die ÖH.

2) Der unaufhaltsame und andauernde Niedergang des RFS: Im Jahrzehnt von 1965 bis 1975 verlor der RFS den seit seinem ersten Antreten in den frühen 1950er-Jahren gehaltenen zweiten Platz an den ebenfalls nicht wesentlich zulegenden VSStÖ, um in den Jahren nach 1975 endgültig in der hochschulpolitischen Versenkung zu verschwinden. An dieser komplett marginalen Rolle haben auch die Wahlerfolge der FPÖ, der der RFS nicht als Teilorganisation angehört,

---

57 Herbert Leirer/Silvio Lehmann (Hg.), Sexualität ist nicht pervers. Vorträge und Diskussion im Rahmen einer Informationsreihe, veranstaltet vom Verband Sozialistischer Studenten Österreichs in der Zeit vom 16. bis 20. Oktober 1967 an der Universität Wien. Mit einer Stellungnahme zum § 228 der Regierungsvorlage 1968 eines Strafgesetzbuches, Wien 1969.

unter Jörg Haider und Hans-Christian Strache ab den 1980er-Jahren nichts geändert.

3) Immer wieder kommt es zu Versuchen, aus den Strukturen der ÖH auszubrechen. Die IVK waren die ersten, die mit der Vorstellung brachen, dass alle Gruppierungen, von ganz rechts bis ganz links, innerhalb der ÖH Platz finden können. Der große Studierendenprotest des Jahres 1987, der sich explizit sowohl gegen die Regierung als auch gegen die eigene gesetzlich vorgeschriebene Vertretung, nämlich die ÖH, richtete, und auch die europaweit wahrgenommene „unibrennt"-Bewegung von 2009/10 sind Ausläufer dieser erstmals geschlagenen Bresche.

4) Das bis in die 1980er-Jahre so bedeutende kulturelle Engagement der ÖH wurde komplett heruntergefahren, und zwar unabhängig von der politischen Richtung der jeweils amtierenden ÖH-Exekutive: Seien es Filmreihen, die etwa das cinestudio der Hochschülerschaft der TU Wien (HTU) angeboten hat, große Jazz-Konzerte, ebenfalls von der HTU organisiert, oder die Literaturveranstaltungen der ÖH der Uni Wien. Hier herrscht inzwischen gähnende Leere. Manche Aktivitäten haben sich in die Privatwirtschaft verlagert, in anderen Bereichen (Literatur) ist eine große Lücke entstanden. Warum von diesem Engagement der ÖH – im Gegensatz zu anderen Schwerpunkten ihrer Arbeit – fast nichts übriggeblieben ist, wäre einer weiteren Untersuchung wert.

5) Innerhalb der ÖH-Strukturen fällt in den 1960er- und 1970er-Jahren das weitgehende Fehlen von Funktionärinnen und Aktivistinnen auf.[58] Eine der wenigen Ausnahmen war Eva Zgraja (später Eva Kreisky), die im VSStÖ in der juristischen Sektion an der Spitze stand. Sonst ist die Absenz von Frauen in ÖH-Spitzenpositionen in allen Fraktionen und Lagern ein konstantes Merkmal.[59] Die erste Frauenliste, die ein Mandat erreichen konnte, wurde in den 1970er-Jahren von der späteren Schriftstellerin Marlene Streeruwitz angeführt. Inzwischen gibt es in der Studierendenvertretung sogar mehr Frauen als Männer: Seit 2000 gab es zwölf weibliche und sechs männliche ÖH-Vorsitzende. Aus frauenpolitischer Sicht waren die 1960er-Jahre somit noch nicht richtungsweisend.

Generell hat sich in der Hochschulpolitik in den Jahren um 1968 jedoch so viel getan wie nie zuvor in der Zweiten Republik. Für eine kurze Zeit spielten die Studierenden eine wichtige (wenn auch medial nicht immer geschätzte) Rolle im politischen Leben der Republik. Folgender Einschätzung des desillusionierten Protagonisten in Peter Henischs 1978 erstmals erschienenen Roman „Der Mai ist vorbei" kann damit nicht zugestimmt werden:

---

58 Vgl. dazu sehr pointiert: Marina Fischer-Kowalski, Die Studentenbewegung 1968 aus der Sicht der beteiligten Frau, in: Zeitgeschichte – Politische Bildung 17 (1993) 145–148.
59 Nitsch, Allgemeinpolitischer Vertretungsanspruch, 11–12.

„An der Wiener Uni, an der sich damals (abgesehen von der spektakulären Verunreinigung eines Hörsaals, die das Image der Wiener Studenten bis heute trübte: In die Hörsäle scheißen, gell ja, das könnt ihr…) [hat sich] eigentlich kaum etwas abgespielt."[60]

---

60 Peter Henisch, Der Mai ist vorbei, Wien 2018, 29. Erstmals erschienen 1978.

Maria Wirth

„Aus wilder Wurzel". Von der „Hochschule neuen Stils" zur Johannes Kepler Universität Linz[1]

Die Johannes Kepler Universität Linz wurde 1962 gesetzlich errichtet und 1966 als Hochschule für Sozial- und Wirtschaftswissenschaften eröffnet. Wie auch im Gründungsprozess betont wurde, um den „historischen Anspruch" auf eine Hochschule zu untermauern, reichen die Hochschulbestrebungen in Oberösterreich weit in die Vergangenheit zurück. Ähnlich wie in Salzburg und später auch Klagenfurt machte aber erst die in den späten 1950er-Jahren beginnende Bildungsexpansion die Gründung möglich. Die Bereitschaft, in verschiedenen Bereichen neue Wege einzuschlagen, spielte dafür eine entscheidende Rolle. Der folgende Beitrag gibt deshalb nicht nur einen Überblick über die Vor-, Entstehungs- und Entwicklungsgeschichte der Johannes Kepler Universität Linz, sondern setzt sich auch mit der Frage auseinander, was neu an ihr sein sollte und wie sich dies verändert hat. Dabei sollen die zentralen Akteure, die inhaltliche Ausrichtung und die Finanzierung ebenso beleuchtet werden, wie die Frage, ob die österreichischen Hochschulen und der Blick ins Ausland die Entwicklung der Linzer Hochschule beeinflusst haben.

I.   Erste Hochschulbestrebungen bis 1918

Die Bestrebungen in Linz eine Hochschule zu etablieren, reichen bis ins 16. Jahrhundert zurück und nahmen in der zweiten Hälfte des 19. Jahrhunderts massiv zu.

Am Anfang standen zwei Schulen „gymnasialer Art", die 1629 fusioniert und in weiterer Folge zu einem Lyzeum ausgebaut wurden. Als eine „Art

---

1 Der Beitrag basiert auf folgendem Text: Maria Wirth, Vorgeschichte, Entstehung und Entwicklung der Johannes Kepler Universität Linz, in: Dies./Andreas Reichl/Marcus Gräser, 50 Jahre Johannes Kepler Universität Linz. Eine „Hochschule neuen Stils", Wien/Köln/Weimar 2016, 25–209. Eine Kurzversion findet sich auch hier: Maria Wirth/Herbert Posch, Linz, Salzburg, Klagenfurt – die österreichischen Universitätsgründungen der 1960er Jahre, in: Jahrbuch für Universitätsgeschichte 21 (2018) (im Erscheinen).

Vorstufe zur Universität" wurde diesem Lyzeum von Kaiser Leopold I. 1674 sogar das Graduierungsrecht verliehen. Da der Jesuiten-Orden als Träger des Linzer Lyzeums die von ihm geführten Universitäten in Wien, Graz und Innsbruck nicht konkurrieren wollte, kam es jedoch nie zur Anwendung. Vielmehr wurde das bestehende Lyzeum mit philosophischen, juridischen, theologischen und schließlich auch medizinischen Studien ab dem späten 18. Jahrhundert sukzessive demontiert. Als eine Art Nachfolgeinstitut blieb schlussendlich nur eine k. k. Studienanstalt für Theologie bzw. ab 1850 eine bischöfliche Diözesan-Lehranstalt übrig.

Bereits ab den 1840er-Jahren wurde daher von Seiten des Landes und der Stadt sowie einzelner engagierter Persönlichkeiten[2] eine Reihe von Vorstößen zu einer Hochschulgründung unternommen, die unterschiedliche Intentionen verfolgten: So wurden neben der Errichtung einer Universität mit Juridischen und Medizinischen Fakultäten dem verstärkten Aufbau von „Spezialuniversitäten" folgend auch die Etablierung einer Technischen Hochschule sowie eine Kombination aus Handels- und Technischer Hochschule gefordert. Vor allem wurde aber die Schaffung einer Chirurgischen Lehranstalt bzw. Medizinischen Hochschule oder Fakultät angestrebt. Umgesetzt wurde jedoch keiner dieser Pläne. Trotz Bekundungen aus Linz, sich an der Errichtung finanziell oder mit Grundstücken beteiligen zu wollen, gab es für die Hochschulbestrebungen keine Unterstützung bei den zuständigen Stellen in Wien. Und auch die nach dem Zusammenbruch der Habsburgermonarchie ventilierte Idee, die deutsche Technische Hochschule in Brünn nach Linz zu verlegen, wurde nicht verwirklicht.[3]

II.   Die Technische Hochschule in Stift Wilhering bei Linz

Reale Chancen auf eine Hochschulgründung ergaben sich erst nach dem „Anschluss" Österreichs 1938 an das Deutsche Reich aufgrund der besonderen Bedeutung, die Hitler seiner „Patenstadt" einräumte. Er zählte neben einer forcierten Industrialisierung nicht nur die architektonische Neugestaltung von Linz zu seinen „Lieblingsprojekten", sondern war auch dafür verantwortlich, dass gegen den Widerstand des Reichserziehungs- und Finanzministeriums tatsächlich eine Hochschulerrichtung in Angriff genommen wurde. Am Beginn der Überlegungen stand zunächst noch einmal die Idee, die Technische Hochschule in Brünn nach Linz zu verlegen. Bald wurde jedoch die Errichtung einer neuen Technischen Hochschule anvisiert, für die ab 1939 verschiedene Pläne entwickelt

---

2 Zu nennen ist vor allem der deutschnationale Abgeordnete Carl Beurle.
3 Josef Lenzenweger, Der Kampf um eine Hochschule für Linz, Linz 1963.

wurden. Diese sahen zunächst fünf Fakultäten (Naturwissenschaften, Architektur, Maschinenbau, Bauingenieur- und Elektroingenieurwissenschaften) sowie die Errichtung gigantischer Gebäude vor. Was schlussendlich umgesetzt wurde, war jedoch nur ein Provisorium mit einer Architekturklasse in Stift Wilhering bei Linz, das 1943 eröffnet und 1945 wieder geschlossen wurde.[4]

Ein bald nach Kriegsende unternommener Versuch von Landeshauptmann Heinrich Gleißner (1945–1971, ÖVP), die spärlichen Reste der ehemaligen Technischen Hochschule zum Ausgangspunkt einer neuen Einrichtung zu machen, scheiterte am Widerstand aus Wien. Auch wenn Gleißner eindringlich davor warnte, dass bei einer Missachtung dieser Chance „der Plan zur Errichtung einer Hochschule in Linz auf unabsehbare Zeiten undurchführbar" werde, hieß es aus dem zuständigen Staatsamt, dass nicht nur gegenwärtig, sondern „auf Jahre" nicht damit gerechnet werden könne, eine dritte Technische Hochschule neben Wien und Graz zu errichten. Die Kriegsschäden an den bestehenden Hochschulen und der Abgang zahlreicher akademischer Lehrer „aus politischen Gründen" würden dem entgegenstehen.[5]

III. Versuche zur Etablierung eines technischen Studiums nach 1945

Dennoch wurde in den folgenden Jahren bedingt durch die starke Industrialisierung in der NS-Zeit am Wunsch festgehalten, ein technisches Studium zu ermöglichen. Die Initiative dafür ging wie in früheren Jahren von Oberösterreich aus und wurde wesentlich von Landeshauptmann Gleißner und Bürgermeister Ernst Koref (1945–1962, SPÖ) getragen. Gleichzeitig spielten aber auch die 1947 von Herbert Grau gegründete Volkshochschule sowie einige Hochschulprofessoren, die zum Teil „dem politischen Säuberungsprozess zum Opfer gefallen waren" oder sich nach Linz abgesetzt hatten, eine Rolle.[6]

Die Wege, über die ein technisches Studium etabliert werden sollten, waren durchaus kreativ. So wurde einerseits versucht, in Linz die Exposition einer bestehenden Hochschule zu schaffen und andererseits die Abhaltung von technischen Lehrveranstaltungen an der Volkshochschule erwogen, die später für ein

---

4 Willi Weinert, Zu den Versuchen der Errichtung einer Technischen Hochschule in Linz, in: Oberösterreichische Heimatblätter 40 (1986) 1, 38–51; Hanns Christian Löhr, Hitlers Linz. Der „Heimatgau des Führers", Berlin 2013.

5 Wirth, Vorgeschichte, Entstehung und Entwicklung der Johannes Kepler Universität Linz, 25–209, 54–58.

6 Josef Lenzenweger, Die Gründung der Linzer Hochschule, in: Heribert Forstner/Gerhart Marckghott/Harry Slapnicka/Alois Zauner (Hg.), Oberösterreicher. Landeshauptmann Heinrich Gleißner. Zeitgenossen berichten, Linz 1985, 87–109, 91–92.

Studium angerechnet werden sollten. Auf eine Unterstützung der bestehenden Hochschulen bzw. des Unterrichtsministeriums stießen diese Vorschläge jedoch von Anfang an nicht. Trotzdem wurde 1951 mit einem technischen Studium im Rahmen der Volkshochschule begonnen, bei dem in Abendvorlesungen jene Gegenstände angeboten wurden, die bis zum vierten Semester an der Fakultät für Maschinenbau und Elektrotechnik einer Technischen Hochschule gelehrt wurden. 1953 wurde mit dem Verein zur Förderung eines Technischen Hochschulstudiums in Linz auch ein eigenes Gremium gegründet, um einem technischen Studium zum Durchbruch zu verhelfen. Mitglieder des Proponentenkomitees waren u. a. Landeshauptmann Gleißner, Bürgermeister Koref und der Generaldirektor der Vereinigten Österreichischen Eisen- und Stahlwerke (VÖEST) Walter Hitzinger, womit der Wunsch nach einem technischen Studium auch von der Industrie vor Ort unterstützt wurde. Die konkrete Aufgabe des Vereines war es, den Aufbau eines technischen Hochschulstudiums in Linz, eventuell in Form einer Expositur, zu betreiben und dieses finanziell zu unterstützen. Gleichzeitig sollte er aber auch dazu beitragen, die Anrechenbarkeit von Prüfungen an der Volkshochschule zu erreichen. Trotz mehrfacher Beteuerungen aus Oberösterreich, dass das technische Studium in Linz keineswegs als Konkurrenz zu den bestehenden Hochschulen gedacht sei und dem Angebot der Stadt Linz, sich an den Kosten der Hochschulexpositur zu beteiligen, blieben das Unterrichtsministerium und die etablierten Hochschulen jedoch bei ihrer Ablehnung. So sprach sich etwa die Rektorenkonferenz im November 1953 nicht nur gegen die Anerkennung der Volkshochschulkurse und die Gründung einer vollständigen oder unvollständigen Technischen Hochschule in Linz aus. Sie warnte das Ministerium im März 1955 auch vor Zugeständnissen, die zur Forderung nach einer Vollhochschule oder der Errichtung von Exposituren in anderen Städten – so auch in Salzburg oder Klagenfurt – führen könnten. Als 1955 das neue Hochschul-Organisationsgesetz verabschiedet wurde und auch dieses dem Wunsch der Rektorenkonferenz entsprechend die Einrichtung von Exposituren nicht vorsah, stand es somit schlecht um die Etablierung eines technischen Studiums in Linz. Die Hochschulbestrebungen schienen gescheitert zu sein.[7]

---

7 Wirth, Vorgeschichte, Entstehung und Entwicklung der Johannes Kepler Universität Linz, 25–209, 58–62; Herbert Grau, Hochschulbestrebungen: Technische Hochschule, in: Linzer Kulturhandbuch, Band. 1, hg. von der Kulturverwaltung der Stadt Linz, Linz 1965, 97–110, 97–106.

IV. Neuorientierung in Richtung Sozial- und Wirtschaftswissenschaften

Eine Kehrtwende zeichnete sich erst ab, als sie mit einer neuen Ausrichtung hin zu den Sozial- und Wirtschaftswissenschaften verbunden wurden. Hierfür war zum einen eine Erklärung von Ministerialrat Heinrich Drimmel im Herbst 1954 wichtig, wonach eine dritte Technische Hochschule nicht tragbar sei, eine Hochschule anderer Richtung aber die Zustimmung des Unterrichtsministeriums finden könnte. Zum anderen war eine Reise von Landeshauptmann Gleißner in die USA entscheidend, aus der er im Herbst 1956 mit dem Eindruck zurückkehrte, dass in Amerika den Sozial- und Wirtschaftswissenschaften eine immer größere Bedeutung beigemessen werde – entwickelten sich diese damals doch zu Leitwissenschaften, die im internationalen und später auch im nationalen Planungs- und Modernisierungsdiskurs eine wichtige Rolle spielten.[8]

Österreich konnte im Bereich der Sozial- und Wirtschaftswissenschaften auf eine Reihe namhafter Persönlichkeiten, Schulen und Forschungseinrichtungen zurückblicken.[9] Wegen fehlender Arbeitsmöglichkeiten, einem zunehmend antisemitischen und antidemokratischen Klima, das in der endgültigen Vertreibung durch den Nationalsozialismus mündete, sowie einer nicht erfolgten Rückholung der EmigrantInnen waren sie im Wissenschaftsbetrieb nach 1945 de facto jedoch nicht vorhanden. Studienmöglichkeiten bestanden nur marginal. So konnten zwar an der Hochschule für Welthandel in Wien einige wirtschaftswissenschaftliche Fächer studiert werden, die Sozialwissenschaften waren aber nur im Rahmen des rechts- und staatswissenschaftlichen Studiums präsent. An den Philosophischen Fakultäten wurden Lehrstühle für Soziologie erst allmählich eingerichtet, und auch im außeruniversitären Bereich gelang es den Sozial- und Wirtschaftswissenschaften vor allem mit dem 1962/63 gegründeten Institut für Höhere Studien (IHS) erst langsam wieder Fuß zu fassen.[10] Mitte der 1950er-Jahre, als sich eine Neuorientierung der Linzer Hochschulpläne abzuzeichnen begann, stellten sie somit ein Desiderat dar, mit der eine Hochschule inhaltliches Neuland betreten konnte.

---

8 Vgl. ebd., 107; Heinrich Gleißner, Zehn Jahre Universität Linz, in: Gustav Otruba (Red.), Johannes Kepler Universität Linz. Hochschule für Sozial- und Wirtschaftswissenschaften 1966–1976, Linz 1976, 13–14.

9 Verwiesen sei etwa auf Otto Neurath, Käthe Leichter, Paul Lazarsfeld, Marie Jahoda, Hans Zeisel, Ludwig von Mises, Gottfried Haberler, Friedrich August von Hayek oder Oskar Morgenstern, den Wiener Kreis und die Wiener Schule der Nationalökonomie sowie das Institut für Konjunkturforschung, das Gesellschafts- und Wirtschaftsmuseum oder die Wirtschaftspsychologische Forschungsstelle.

10 Christian Fleck, Wie Neues nicht entsteht. Die Gründung des Instituts für Höhere Studien in Wien durch Ex-Österreicher und die Ford Foundation, in: Österreichische Zeitschrift für Geschichtswissenschaften 11 (2000) 1, 129–178.

In der nun anlaufenden Debatte spielten vor allem zwei Ereignisse eine bedeutende Rolle. Dies war zum einen ein Besuch von Wilmont Haacke aus Wilhelmshaven, wo 1949 eine Hochschule für Arbeit, Politik und Wirtschaft eröffnet
und 1956 in „Hochschule für Sozialwissenschaften" umbenannt worden war.[11]
Zum anderen war es ein Artikel von August Maria Knoll, der den 1950 instal-
lierten Lehrstuhl für Soziologie an der Universität Wien bekleidete. Nachdem
Knoll bereits ein Jahr zuvor ein entsprechendes Memorandum an „maßgebliche
Persönlichkeiten" in Linz übergeben hatte, veröffentlichte er im April 1957 einen
Aufsatz über eine „Akademie für angewandte Soziologie und Politik in Linz" in
der katholischen Wochenzeitung „Die Furche". In diesem führte er aus, dass die
„Umschichtung der modernen Gesellschaft" die Erforschung der sozialen
Grundlagen dringend erforderlich mache und erklärte, dass kein Standort dafür
passender sei als die Industriestadt Linz.[12] Sein anschließender Besuch vor Ort
legte dann auch den Grundstein für ein gemeinsames Vorgehen des Landes
Oberösterreich und der Stadt Linz, die den neuen Plänen zunächst skeptisch
gegenüber gestanden war. Wie bereits in früheren Jahren wurde damit eine
großkoalitionäre Partnerschaft mit Landeshauptmann Gleißner und Bürgermeister Koref bzw. Edmund Aigner als dessen Nachfolger (1962–1968, SPÖ) an
der Spitze gebildet, die von ihrer politischen Zusammensetzung her auch jener
der bis 1966 amtierenden Regierungskoalition auf Bundesebene entsprach.[13]

Heinrich Drimmel, der seit 1954 als Unterrichtsminister amtierte (bis 1964,
ÖVP), stand dem neuen Vorschlag offen gegenüber und nannte im Juni 1957 als
wichtige Voraussetzung für die Errichtung einer Hochschule, dass sie neu und
billig und einen echten Bedarf darstelle müsse. Zugleich schlug er ihre Gründung
„aus wilder Wurzel und nicht als Ableger einer bestehenden Institution" vor und
erteilte den Auftrag, ein Konzept zu erarbeiten, wobei ein finanzieller Beitrag aus
Oberösterreich – wie er von Seiten der Hochschulbetreiber bereits in früheren
Jahren vorgeschlagen worden war – explizit verlangt wurde.[14] Damit war der
Startschuss für die Linzer Hochschule gefallen, für deren Schaffung (angesichts
dessen, dass die Hochschulen Bundessache sind) erstaunlich viel Aufbauarbeit
den Initiatoren vor Ort überlassen wurde.

---

11 Oliver Schael, Von der Aufgabe der Erziehung. Das gescheiterte Reformexperiment der
   „Hochschule für Arbeit, Politik und Wirtschaft" in Wilhelmshaven-Rüstersiel (1949–1962),
   in: Detlef Schmiechen-Ackermann/Hans Otte/Wolfgang Brandes (Hg.), Hochschulen und
   Politik in Niedersachsen nach 1945, Göttingen 2014, 53–79.
12 August Maria Knoll, Akademie für angewandte Soziologie und Politik in Linz?, Die Furche,
   13.4.1957, 4.
13 Hanns Kreczi, Der Linzer Hochschulfonds. Werden und Aufbau der Johannes-Kepler-Uni-
   versität Linz. Dokumentationsschrift des Linzer Hochschulfonds aus Anlass des 10-jährigen
   Bestehens der Hohen Schule in Linz, Linz 1976, 15–19.
14 Lenzenweger, Die Gründung der Linzer Hochschule, 93.

V.　Auf dem Weg zur Hochschulgründung

Für die Erarbeitung des Hochschulkonzepts wurde von Gleißner und Koref zunächst ein Personenkomitee eingesetzt und im März 1959 das Kuratorium Hochschule für Sozialwissenschaften in Linz gegründet, in dem wie bereits beim Verein zur Förderung eines Technischen Hochschulstudiums in Linz alle wichtigen Institutionen des Landes (Land Oberösterreich, Stadt Linz, Wirtschaft, Kammern, Gewerkschaftsbund, Kirchen, Parteien) vertreten waren. In konzeptioneller Hinsicht kam dem sogenannten „Siebenergremium" eine besondere Bedeutung zu, das streng paritätisch aus Delegierten des Landes (ÖVP) und der Stadt (SPÖ) zusammengesetzt war. Wichtige Funktionen nahmen in diesem insbesondere der bereits genannte Herbert Grau, Josef Bergmann als geschäftsführender Vorsitzender der Wirtschaftswissenschaftlichen Gesellschaft in Oberösterreich und der Arbeitsrechtler Rudolf Strasser ein, der später auch dem ersten Professorenkollegium angehörte.[15]

In den ersten Konzepten und öffentlichen Artikeln zur Propagierung der Hochschule wurden als Motive für die Gründung sowohl die wirtschaftliche Bedeutung der modernen Industriestadt Linz als auch das Bevölkerungswachstum im Westen angeführt. Gleichfalls wurde festgehalten, dass sich die Benachteiligung von Oberösterreich durch das Fehlen einer Hochschule trotz steigender Studierendenzahlen in einem vergleichsweise geringen Anteil von StudentInnen zeige. In Hinblick auf die vorgesehene thematische Ausrichtung wurde hingegen betont, dass die Sozialwissenschaften eine solche Bedeutung erlangt haben, „dass ihnen die Berechtigung auf eine akademische Behandlung" nicht mehr abgesprochen werden kann. So würden auch die mannigfachen gesellschaftlichen und ökonomischen Veränderungen akademisch ausgebildete Sozialwissenschaftler dringend erforderlich machen.[16]

Die ersten konkreten Aufbaupläne sahen im Bereich des Lehrstoffs vier Hauptgruppen vor: Allgemeine Wissenschaftsgebiete, Rechtslehre, Wirtschaftswissenschaften sowie Soziologie und Politik.[17] Zudem sollte die Hochschule vom College-System geprägt sein, nachdem der College-Gedanke die Linzer Hochschulbestrebungen bereits seit der USA-Reise von Gleißner Ende 1956 begleitet

---

15　Wirth, Vorgeschichte, Entstehung und Entwicklung der Johannes Kepler Universität Linz, 25–209, 66–69.

16　Ernst Koref, Eine Hochschule für Linz, in: Österreichische Hochschulzeitung 11 (1959) 7, 1–2.

17　Zu den Allgemeinen Wissenschaftsgebieten gehörten Sprachen, Philosophie, Psychologie, Geschichte, Geographie, Mathematik, Buchhaltung. Bei den Wirtschaftswissenschaften wurden politische Ökonomie, Betriebswirtschaftslehre, Sondergebiete, Warenkunde, Technologie genannt. Bei „Soziologie und Politik" wurden Soziologie, Politik, Publizistik, vergleichende Sozial- und Wirtschaftswissenschaften angeführt.

hatte. Damit wollte sich die neue Hochschule nicht nur in thematischer Hinsicht, sondern auch durch ein neues Miteinander von Lehrenden und Studierenden von den bestehenden österreichischen Universitäten unterscheiden und ihre Aufgabe „als Gemeinschaft von Lehrenden und Lernenden" erfüllen.[18]

Erste wichtige Entscheidungen konnten bis 1961 getroffen werden. So wurde nach dem baldigen Ausscheiden des Faches Politik in thematischer Hinsicht beschlossen, dass es an der Hochschule nicht – wie ursprünglich angedacht – eine, sondern mindestens zwei Studienrichtungen geben sollte: eine für Sozial- und eine für Wirtschaftswissenschaften. Maßgeblich dafür waren die Rück- meldungen aus Wirtschaft und Verwaltung im Rahmen einer Absolventbe- darfsumfrage sowie eine Enquete im Unterrichtsministerium. Was die finanzi- elle Beteiligung des Landes und der Stadt an der Hochschulgründung betrifft, war die Schaffung eines Fonds vorgesehen, nachdem zunächst an eine Stiftung gedacht worden war. Und auch bei der örtlichen Unterbringung konnten Fort- schritte gemacht werden, indem das Gelände um Schloss Auhof von Stadt und Land erworben wurde. Hierauf sollte – wie nach einer Studienreise nach Deutschland, Dänemark und England 1960 beschlossen worden war – zwar kein „richtiger College-Betrieb" (nach Vorbild der alten Colleges in England) mehr verwirklicht werden, aber ein „Hochschulbezirk" mit Gemeinschaftsräumlich- keiten errichtet werden. Die Hochschulgründung machte somit rasche Fort- schritte, wenn auch die konkreten Studienordnungen noch zu erarbeiten und die Hochschulgebäude noch zu errichten waren.[19]

Problematisch war jedoch einerseits, dass die Rektorenkonferenz das Linzer Hochschulprojekt weiterhin ablehnte. Trotz der oftmaligen Beteuerung aus Oberösterreich, dass die geplante Hochschule keine Konkurrenz für die beste- henden Universitäten darstellen würde, fürchtete sie eine Schmälerung ihres Budgets. Ihren Widerstand gab sie erst Anfang 1962 auf, nachdem sich Unter- richtsminister Drimmel hinter das Vorhaben gestellt hatte. Damit war jedoch die Auflage verbunden, dass die Linzer Hochschule die Entwicklung der anderen Universitäten nicht beeinträchtigen dürfte.[20]

Andererseits stellten die Vorgänge in Salzburg eine Gefahr dar. Nachdem in Salzburg lange das Konzept einer kirchlichen Universität verfolgt worden war, wurde ab 1960 auch hier die Errichtung einer staatlichen Universität anvisiert. Dies führte soweit, dass Josef Klaus als ehemaliger Salzburger Landeshauptmann und nunmehriger Finanzminister (1961–1963, ÖVP) die beiden Gründungen miteinander junktimierte, womit es ohne Universität in Salzburg keine Hoch-

---

18 Wirth, Vorgeschichte, Entstehung und Entwicklung der Johannes Kepler Universität Linz, 25–209, 68–70.
19 Ebd., 70–73.
20 Kreczi, Hochschulfonds, 48.

schule in Linz geben sollte. Besonders schwerwiegend war dabei, dass sich die Hochschulbetreiber in Salzburg nicht – wie vom Ministerium gewünscht – ebenfalls mit der Schaffung eines Fonds an der Finanzierung der Universität beteiligen wollten. Hinzu kam, dass die Universität in Salzburg politisch umstritten war. Da lange die Errichtung einer kirchlichen Universität verfolgt worden war und die nun angedachte staatliche Einrichtung zunächst aus einer Theologischen und Philosophischen Fakultät bestehen sollte, bestand von Seiten der SPÖ und FPÖ die Befürchtung, dass nun versucht werde, eine „Weltanschauungsuniversität" auf Umwegen zu etablieren.[21]

Schlussendlich brachte die Junktimierung für das Linzer Projekt aber auch Vorteile, indem die finanzielle Beteiligung des Bundes neu geregelt und der Linzer Hochschule Entwicklungsmöglichkeiten in Aussicht gestellt wurden. So war für die Linzer Hochschulgründung (im Gegensatz zu jener in Salzburg) zwar weiterhin ein Fonds vorgesehen. Nachdem zu Beginn noch von einer Stiftung die Rede gewesen war, die (zumindest vorerst) die gesamten Ausgaben übernehmen solle und sich der Bund später bereit erklärt hatte, die Finanzierung des wissenschaftlichen Personals zu übernehmen, sollten die Kosten aber nun wie folgt aufgeteilt werden: Der Bund sollte für Linz und Salzburg den wissenschaftlichen Aufwand tragen und für beide Institutionen einen Beitrag zum Sachaufwand in gleicher Höhe leisten, wobei jener für Salzburg als Richtlinie dienen sollte. Der Fonds sollte die Hochschulgebäude samt allen Einrichtungen für den Lehr- und Forschungsbetrieb bereitstellen. Die Beitragsleistungen des Landes Oberösterreich und der Landeshauptstadt Linz sollten aber auf höchstens zehn Jahre beschränkt und dann aus Bundesmitteln getragen werden.[22] Was die neuen Entwicklungsmöglichkeiten betrifft, wurden der Linzer Hochschule, die bis dahin nur aus einer Fakultät für Sozial- und Wirtschaftswissenschaften bestehen sollte, weitere Fakultäten in Aussicht gestellt. Da in Salzburg die Angliederung einer Rechtswissenschaftlichen und Medizinischen Fakultät erwogen wurde, um den Befürchtungen von SPÖ und FPÖ vor einer „Weltanschauungsuniversität" zu begegnen, sollte auch die Linzer Hochschule ausgebaut werden können.[23]

Damit war der Weg zur Gründung frei. Die Linzer Hochschule für Sozial- und Wirtschaftswissenschaft wurde gemeinsam mit der Universität Salzburg am 5. Juni 1962 durch eine Novelle des Hochschul-Organisationsgesetzes und die Verabschiedung des Gesetzes über den Linzer Hochschulfonds errichtet. Hierbei wurde festgelegt, dass sie aus einer Fakultät für Sozial- und Wirtschaftswissenschaft bestehen soll und dass ihr weiterer Ausbau „durch Gliederung in Fakul-

---

21 Vgl. zu den Entwicklungen in Salzburg den Beitrag von Alexander Pinwinkler.
22 1967 wurde die Beteiligung des Bunds ein weiteres Mal erhöht. Er sollte nun – und das auch nachträglich – zum Errichtungsaufwand (Grundstücke und Bauten) beitragen.
23 Wirth, Vorgeschichte, Entstehung und Entwicklung der Johannes Kepler Universität Linz, 25–209, 77–81.

täten" durch Bundesgesetz geregelt wird.[24] Wie in der dem Gesetz zugrunde-
liegenden Regierungsvorlage festgehalten wurde, sollte sie mit dem sozialwissenschaftlichen Schwerpunkt primär eine „Lücke ausfüllen, die in den letzten
Jahren immer deutlicher empfunden wurde", aber auch zu einer Entlastung der
bestehenden Universitäten beitragen[25] – begannen doch die Studierendenzahlen
immer mehr zu steigen. In der parlamentarischen Debatte wurde mit dem
Verweis auf die Hochschule in Nürnberg ausgeführt, dass ein sozialwissen-
schaftlicher Schwerpunkt Erfolg haben könne. Darüber hinaus habe der Wechsel
der Hochschule für Sozial- und Wirtschaftswissenschaften in Helsinki nach
Tampere gezeigt, dass Linz als vergleichbare Industriestadt ein geeigneter
Standort sein könne.[26]

VI.   Von der „Spezialhochschule" zur „Hochschule neuen Stils" oder „unkonventionell gemischter Studienrichtungen"

Wichtige Arbeitsschritte, die es in Folge zu erledigen galt, waren die Errichtung
der erforderlichen Gebäude,[27] die Fertigstellung des Lehrplans bzw. der erforderlichen Studienordnungen und die Berufung der ersten Professoren.
    Hierbei war im Bereich des Lehrplans eine besondere Herausforderung, dass
sich die erst allmählich in Gang gekommene Studienreform immer stärker auf
die Linzer Hochschule auszuwirken begann. Dies bedeutete zunächst, dass die
bestehenden Universitäten eine „Lex Linz", d. h. eine Studienregelung nur für
Linz, ablehnten, weshalb es für die Hochschulbetreiber aus Oberösterreich hieß,
Druck auf eine für Gesamtösterreich gültige Studienreform zu machen – konnte
hier der Studienbetrieb doch nicht ohne entsprechende Grundlagen aufgenommen werden. Bei den konkreten Verhandlungen zeigte sich hingegen, dass
ein in Linz ursprünglich anvisiertes „Allroundstudium" der Sozial- und Wirtschaftswissenschaften immer weiter zurückgedrängt wurde, da die Vertreter der
etablierten Universitäten an mehreren spezialisierten Studienrichtungen interessiert waren. Zudem musste die Linzer Hochschule auch fürchten, ihr Allein-
stellungsmerkmal zu verlieren, was sich bei der Gesetzwerdung dann auch be-
wahrheitete. Als der Nationalrat am 15. Juli 1966 das Allgemeine Hochschul-
Studiengesetz und mit ihm das Gesetz über die sozial- und wirtschaftswissen-

---

24 Bundesgesetz vom 5. Juli 1962, mit dem das Hochschul-Organisationsgesetz abgeändert
   wird, BGBl. 188/1962; Bundesgesetz vom 5. Juli 1962 über die Errichtung des Linzer Hochschulfonds, BGBl. 189/1962.
25 Stenographisches Protokoll des Nationalrats (StPNR), IX. Gesetzgebungsperiode (GP.),
   Beilage 693.
26 StPNR, IX. GP., 103. Sitzung, 5. 7. 1962, 4.522–4.523, 4.532.
27 Vgl. hierzu den Beitrag von Anna Minta.

schaftlichen Studienrichtungen als erstes „Spezialgesetz" zum Allgemeinen Hochschul-Studiengesetz beschloss, wurden mit diesem sieben Studienrichtungen eingeführt: die soziologische, sozialwirtschaftliche, sozial- und wirtschaftsstatistische, wirtschaftspädagogische, volks-, betriebs- und handelswissenschaftliche Studienrichtung. Einzig das sozialwissenschaftliche Studium sollte es in Folge aber nur in Linz geben.[28]

Bei der Suche nach geeigneten Professoren musste hingegen erst ein Procedere entwickelt werden. Da noch kein Professorenkollegium existierte, das dem Unterrichtsministerium Vorschläge unterbreiten konnte, wurde entschieden, dass – wie auch in Salzburg – Berufungskommissionen aus den Vertretern der bestehenden Hochschulen eingerichtet werden sollten. Zudem wurde auch dem Hochschulfonds die Möglichkeit zur Stellungnahme eingeräumt, der die Berufung der Professoren mit zusätzlichen „Aufbauzulagen" und der Errichtung von Professen-Wohnhäusern auf dem Campus unterstützen wollte. Maßgeblich war dafür, dass der „Professorenmarkt" in den 1960er-Jahren angesichts zahlreicher Hochschulgründungen in der Bundesrepublik Deutschland und einem Ausbau des Universitätswesens in Österreich bereits zu einem umkämpften Feld geworden war und dass es anfangs nicht einfach war, Wissenschafter mit einer gewissen Erfahrung nach Linz zu holen. Auf eine politische Einflussnahme wollten die beiden Parteien – wie mehrfach festgehalten wurde – bei der Rekrutierung der ersten Professoren verzichten. Trotzdem war der Berufungsprozess – wie etwa ein Blick in den Nachlass des damaligen Justizministers Christian Broda (1960–1966, 1970–1983, SPÖ) belegt – aber mit starken politischen Interventionen bzw. einem großkoalitionären „Tauschgeschäft" verbunden. Ein großes Interesse an der Auswahl der ersten Professoren zeigte nicht zuletzt die SPÖ, die für sich eine Möglichkeit sah, nun stärker im ÖVP-dominierten Hochschulwesen Fuß fassen zu können.[29]

Zudem sollte es noch vor der Hochschuleröffnung zu einer unerwartet raschen Erweiterung kommen.

Der Auslöser dafür war zunächst ein weiteres Mal die Universität Salzburg. Nachdem sie die Angliederung einer Rechts- und Staatswissenschaftlichen Fakultät beantragt hatte, bemühte sich die Linzer Hochschule um eine Erweiterung durch die Technik. Interessant ist dabei, dass es bereits im Zuge der gesetzlichen Errichtung der Linzer Hochschule geheißen hatte, dass eine „Angliederung

---

28 Wirth, Vorgeschichte, Entstehung und Entwicklung der Johannes Kepler Universität Linz, 25–209, 84–86.

29 Ebd., 90–92; Kreczi, Hochschulfonds, 42–43; Rudolf Strasser, Jurist in bewegten Jahren, Wien 2007, 146–153; Ludwig Fröhler/Rudolf Strasser, Der Anfang der Hochschule für Sozial- und Wirtschaftswissenschaften und ihre Entwicklung bis zum Sommersemester 1970, in: Gustav Otruba (Red.), Johannes Kepler Universität Linz. Hochschule für Sozial- und Wirtschaftswissenschaften, Linz 1976, 30–32.

anderer Fakultäten, voraussichtlich zur Vertretung technischer Studienrichtungen, erwartet werden kann". Bereits 1962 bzw. bei der ersten sich bietenden Möglichkeit war damit der ursprüngliche Hochschulwunsch wieder aufgegriffen worden und konnte 1965 mit der gesetzlichen Errichtung einer Technisch-Naturwissenschaftlichen Fakultät nun auch verwirklicht werden.[30] Verwiesen wurde dabei u. a. auf die Universität in Bochum, deren „Modellcharakter" bereits vor der Eröffnung im Juni 1965 auch in der „Österreichischen Hochschulzeitung" wiederholt ein Thema war.[31] So sollte es in Bochum neben einer wirtschafts- und sozialwissenschaftlichen Abteilung auch technische Fächer, die Theologie u. a. geben,[32] während ein technisches Studium in Österreich bis dahin nur an den Technischen Hochschulen möglich war.

Als ein Jahr später die Universität Innsbruck die Errichtung einer Fakultät für Ingenieurwesen und Architektur beantragte (und damit zum zweiten Mal nach Linz die Angliederung einer Technischen Fakultät außerhalb einer Technischen Hochschule wünschte), wurde dies zum Anlass genommen, das Rechtsstudium zu fordern. Eine wichtige Rolle spielte dabei der Jurist Ludwig Fröhler, der 1965 zum ersten Rektor gewählt worden war. Dieser nannte als Begründung nicht nur, dass ohnehin einige juristische Lehrkanzeln vorgesehen seien, sondern führte auch an, dass die Linzer Hochschule in Folge der allgemeinen Studienreform ihren besonderen Status verloren habe. Darüber hinaus habe – so Fröhler nachträglich – auch die Entwicklung der „isoliert stehenden" Hochschulen für Sozial- und Wirtschaftswissenschaften in Nürnberg, Mannheim und Wilhelmshaven gezeigt,[33] dass eine Ergänzung durch das Recht geboten und eine solche (allerdings in sehr unterschiedlicher Weise) hier auch vorgenommen

---

30 Bundesgesetz vom 30. Juni 1965, mit dem das Hochschul-Organisationsgesetz abermals abgeändert wird, BGBl. 195/1965.

31 Vgl. etwa Die „Modelluniversität" Bochum, in: Österreichische Hochschulzeitung 15 (1963) 5, 1.

32 Hans Stallmann, Euphorische Jahre. Gründung und Aufbau der Ruhr-Universität Bochum, Essen 2004.

33 Fröhler spricht folgende Entwicklung an: Die Wirtschaftshochschule in Mannheim wurde ab 1957 sukzessive zu einer Universität ausgebaut. 1963 kamen zu den Sozial- und Wirtschaftswissenschaften eine Fakultät für Philosophisch-Philologische Wissenschaften und eine für Rechtswissenschaft hinzu. 1967 wurde die Hochschule in Universität umbenannt. Die Hochschule für Wirtschafts- und Sozialwissenschaften Nürnberg wurde 1961 als Wirtschafts- und Sozialwissenschaftliche Fakultät in die Universität Erlangen eingegliedert. 1962 folgte die Eingliederung der Hochschule für Sozial- und Wirtschaftswissenschaften in Wilhelmshaven in die Wirtschafts- und Sozialwissenschaftliche Fakultät der Georg-August-Universität Göttingen. Vgl. https://www.uni-mannheim.de/universitaet/profil/geschichte/geschichtsdaten-im-ueberblick/ (abgerufen 1. 10. 2018); Die Universität Mannheim in Vergangenheit und Gegenwart, hg. von der Universität Mannheim, Mannheim 1982; Alfred Wendehorst, Geschichte der Friedrich-Alexander-Universität Erlangen-Nürnberg. 1743–1993, München 1993, 246; Schael, Von der Aufgabe der Erziehung.

worden sei.[34] Das Unterrichtsministerium stand dem jedoch ablehnend gegenüber, weshalb diesmal der Weg über eine parlamentarische Initiative beschritten
wurde. Nachdem ein erster Vorstoß zur Errichtung einer Juristischen Fakultät
gescheitert war, führte erst ein zweiter Antrag auf Einführung des Rechtsstudiums an der bestehenden Sozial- und Wirtschaftswissenschaftlichen Fakultät
zum Erfolg. Die Installierung des Rechtsstudiums wurde 1966 gemeinsam mit
dem Allgemeinen Hochschul-Studiengesetz und dem Gesetz über die sozial- und
wirtschaftswissenschaftlichen Studienrichtungen beschlossen.[35] Ohne Kritik
ging diese Erweiterung jedoch nicht vonstatten. So wurde nicht nur bemängelt,
dass mit der Aufnahme des Rechtsstudiums als eigenem Fach das moderne
Konzept durchbrochen wurde. Es wurde auch kritisiert, dass die ursprüngliche
Absicht konterkariert worden sei, die juristischen Fächer möglichst eng in die
Sozial- und Wirtschaftswissenschaften zu integrieren.[36]

Nur vier Jahre nach der gesetzlichen Errichtung der Linzer Hochschule hatte
sich ihr Profil damit entscheidend gewandelt. Nachdem sie zunächst als „Spezialhochschule" für die Sozial- und Wirtschaftswissenschaften gegründet worden war, hieß es nach der Erweiterung um die Technisch-Naturwissenschaftliche
Fakultät und das Rechtsstudium nun, dass sie eine Hochschule mit „unkonventionell gemischten Studienrichtungen" sein werde. Als „Hochschule neuen
Stils" (oder „neuer Prägung") sollte sie sich durch eine „völlig neuartige Zusammenfassung von altüberkommenen und neuen Fakultäten" auszeichnen und
durch deren enge Kooperation Neues geschaffen werden. So hatte Rudolf
Strasser bereits 1964 angemerkt, dass mit der Inklusion der technischen Wissenschaften, für die eigene Hochschulen errichtet worden waren, eine „Fehl-
entwicklung" in der Universitätsgeschichte korrigiert werden könne, und sich
interessante Kooperationsmöglichkeiten in den Grenzbereichen der Disziplinen
ergeben können.[37] Und auch Ludwig Fröhler, der neben Strasser die ersten Texte
zum Selbstverständnis der neuen Hochschule schrieb, äußerte sich nach der
Etablierung des Rechtsstudiums ähnlich, indem er herausstrich, dass an der
Linzer Hochschule die vertretenen Wissenschaften vor allem unter der Herstellung ihrer Interdependenz gepflegt werden sollen. Das interdisziplinäre Arbeiten, das durch die Campus-Architektur unterstützt werden sollte, erhielt

---

34 Schrittweise Ausbau zu geplanten Schwerpunkten, in: Österreichische Hochschulzeitung 19
     (1967) 6, 2.
35 Bundesgesetz vom 15. Juli 1966, mit dem das Hochschul-Organisationsgesetz neuerlich
     abgeändert wird, BGBl. 180/1966.
36 Wirth, Vorgeschichte, Entstehung und Entwicklung der Johannes Kepler Universität Linz,
     25–209, 89–93; Fritz Fellner, Restauration oder Fortschritt. Hochschulprobleme aus der Sicht
     des Historikers, in: Heinz Fischer (Hg.), Versäumnisse und Chancen. Beiträge zur Hoch-
     schulfrage in Österreich, Wien 1967, 11–28, 25.
37 Rudolf Strasser, Blick in die Zukunft: Auf dem Weg zu einer Universität neuen Stils, in:
     Österreichische Hochschulzeitung 16 (1964) 20, 9.

damit einen besonderen Stellenwert, wobei die einzigartige Wirtschafts- und
Sozialstruktur von Linz abermals prädestinierend für „eine moderne, entwick-
lungsoffene Hochschule" sein sollte.[38]

VII.   Die Hochschuleröffnung und die weitere Entwicklung

Die Eröffnung der Linzer Hochschule fand am 8. Oktober 1966 statt und wurde
mit der Herausgabe einer Festschrift begleitet, in der nicht nur das Neuartige der
Einrichtung und ihr industriell geprägter Standort, sondern auch ihre „lange
Vorgeschichte" und damit das Erreichen eines seit Jahrhunderten verfolgten
Ziels betont wurden.[39] Der Studienbetrieb wurde im Wintersemester 1966/1967
mit rund 560 ordentlichen Studierenden und einem 12-köpfigen Professorenkollegium gestartet. Auffallend ist an diesem (mit drei Ausnahmen) nicht nur ein
relativ junges Durchschnittsalter von 45 Jahren, sondern auch eine rein männliche Zusammensetzung, die auf den Linzer Hochschulfonds zurückführbar ist.
Dieser hatte 1964, als auch zwei Frauen in den Besetzungsvorschlägen für die
ersten Professuren genannt worden waren, gegenüber dem Unterrichtsministerium den Wunsch geäußert, dass Frauen für die Besetzung der ersten Lehrkanzeln „ganz allgemein nicht in Betracht gezogen" werden sollen.[40] Darüber
hinaus ist bemerkenswert, dass acht der zwölf Professoren aus der Bundesrepublik Deutschland nach Linz kamen, wobei vier jedoch ursprünglich aus
Österreich stammten. Drei Professoren – darunter auch Rektor Fröhler –
wechselten von der Universität Nürnberg-Erlangen nach Linz. Ob hierfür persönliche Netzwerke, eine gezielte „Anwerbepolitik" oder Entwicklungen an der
Universität Nürnberg-Erlangen entscheidend waren, müsste noch erforscht
werden. Große internationale Koryphäen – wie der angedachte Soziologe René
König – konnten trotz der Aufbauzulagen nicht nach Linz geholt werden. Mit
dem Volkswirt Kurt Rothschild und später auch dem Historiker Karl Stadler
wurden aber zwei linkstehende Remigranten nach Linz berufen, die an einer
anderen österreichischen Hochschule wohl kaum eine Professur erlangt hätten
und die hier auch eine standortübergreifende Wirksamkeit entfalten konnten.[41]

---

38 Ludwig Fröhler, Gedanken zur Linzer Hochschule, in: Eröffnungsschrift. Hochschule Linz,
   hg. vom Linzer Hochschulfonds, Linz 1966, 23–29.
39 Anzumerken ist dabei, dass bei allen Verweisen auf frühere Hochschulbestrebungen vor
   allem die Entwicklungen bis Anfang des 20. Jahrhunderts und jene nach 1945, kaum aber die
   „Rumpfhochschule" in Stift Wilhering angesprochen wurden. Vgl. Eröffnungsschrift.
   Hochschule Linz, hg. vom Linzer Hochschulfonds, Linz 1966.
40 Unterrichtsminister Theodor Piffl-Perčević (1964–1969, ÖVP) hatte sich damals ohne weitere Nachfrage und Diskussion damit „einverstanden" erklärt.
41 Helmut Konrad, Geschichtswissenschaft in Linz, in: Maria Wirth/Andreas Reichl/Marcus
   Gräser (Hg.), 50 Jahre Johannes Kepler Universität Linz. Innovationsfelder in Forschung,

Das Lehrangebot umfasste bei der Aufnahme des Studienbetriebs Soziologie, Sozialwirtschaft, Volkswirtschafts- und Betriebswirtschaftslehre sowie Rechtswissenschaften.[42]

Die folgenden Jahre waren bei rasch steigenden Studierendenzahlen vor allem durch den Aufbau der Technisch-Naturwissenschaftlichen Fakultät bestimmt, die sich im November 1968 konstituierte und ihren Lehrbetrieb im Studienjahr 1969/ 1970 aufnahm. Wichtige institutionelle Veränderungen ergaben sich durch die Übergabe der Hochschule bzw. ihrer Gebäude vom Hochschulfonds an den Bund 1972 und die Verabschiedung des Universitäts-Organisationsgesetzes 1975. Mit diesem erhielt die Linzer Hochschule nicht nur eine eigene Juristische Fakultät, sondern sie konnte sich ab nun auch als „Universität" bezeichnen und sich nach Johannes Kepler benennen, was ihr bis dahin durch das Hochschul-Organisationsgesetz verwehrt worden war. Nachdem Kepler, der einst 14 Jahre in Linz gelebt hatte, bereits in den 1960er-Jahren als möglicher Namenspatron diskutiert worden war, konnte damit nun auch die wachsende Bedeutung der Technik zum Ausdruck gebracht werden. Ende der 1970er-Jahre, als für die Technisch-Naturwissenschaftliche Fakultät die (ersten) Gebäude errichtet waren, war die Aufbauphase der Linzer Universität abgeschlossen.[43]

Der Wunsch nach einem weiteren Ausbau kam damit – nicht nur was das Wachsen des Campus betrifft – jedoch nicht zum Erliegen. Vielmehr begleitete dieser die Hochschule seit Mitte der 1960er-Jahre in unterschiedlicher Intensität, aber kontinuierlich weiter. So hatte Rudolf Strasser bereits 1964 von der Angliederung einer Philosophischen Fakultät und der Eingliederung der bischöflichen Diözesan-Lehranstalt als Theologische Fakultät gesprochen, womit eine Erweiterung der Linzer Hochschule „eine gewisse Rückschwenkung zu den traditionellen Fakultäten" bringen sollte.[44] Und auch Ludwig Fröhler hatte in der Eröffnungsschrift 1966 festgehalten, dass die Linzer Hochschule den „Keim einer Volluniversität" in sich trage und als mögliche Ausbauvariante eine Theologische Fakultät angesprochen,[45] womit auch er eine Integration der bischöflichen Diözesan-Lehranstalt als eine Art Nachfolginstitution des ehema-

---

Lehre und universitärem Alltag, Wien/Köln/Weimar 2017, 117–132; Christoph Mentschl, Der lange Weg zurück. Die späte Remigration des Karl R. Stadler, in: Katharina Prager/Wolfgang Straub (Hg.), Bilderbuch-Heimkehr? Remigration im Kontext, Wuppertal 2017, 243–253; Johann K. Brunner, 50 Jahre Volkswirtschaftslehre an der Johannes Kepler Universität Linz – einige Gedanken, in: Maria Wirth/Andreas Reichl/Marcus Gräser (Hg.), 50 Jahre Johannes Kepler Universität Linz. Innovationsfelder in Forschung, Lehre und universitärem Alltag, Wien/Köln/Weimar 2017, 45–62.

42 Wirth, Vorgeschichte, Entstehung und Entwicklung der Johannes Kepler Universität Linz, 25–209, 90–92 und 95–98.

43 Ebd., 110–133.

44 Strasser, Blick in die Zukunft, 9.

45 Fröhler, Gedanken zur Linzer Hochschule, 23–29, 29.

ligen Lyzeums thematisierte.[46] Am konsequentesten verfolgt wurde in den kommenden Jahren jedoch die Etablierung des bereits im 19. Jahrhundert geforderten Medizinstudiums, was 2014 auch zur Installierung einer vierten Fakultät führte.[47] Knapp 50 Jahre nach ihrer Eröffnung umfasste die Johannes Kepler Universität Linz damit eine Wirtschafts- und Sozialwissenschaftliche, eine Technisch-Naturwissenschaftliche, eine Rechtswissenschaftliche und eine Medizinischen Fakultät.

VIII. Resumée: Die Linzer Hochschule – eine „eher gemäßigte, wohl abgewogene und daher sehr realistische" Reform

Zusammenfassend kann somit festgestellt werden, dass wie bereits in früheren Jahren auch nach 1945 der politische Wille in Oberösterreich am Beginn der Linzer Hochschulgründung stand.

Nachdem das zunächst anvisierte Ziel eines technischen Studiums nicht umgesetzt werden konnte, machten die Neuorientierung in Richtung Sozial- und Wirtschaftswissenschaften und die finanzielle Beteiligung aus Oberösterreich die Hochschulgründung möglich. Darüber hinaus wurde mit den Sozial- und Wirtschaftswissenschaften auch ein „Nadelöhr" für die Erfüllung älterer Wünsche – vom Technikstudium bis hin zur Medizin – gefunden.[48]

Mit der Gründung des Linzer Hochschulfonds wurde ein völlig neuer Weg in der Hochschulfinanzierung beschritten, der schon bald Modellcharakter haben sollte. So wurde eine ähnliche Vorgangsweise nicht nur bei der Salzburger Universitätsgründung ins Spiel gebracht, sondern später auch bei der Errichtung der Fakultät für Ingenieurwesen und Architektur in Innsbruck[49] und der Gründung der Klagenfurter Hochschule aufgegriffen.[50] Wie in der Studienreform, wo die Errichtung der Linzer Hochschule zu einem wichtigen Katalysator für die Verabschiedung des Gesetz über die sozial- und wirtschaftswissen-

---

46 Vgl. zu den gescheiterten Diskussionen über eine Theologische Fakultät Wirth, Vorgeschichte, Entstehung und Entwicklung der Johannes Kepler Universität Linz, 25–209, 126–129; Rudolf Zinnhobler, Das Studium der Theologie in Linz, in: Ders. (Hg.), Theologie in Linz, Linz 1979, 5–41.

47 Wirth, Vorgeschichte, Entstehung und Entwicklung der Johannes Kepler Universität Linz, 25–209, 193–201.

48 Marcus Gräser, Reformuniversität? Entlastungsuniversität? Eine „Hochschule neuen Stils", in: Maria Wirth/Andreas Reichl/Ders., 50 Jahre Johannes Kepler Universität Linz. Eine „Hochschule neuen Stils", Wien/Köln/Weimar 2016, 9–23, insbes. 17.

49 Bettina Perthold-Stoizner, Hochschulrecht im Strukturwandel, Wien 2012, 33–34.

50 Vgl. hierzu den Beitrag von Johannes Dafinger.

schaftlichen Studienrichtungen wurde,[51] konnte sie damit auch im Bereich der Hochschulfinanzierung bald über ihren engeren Wirkungskreis hinausstrahlen.

Die bestehenden österreichischen Hochschulen konnten im Gründungsprozess immer wieder die Entwicklung der Linzer Hochschule beeinflussen. Nachdem für die Unterstützung des Ministeriums und der etablierten Hochschulen zunächst eine Lücke im österreichischen Hochschulsystem gefunden werden musste, bot später der Ausbau anderer Universitäten der Linzer Hochschule die Möglichkeit zu einem weiteren Wachstum. Das bereits in den 1960er-Jahren dokumentierte Bestreben, sich möglichst bald von der „Spezialhochschule" für Sozial- und Wirtschaftswissenschaften zu entfernen, und die Ankündigung dabei, wieder traditionelle Pfade zu beschreiten, boten hierfür die entsprechende Basis. Die Linzer Hochschule stand damit schon bald auf mehreren Beinen, was ihr möglicherweise eine existenzielle Krise ersparte.

Der Verweis auf ausländische Beispiele findet sich immer wieder in der Gründungsgeschichte der Linzer Hochschule und hat besonders in der frühen Diskussion über eine sozialwissenschaftliche Ausrichtung eine wichtige Rolle gespielt. In späteren Jahren, d. h. von der Etablierung der Technisch-Naturwissenschaftlichen Fakultät bis hin zur Aufnahme des Rechtsstudiums, scheint der Blick ins Ausland hingegen vor allem einen legitimierenden, die eigenen Entscheidungen im Nachhinein absegnenden Charakter bekommen zu haben.

Was neu an der Linzer Hochschule sein sollte, hat sich im Verlauf nur weniger Jahre verändert. Waren es zunächst die Sozialwissenschaften, sollten es ab 1965 die „unkonventionell gemischten Studienrichtungen" und die neuartige Anordnung der Fakultäten sein. Wesentliche Elemente der bestehenden Universitäten beibehaltend (Einheit von Forschung und Lehre, Fakultätenstruktur, prinzipielle Orientierung auf das Fach) sollte es sich damit – so Rudolf Strasser 1964 – um eine „eher gemäßigte, wohl abgewogene und daher sehr realistische" Reform handeln.[52] Das Neue sollte sich neben dem sozialwissenschaftlichen Schwerpunkt und der ungewohnten Fakultätenstruktur damit vor allem in der Kooperation der Fakultäten und einer interdisziplinären Zusammenarbeit manifestieren, womit ein für die 1960er-Jahre typisches Reformelement aufgegriffen wurde. In der Praxis wurde die interfakultäre Zusammenarbeit mit der Einführung einzelner Studiengänge – wie der Wirtschaftsinformatik oder dem Wirtschaftsingenieurwesen Technische Chemie – zumindest teilweise umgesetzt.[53] Hinzu kamen die von Strasser ebenfalls bereits 1964 angesprochene

---

51 Henrik Kreutz/Heinz Rögl, Die umfunktionierte Universitätsreform. Von der Steigerung der Produktivität zur staatlichen Förderung sozialen Aufstiegs politischer Kernschichten, Wien 1994, 72–73.

52 Strasser, Blick in die Zukunft, 9.

53 Vgl. zur Entwicklung des Studienangebots Andreas Reichl, Zahlen, Daten und Fakten zur Entwicklung der Johannes Kepler Universität Linz, in: Maria Wirth/Ders./Marcus Gräser,

Bearbeitung von bisher vernachlässigten „Grenzgebieten zwischen dem traditionellen Disziplinen" – wie im Fall des Arbeits- und Wirtschaftsrechts – sowie
besonders in den frühen Hochschuljahren die Ergänzung durch neue, erst im
Entstehen begriffene Studienrichtungen wie die Informatik oder das Marketing.[54]

In personeller Hinsicht ermöglichte die Linzer Hochschule – wie die Namen
Rothschild und Stadler dokumentieren – auch ungewöhnliche Karrieren. Keine
neuen Wege wollte die Linzer Hochschule jedoch in einer geschlechtergerechten
Zusammensetzung des Professorenkollegiums gehen. Hier sollte mit Ausnahme
von Marianne Meinhart, die als erste Frau in Österreich die Funktion einer
Dekanin übernahm und 1972/73 der Sozial-, Wirtschafts- und Rechtswissenschaftlichen Fakultät vorstand, auch in Linz zunächst alles beim Alten bleiben.

50 Jahre Johannes Kepler Universität Linz. Eine „Hochschule neuen Stils", Wien/Köln/
Weimar 2016, 211–240, 212–216.
54 Vgl. ausführlich Maria Wirth/Andreas Reichl/Marcus Gräser (Hg.), 50 Jahre Johannes Kepler
Universität Linz. Innovationsfelder in Forschung, Lehre und universitärem Alltag, Wien/
Köln/Weimar 2017.

Alexander Pinwinkler

„Wiedererrichtung" oder Neugründung? Die Universität Salzburg zwischen Traditionalismus und Aufbruch[1]

Der Aufbau der Paris-Lodron-Universität Salzburg ist im Kontext der breiteren Bewegung zum Ausbau der Hochschulen und Universitäten zu diskutieren, die in den 1960er- und 1970er-Jahren nicht nur Österreich, sondern auch die meisten anderen europäischen Länder umfasste.[2] Der vorliegende Artikel konzentriert sich zwar auf die lokalen Umstände der „Wiedererrichtung" der Universität Salzburg. Er fragt nach der Vorgeschichte der Salzburger Universitätsgründung und untersucht den Gründungsdiskurs an der Universität Salzburg. Er skizziert aber auch die politische Profilierung von RepräsentantInnen der „Gründergeneration", worunter sowohl jene Persönlichkeiten, die die Universitätsgründung forcierten, als auch die ersten Angehörigen des „gehobenen Lehrkörpers" (ordentliche und außerordentliche ProfessorInnen) subsumiert werden. Gleichzeitig werden zumindest punktuell auch übergreifende Problemstellungen wie der vorherrschende Konservatismus an den österreichischen Hochschulen der 1960er-Jahre – wie er wesentlich in der Zusammensetzung der Professorenschaft zum Ausdruck kam – oder strukturelle Aspekte des damaligen „Arbeitsmarkts" der UniversitätsprofessorInnen angesprochen. Im Folgenden wird dabei die These vertreten, dass die katholisch-konservativ geprägte geistige Atmosphäre an der Universität Salzburg im Lauf der 1970er-Jahre nur allmählich transzendiert wurde.

I. Zur „Wiedererrichtung" der Universität Salzburg

Die Protagonisten der „Gründergeneration" der staatlichen Salzburger Universität der 1960er-Jahre suchten vielfach an die frühere Salzburger Benediktineruniversität anzuknüpfen, die 1622 durch kaiserlichen Beschluss ins Leben ge-

---

1 Vgl. hierzu ausführlich: Alexander Pinwinkler, Die „Gründergeneration" der Universität Salzburg. Biographien, Netzwerke, Berufungspolitik, 1960–1975, Wien/Köln/Weimar 2020.
2 Vgl. Walter Rüegg (Hg.), Die Geschichte der Universität in Europa, Band IV: Vom Zweiten Weltkrieg bis zum Ende des 20. Jahrhunderts, München 2010, bes. 59–65.

rufen worden war. Diese Universität verfügte damit nicht nur über eine kirchliche, sondern auch eine „staatliche" Privilegierung. Die Benediktineruniversität wurde allerdings 1810 zugunsten der damals gegründeten Münchner Universität von der neuen bayerischen Verwaltung aufgehoben. Anstelle der Hohen Schule wurde in Salzburg zwar ein Lyzeum gegründet, das sich in eine philosophische und eine theologische Abteilung gliederte. Das Lyzeum war allerdings in rechtlicher Hinsicht einer Universität nicht gleichgestellt. Erst als es 1850 aufgelöst wurde, erhielt Salzburg eine staatliche Katholisch-Theologische Fakultät, die im September 1938 von den nationalsozialistischen Machthabern geschlossen wurde. Eine gewisse Kontinuität in der Lehre konnte diese Institution vorerst nur deshalb bewahren, weil sie bis Jänner 1942 als Diözesan-Lehranstalt weitergeführt werden konnte. Die Theologische Fakultät wurde nach dem Ende des Zweiten Weltkriegs im Wintersemester 1945 wiedereröffnet.[3]

Die Salzburger katholische Universitätsbewegung hatte sich bereits im 19. Jahrhundert das Ziel gesetzt, die 1810 geschlossene Benediktineruniversität wieder zu beleben. In den 1920er-Jahren erlebten die katholischen Universitätspläne einen neuen Auftrieb. Hierfür sorgte vor allem Ignaz Seipel, der von 1909 bis 1917 als Professor für Moraltheologie in Salzburg gewirkt hatte. Als österreichischer Bundeskanzler hielt Seipel anlässlich der 300-Jahrfeier der Theologischen Fakultät im Jahr 1923 eine Rede, in welcher er diese als eine „Keimzelle für eine neue ‚Alma mater'" in Salzburg bezeichnete.[4] Nachhaltig für die katholische Universitätsidee wirkten auch die Salzburger Hochschulwochen, die erstmals im Sommer 1931 stattfanden und die von den katholischen Laienverbänden Deutschlands zusammen mit dem erzbischöflichen Stuhl und der Theologischen Fakultät in Salzburg getragen wurden.[5]

In der Zeit des NS-Regimes wurde der Salzburger Katholische Hochschulverein für aufgelöst erklärt, sein Vereinsvermögen wurde eingezogen und der Berliner Ahnenerbe-Stiftung übergeben. Erst nach 1945 lebte das katholisch geprägte geistige Leben in Salzburg neuerlich auf. Die Besinnung auf die christlichen Wurzeln des „Abendlands" entsprach dem Zeitgeist der späten 1940er- und der 1950er-Jahre und schuf damit günstige Bedingungen für die Entfaltung katholischer Intellektualität. Die katholische Universitätsbewegung in Salzburg musste jedoch in den späten 1950er-Jahren eingestehen, dass sich das gesellschaftliche Umfeld deutlich zuungunsten des konzeptionellen Ansat-

---

3 Vgl. Ewald Hiebl, Zwischen Kirche und Staat – Salzburger Lyzeum, Theologische Fakultät und Universitätsbestrebungen 1810–1962, in: Salzburg Archiv 12 (1991), 263–292.

4 Zit. nach Alfred Rinnerthaler, Von der barocken Benediktiner- zur Staatsuniversität. Vom Werden der Salzburger „Alma Mater", in: Heinrich de Wall/Michael Germann (Hg.), Bürgerliche Freiheit und christliche Verantwortung. Festschrift für Christoph Link zum siebzigsten Geburtstag, Tübingen 2003, 787–826, hier 807.

5 Ebd., 807–809; 811.

zes einer katholischen Universität gewandelt hatte. Im Jahr 1960 wurde daher ein Proponentenkomitee ins Leben gerufen, das sich die „Wiedererrichtung" einer staatlichen Universität Salzburg zum Ziel setzte.

Hinter dieser Vorgehensweise stand eine erfolgreiche politische Strategie der Salzburger Landespolitik, die damit argumentierte, dass die Universität Salzburg keine „Neugründung" darstellen würde. Die Salzburger Proponenten lehnten es deshalb auch ab, einen Hochschulfonds einzurichten, wie ihn die Stadt Linz und das Land Oberösterreich für die Errichtung ihrer Hochschule gegründet hatten. Gegenüber dem Bund verwiesen sie auf die Universitäten von Graz und Innsbruck. Innsbruck war nämlich bereits 1826 und Graz 1827 wiedererrichtet worden, nachdem beide Universitäten jeweils in josephinischer Zeit aufgehoben worden waren. Folglich wurde Salzburg unter Rückgriff auf die benediktinische Tradition und das Argument, dass die alte Universität zugleich eine „staatlich" gestützte Landesuniversität gewesen sei, 1962 staatlich wiedererrichtet. Die neue Universität sollte vor allem dazu beitragen, das drängende strukturelle Problem der „Überfüllung" der österreichischen Hochschulen zu lösen. Damit ließ sich auch die Unterstützung der Wiener Stellen erreichen, die den Salzburger Universitätsbestrebungen zunächst skeptisch gegenüberstanden waren.[6]

Dem Proponentenkomitee, das die „Wiedererrichtung" der Universität Salzburg vorantreiben sollte, gehörten neben Landeshauptmann Josef Klaus (1949–1961, ÖVP) der Salzburger Erzbischof Andreas Rohracher, der Bürgermeister von Salzburg Alfred Bäck (1957–1970, SPÖ), der Präsident des Mozarteums Eberhard Preußner sowie der Dekan der Theologischen Fakultät Benedikt Probst an. Die Theologische Fakultät nahm im Zuge der Verhandlungen für sich in Anspruch, dass sie zusammen mit dem Proponentenkomitee die ersten Lehrkanzeln bestimmen würde. Dabei sollte „jede Art einer Anlehnung an eine politische Partei ausgeschlossen bleiben".[7] Die Proponenten der Universität Salzburg waren sich darin einig, dass sie in Salzburg eine klassische „Volluniversität" errichten wollten. An die in Salzburg bestehende Katholisch-Theologische Fakultät sollten daher zunächst eine Philosophische Fakultät und dann sukzessive mittels eigener Bundesgesetze eine Juridische und eine Medizinische Fakultät angegliedert werden. Letztere propagierte vor allem die SPÖ, da sie sich

---

6 Vgl. Ernst Hanisch, Die Wiedererrichtung der Universität 1962 im historischen Kontext, in: Reinhold Reith (Hg.), Die Paris Lodron Universität Salzburg. Geschichte, Gegenwart, Zukunft, Salzburg/Wien 2012, 81–89.
7 Konferenz vom 13.3.1962, 127. Universität Salzburg, Theologische Fakultät, Fakultätsbüro, Fakultätsprotokolle 1908–1967.

von dieser versprach, der von ihr weiterhin befürchteten katholischen „Weltanschauungsuniversität" entgegenwirken zu können.[8]

Innerhalb des Proponentenkomitees kam zweifellos dem Landeshauptmann eine maßgebliche Rolle zu. Als Hans Lechner (1961–1977, ÖVP) im April 1961 Josef Klaus, der als Finanzminister nach Wien wechselte (1961–1963), in der Funktion des Landeshauptmanns nachfolgte, nahm er auch dessen Sitz im Proponentenkomitee ein. Lechner erwies sich wie zuvor Klaus als hartnäckiger Befürworter des Salzburger Universitätsgedankens. So forderte der neue Landeshauptmann am 15. Mai 1961 anlässlich einer Feier zur hundertjährigen Zugehörigkeit des Landes Salzburg zu Österreich in Anwesenheit des Bundespräsidenten und der Bundesregierung ausdrücklich, dass in Salzburg eine staatliche Universität errichtet werden solle.[9]

Am 5. Juli 1962 beschloss der österreichische Nationalrat einstimmig eine Novelle des Hochschul-Organisationsgesetzes, mit der die Universität Salzburg und die Linzer Hochschule für Sozial- und Wirtschaftswissenschaften in die Auflistung der bestehenden Hochschulen aufgenommen wurden. Dieses Gesetz trat mit 1. Oktober 1962 in Kraft.[10] Die Inauguration eines gewählten Rektors sowie die Aufnahme des Lehrbetriebs an der neuen Philosophischen Fakultät der Alma Mater Paridiana sollten allerdings noch bis ins Jahr 1964 auf sich warten lassen.[11]

Die Errichtung der Salzburger Universität und der Linzer Hochschule war das Ergebnis eines politischen Junktims. Aus dem Gesetzestext geht dieser Sachverhalt nur indirekt hervor, indem im Art. I (1) darauf hingewiesen wird, dass beide Universitäten gemeinsam gegründet wurden. In der politisch heiklen Konkurrenzsituation mit dem Land Oberösterreich und der Stadt Linz, die eine Hochschule für Sozial- und Wirtschaftswissenschaften gründen wollten, hatte sich der Wechsel von Klaus nach Wien für die Salzburger Bestrebungen bezahlt gemacht. Klaus hatte sich nämlich als Finanzminister weiterhin nachdrücklich für die Universität Salzburg eingesetzt. Indem er die Linzer Hochschulpläne im Ministerrat mit der Salzburger Universitätsgründung verband, hatte er entscheidend dazu beigetragen, auch finanziell begründete Bedenken von Unter-

---

8 Maria Wirth, Vorgeschichte, Entstehung und Entwicklung der Johannes Kepler Universität Linz, in: Dies./Andreas Reichl/Marcus Gräser, 50 Jahre Johannes Kepler Universität Linz. Eine „Hochschule neuen Stils", Wien/Köln/Weimar 2016, 25–209, 79.

9 Vgl. Rinnerthaler, Von der barocken Benediktiner- zur Staatsuniversität, 823.

10 Vgl. BGBl. 188/1962.

11 Vgl. aus der reichhaltigen Literatur zur Gründungsgeschichte der Universität Salzburg u. a.: Max Kaindl-Hönig/Karl Heinz Ritschel, Die Salzburger Universität 1622–1964, Salzburg 1964; Franz Horner, Die Entwicklung der Wissenschaft, in: Herbert Dachs (Hg.), Die Ära Lechner. Das Land Salzburg in den sechziger und siebziger Jahren, Salzburg 1988, 481–508, 481–487; Rinnerthaler, Von der barocken Benediktiner- zur Staatsuniversität, 823–824.

richtsminister Heinrich Drimmel (1954–1964, ÖVP) zu zerstreuen.[12] Landeshauptmann Lechner hatte dieses taktisch begründete Vorgehen zusätzlich dadurch unterstützt, indem er im November 1961 persönlich bei Drimmel vorgesprochen und mit seinem Rücktritt gedroht hatte, falls die Salzburger Universitätsforderungen nicht erfüllt werden sollten.[13]

II.   Der katholische Geist und der Gründungsdiskurs an der Paris-Lodron-Universität Salzburg

In dem vorliegenden Beitrag wird das „Katholische" als eine „Chiffre" verstanden, die für die Darstellung wesentlicher Aspekte des Zeitgeists der 1950er- und frühen 1960er-Jahre von Bedeutung ist: Denn einerseits suchten vor allem die christlich-konservativ und ehemals katholisch-national geprägten „Gründerprofessoren" der Universität Salzburg an ältere geistes- und kulturgeschichtliche Traditionen anzuknüpfen, die über die Gräuel der totalitären Diktaturen des 20. Jahrhunderts hinweg Sinn verleihen sollten. Begriffe wie „Abendland" und „Europa" wurden so katholisch wie auch antikommunistisch codiert.[14] Der barock-gegenreformatorisch geprägte Universitätsstandort Salzburg schien für die „Abendländer" geradezu ideal zu sein. Andererseits markierte diese Ära auch einen intellektuellen Aufbruch, der tradierte Sinnhorizonte zu hinterfragen schien. Hierbei spielte auch das von 1962 bis 1965 in Rom tagende Zweite Vatikanische Konzil eine wichtige Rolle, das in katholischen Kreisen für eine breite Reformdebatte sorgte. In Salzburg war die katholische Erneuerungsbewegung aber weniger an der neu errichteten Universität, sondern eher außerhalb, etwa im Rahmen der 1965 erstmals veranstalteten Humanismusgespräche des ORF,[15] zu beobachten.

Bei dieser zuletzt genannten Gesprächsreihe meldeten sich nur einzelne Vertreter der „Gründergeneration" der Universität Salzburg zu Wort. Zu diesen zählten namentlich der einflussreiche Rechts- und Staatswissenschaftler René Marcic sowie der Dominikanermönch und Politikwissenschaftler Franz-Martin Schmölz. Aber auch der Psychologe Wilhelm Revers trat 1978 beim „9. Salzburger Humanismusgespräch" als Redner auf. Revers kritisierte die von ihm

---

12 Vgl. Josef Thonhauser, Die Entwicklungen im Bildungsbereich, in: Ernst Hanisch/Robert Kriechbaumer (Hg.), Salzburg. Zwischen Globalisierung und Goldhaube, Wien/Köln/Weimar 1997, 554–610, 574–575.

13 Vgl. u. a.: Hanisch, Die Wiedererrichtung, 81–82.

14 Vgl. u. a.: Vanessa Conze, Das Europa der Deutschen: Ideen von Europa in Deutschland zwischen Reichstradition und Westorientierung (1920–1970), München 2005.

15 Vgl. hierzu Herbert Dachs, Aufklärung und menschliches Maß. 25 Jahre Humanismusgespräche 1965 bis 1990, Salzburg o. J. [1991].

konstatierte „szentistische Einäugigkeit", womit er sich gegen als positivistisch
verstandene Tendenzen in der Forschung wandte. Er plädierte aus einer kul-
turpsychologischen und anthropologischen Sichtweise heraus vielmehr für die
„Unmittelbarkeit des Staunens", die neuerlich entdeckt werden sollte.[16]

Doch welchen Auftrag suchten die Proponenten der neuen staatlichen Salzburger Universität in die Wiege zu legen? Minister Heinrich Drimmel wollte den
Universitätsgedanken in Salzburg ausdrücklich mit einer aus seiner Sicht
„zeitnahen Aufgabe" verbinden: Drimmel ging es darum, der „Vermassung des
an wenigen Punkten konzentrierten Universitätsbetriebes" entgegenzuwirken
und „eine neue Form der Verbindung von Forschung, Lehre und akademischer
Erziehung" zu schaffen.[17] Drimmel vertrat einen elitären Standpunkt, der einen
konservativ geprägten humanistischen Bildungsbegriff favorisierte und diesen
mit dem Anliegen eines „erzieherischen" Einwirkens der Universität auf die
Studierenden verknüpfen wollte. Hingegen hob der Salzburger Landeshauptmann Hans Lechner vor allem die Interessen hervor, die das Land Salzburg mit
der Universität verknüpfte. Lechner hoffte, dass mit der neuen Universität „dem
geistigen Leben unseres Landes Persönlichkeiten zuwachsen" würden, die „das
kulturelle Leben" Salzburgs mitgestalten sollten. Darüber hinaus sollte die
Universität einen „Kristallisationspunkt" für die wissenschaftlichen Aktivitäten
in Salzburg bilden.[18]

Auch wenn die oben zitierten, anlässlich der feierlichen Inauguration der
neuen Universität getätigten Aussagen der beiden Politiker eher vage blieben,
deuten sie doch auf eine stark konservativ geprägte Erwartungshaltung hin, die
maßgebliche Proponenten gegenüber der neuen Hochschule einnahmen. Der
„katholische Geist" an der frühen Alma Mater Paridiana lässt sich indes eher an
einigen Aspekten des „Gründungsdiskurses", aber auch an der Auswahl der
neuen Professoren festmachen.

So beriet der am 10. Jänner 1964 konstituierte erste akademische Senat nicht
nur über die Wahl der richtigen „Roben" für die – damals noch ausschließlich
männlichen – Professoren, sondern auch über die Namensgebung der neuen
Universität. Der Geograph und im Studienjahr 1964/65 erste gewählte Rektor
Egon Lendl schlug dabei den 1541 in Salzburg verstorbenen schweizerisch-
österreichischen Arzt und Alchemisten Paracelsus als „Patron" vor, zu dem es in
Salzburg bereits eine reichhaltige, auch von den Nationalsozialisten instru-
mentalisierte Forschungstradition und Gedenkkultur gab. Der Senat entschied
sich aber für den einstigen Gründer der Benediktineruniversität, Fürsterzbi-

---

16 Vgl. ebd., 29, 52, 96.
17 Heinrich Drimmel, Salzburg als Universitätsstadt, in: Österreichische Hochschulzeitung 14
    (1962) 18, 1.
18 Hans Lechner, Das Land Salzburg und seine Universität, in: Österreichische Hochschul-
    zeitung 14 (1962) 18, 1.

schof Paris Graf von Lodron, als Namensgeber. Hierfür war ein Gutachten des Landesarchivars Franz Klein ausschlaggebend, der den Namen von Paris Lodron vorgeschlagen hatte.[19]

In der Folge schien nicht zuletzt die Namenswahl der Alma Mater Paridiana bereits vorhandene Befürchtungen zu bestätigen, dass die neue Universität eine stark katholisch geprägte Ausrichtung haben würde. Vor allem innerhalb der Salzburger SPÖ artikulierten sich Bedenken, dass die Universität sogar „eine ausschließlich klerikale Angelegenheit" werden könnte.[20] Karl Schmidt, der Salzburger Obmann des Bundes Sozialistischer Akademiker (BSA), ging in dieser Hinsicht noch einen Schritt weiter. Schmidt fürchtete, dass „die angeblich vermiedene katholische Universität sich an dieser weltlichen Fakultät besser verwirklicht als an der theologischen". Aus seiner Sicht bestand die Gefahr, dass die neu errichtete Philosophische Fakultät eine Art Trojanisches Pferd bildete, über welches die offiziell von der katholischen Kirche nicht mehr betriebene katholische Universität doch realisiert werden könnte.[21]

Die maßgeblichen Repräsentanten der „Gründergeneration" der 1960er-Jahre thematisierten derartige Befürchtungen in der Regel nicht. Sie betonten stattdessen die „Humanrelevanz" der an der neuen Universität gelehrten Fächer und Disziplinen. So heißt es etwa in dem Artikel „Idee und Leitbild der Universität Salzburg" der Festschrift „Gedanke und Gestalt", den Rektor und Akademischer Senat der Universität unterzeichneten, dass die Universität Salzburg ihre Forschungsakzente unter diesem Gesichtspunkt bilden würde.[22] Dieser Text trägt erkennbar die Handschrift des früheren Chefredakteurs der „Salzburger Nachrichten" und nunmehrigen Ordinarius für Rechts- und Staatsphilosophie René Marcic, der im Studienjahr 1966/67 das Amt des Rektors der Universität Salzburg bekleidete.[23] Auch der Salzburger Erzbischof Andreas Rohracher, der dem Proponentenkomitee der zu errichtenden Salzburger Universität angehört hatte, betonte diese Zielsetzung. In Salzburg entstehe „ein neues Zentrum akademischer Arbeit", dessen „geistiger Aufbauplan" „die Beziehung auf den Menschen in besonderer Weise sichtbar werden" lasse. Rohracher wünschte sich von der

---

19 Konstituierung des Akademischen Senates der Universität Salzburg, Protokoll der ersten Sitzung, 30.1.1964, 2. Universitätsarchiv Salzburg (UAS), Senatsprotokolle.
20 Josef Kaut an Christian Broda, 4.2.1964. Österreichische Nationalbibliothek (ÖNB), Handschriftensammlung (HS), Archiv Christian Broda (AChB), III.83.
21 Karl Schmidt, Der bedrohte Geist der Fakultät. Alma mater Paridiana zwischen Einseitigkeit und Provinzialismus, Demokratisches Volksblatt, 24.2.1966.
22 Rektor und Senat der Universität Salzburg, Idee und Leitbild der Universität Salzburg, in: Adolf Haslinger (Red.), Gedanke und Gestalt, Salzburg 1967, 10–17, 12.
23 Vgl. zu Marcic u.a.: Siegfried Göllner, Zwischen „berührender Versöhnlichkeit" und „Nazi-Propaganda". Journalismus im Nachkriegs-Salzburg, in: Alexander Pinwinkler/Thomas Weidenholzer (Hg.), Schweigen und erinnern. Das Problem Nationalsozialismus nach 1945, Salzburg 2016, 266–311, 284–287.

Universität, dass diese „dem Ideal einer wahren universitas litterarum" (d. h. einer „Volluniversität") nachstrebe.[24]

Der von Rohracher angesprochene „geistige Aufbauplan" war eng mit der Entwicklung eines „Profils" für die neue staatliche Universität verbunden. Zunächst war diese Frage allerdings nicht im Vordergrund der Erwägungen gestanden; möglicherweise lag dies daran, weil in Salzburg die Planungen für eine „katholische Universität" noch bis um 1960 dominiert hatten. Die Suche nach einem „Salzburger Profil" war jedenfalls spätestens in den Jahren, die auf die „Wiedererrichtung" folgten, konstitutiv für den „Gründungsdiskurs". Ein konzeptionell-inhaltliches Profil sollten die „Gründerprofessoren" nach den Worten des Unterrichtsministers Theodor Piffl-Perčević (1964–1969, ÖVP) selbst suchen. Im Kern ging es dabei um den Anspruch, die „Humaniora" als einen Fächer übergreifenden Schwerpunkt zu etablieren und einen engen Austausch von „Lehrenden und Lernenden"[25] zu ermöglichen. René Marcic sprach in diesem Zusammenhang vom Menschen als dem „zentrale[n] Thema der Gegenwartsgesellschaft", von der „Idee einer Universalgesellschaft als integrierendem Bestandteil einer modernen Universität".[26] Als „Leuchttürme" der Salzburger Universität sollten demnach Disziplinen wie Politikwissenschaft, Rechtsphilosophie und Geschichtswissenschaften interdisziplinär miteinander kooperieren. Tatsächlich beteiligten sich die bereits seit dem Wintersemester 1964/65 in Salzburg lehrende Zeithistorikerin Erika Weinzierl und Professoren wie etwa Franz-Martin Schmölz an den interfakultären und interdisziplinären Seminaren, die Marcic nach Bochumer Vorbild an der Salzburger Universität etablierte.[27] Der diskursive Hintergrund bestand in dem damals viel diskutierten Anliegen, die „erstarrten Fakultätsgrenzen" zu überwinden.[28]

Indem die Salzburger GründerprofessorInnen sich unter dem – hier bereits erwähnten – Schlagwort der „Humanrelevanz" vornehmlich auf den Menschen in seinen sozio-kulturellen Kontexten als Objekt der Forschung bezogen, beabsichtigten sie vor allem geisteswissenschaftliche Disziplinen und For-

---

24 Andreas Rohracher, Die Wissenschaft in Salzburg und das Erzbistum, in: Österreichische Hochschulzeitung 14 (1962) 18, 2.

25 Vgl. René Marcic, Dekanatsbericht für das Studienjahr 1965/66, in: Österreichische Hochschulzeitung 18 (1966) 18, 11.

26 Protokoll der außerordentlichen Sitzung des Professorenkollegiums der Philosophischen Fakultät der Universität Salzburg, 11. 5. 1967, 4. UAS, Philosophische Fakultät, Sitzungsprotokolle.

27 Vgl. zur Anlehnung an das Bochumer Departmentsystem auch: Universität in katastrophaler Finanznot, Demokratisches Volksblatt, 4. 10. 1966.

28 Vgl. Marcus Gräser, Reformuniversität? Entlastungsuniversität? Eine „Hochschule neuen Stils"!, in: Maria Wirth/Andreas Reichl/Ders., 50 Jahre Johannes Kepler Universität Linz. Eine „Hochschule neuen Stils", Wien/Köln/Weimar 2016, 9–24, 16.

schungsfelder zu fördern.[29] Diese Denkrichtung war letztlich einem katholischen Universalismus verpflichtet. Marcic schloss daran zwar an, jedoch setzte er auch neuartige Akzente, die seine intellektuelle Auseinandersetzung mit damals aktuellen Tendenzen der europäischen Hochschulreformbewegung spiegelten. So wurzelte zwar auch Marcic in der geistigen Ideenwelt eines als christlich verstandenen „Abendlands". Sein konzeptioneller Ansatz, die Salzburger Universität in Richtung einer stärkeren „Einheit von Lehrenden und Lernenden" weiterzuentwickeln, vor allem aber seine Idee, interdisziplinäre und interfakultäre Seminare und Diskussionsrunden zu etablieren, in welchen relativ frei über grundlegende Fragen debattiert werden konnte, wies über das gängige Selbstverständnis einer Ordinarienuniversität alten Zuschnitts indes deutlich hinaus.[30]

III. Zur Frage der politischen Profilierung der Salzburger „Gründergeneration"

Die zeitgenössisch vielfach diskutierten Differenzen zwischen politisch „rechts" und „links", von „konservativ" und „fortschrittlich" sollen keineswegs eingeebnet werden; hier interessieren aber auch die oft interessengeleiteten Koalitionen, die innerhalb der Universität dies- und jenseits ideologischer Grenzlinien eingegangen wurden. So bezeichnete Marcic seine Salzburger Lehrkanzel als jene Forschungsstätte, „wo die ersten Sozialisten ihre Habilitation für politische Wissenschaften" einleiten würden,[31] nämlich die beiden – vorsichtig formuliert – „wandlungsreichen" Intellektuellen Norbert Leser und Günther Nenning.[32] Marcic nützte seine Parteigrenzen überschreitenden Netzwerke auch dazu, um mittels eines von ihm angelegten „grauen Fonds" die finanzielle Ausstattung seines Instituts zu verbessern; Geldmittel lukrierte er so etwa von der Bank für Arbeit und Wirtschaft (BAWAG), die 1922 vom früheren Staatskanzler Karl Renner als „Arbeiterbank" gegründet worden war. Nicht zuletzt kooperierte Marcic eng mit dem sozialdemokratischen Arbeitsrechtler Hans Floretta als Senatsbeauftragten für den Aufbau der Rechts- und Staatswissen-

---

29 Rohracher, Die Wissenschaft.
30 Vgl. auch Marcic, Dekanatsbericht, in: Österreichische Hochschulzeitung 18 (1966) 18, 11; Das interfakultäre Institut für Politikwissenschaft, in: Festschrift Universität Salzburg 1622–1962–1972, hg. vom Akademischen Senat, Salzburg 1972, 233–237.
31 René Marcic an Fritz Klenner, 14.7.1964. Salzburger Landesarchiv (SLA), Nachlass René Marcic, Kt. 9, Korrespondenz 1964/65.
32 Vgl. Trautl Brandstaller, Norbert Leser – der SPÖ ungeliebter Historiker, in: Europäische Rundschau 1/2015, URL: https://austria-forum.org/af/Wissenssammlungen/Essays/Geschich te/Leser%2C_Norbert (abgerufen 17.9.2018).

schaftlichen Fakultät.[33] Eine Nagelprobe für die koalitionären Abmachungen
bildete vor allem die Rechts- und Staatswissenschaftliche Fakultät, die im
Wintersemester 1965/66 ihren Lehrbetrieb aufnahm. Für die ersten Berufungen
an die neue Fakultät waren die Professoren Wolfgang Waldstein (Römisches
Recht) und Carl Holböck (Kirchenrecht) „für die konservative Seite", Ernst C.
Hellbling (Österreichische Verfassungs- und Verwaltungsgeschichte) sowie
Hans Floretta (Arbeits- und Sozialrecht) „als den Sozialisten nahestehende
Wissenschafter" vorgesehen. Die weiteren Berufungen sollten von diesem Ver-
hältnis 2:2 ausgehend weiter voranschreiten – eine heikle politische Vereinbarung im Zeichen des Proporzes zwischen ÖVP und SPÖ, die ein hohes Maß an
gegenseitigem Vertrauen erforderte, um längerfristig Bestand zu haben.[34]

Konservativ-bürgerlich und ehemals deutschnational-völkisch geprägte
akademische Milieus waren ungeachtet der oben geschilderten Entwicklungen,
die auf allmählich verbesserte Berufungschancen für sozialdemokratisch orientierte WissenschaftlerInnen hindeuteten, in den 1960er-Jahren an österreichischen Hochschulen und Universitäten weiterhin überproportional stark
vertreten. Dies kann als eine langfristige Folge politisch und rassistisch moti-
vierter Säuberungsmaßnahmen gelten, die seit den 1920er-Jahren die Universitäten zusehends provinzialisiert hatten.[35] Für die Sozialdemokraten bestand
somit ein erheblicher Nachholbedarf, aus ihrer Sicht „fortschrittlich" gesinnte
WissenschaftlerInnen an die Universitäten zu berufen. In dem 1967 veröffent-
lichten Band „Beiträge zur Hochschulfrage" meldeten sich hierzu namhafte
SPÖ-nahe Hochschullehrer zu Wort, darunter der Salzburger Historiker Fritz
Fellner und der Arbeits- und Sozialrechtler Hans Floretta. Als Herausgeber
fungierte Heinz Fischer, der sich in der „Affäre Borodajkewycz" um den Wiener
antisemitischen und deutsch-völkischen Wirtschaftshistoriker Taras Borodajkewycz einen Namen gemacht hatte.[36] In diesem Band formulierte der
spätere Bundespräsident wörtlich: „Jeder, der nicht dem Establishment angehört, wird als akute Gefahr für die mühsam gezüchtete konservative Monokultur
betrachtet und wie ein gefährlicher, ansteckender Bazillenträger bekämpft".
Denn nur „eine Minderheit fortschrittlicher Professoren und Studenten [...]"
würde Fischer zufolge „dem vorherrschenden akademischen Geist Widerstand"

---

33 Vgl. René Marcic/Hans Floretta, Aufbauplan für die ersten Semester und die Schaffung der
    ersten Lehrkanzeln an der Juridischen Fakultät der Universität Salzburg, 31. 3. 1965. SLA,
    Nachlass René Marcic, Kt. 11.
34 Heinz Fischer an Bruno Pittermann, 28. 7. 1965. ÖNB, HA, AChB, III.87.
35 Vgl. Johannes Koll (Hg.), „Säuberungen" an österreichischen Hochschulen 1934–1945.
    Voraussetzungen, Prozesse, Folgen, Wien/Köln/Weimar 2017.
36 Vgl. Heinz Fischer (Hg.), Einer im Vordergrund: Taras Borodajkewycz. Unveränderter
    Nachdruck der Ausgabe 1966, Wien 2015.

entgegensetzen und zu retten versuchen, „was noch vom einstigen Weltruf unserer Hochschulen und von deren Tradition zu retten ist".[37]

Fischer und seine Mitstreiter beschränkten sich nicht darauf, die bestehenden Zustände teils heftig zu kritisieren. Sie forderten darüber hinaus eine Öffnung der Hochschulen, die sich nicht zuletzt in einer Förderung der sozialwissenschaftlichen und technischen Disziplinen niederschlagen sollte. So bestand für Fischer das Problem der österreichischen Hochschullandschaft generell in der „Diskrepanz zwischen wirtschaftlich-technisch-zivilisatorischem Fortschritt und der Beharrungskraft des österreichischen Bildungswesens".[38] Dies sah auch der hier bereits erwähnte Salzburger BSA-Obmann Karl Schmidt so: Bereits 1966 schlug Schmidt vor, an der Universität Salzburg Lehrkanzeln für Soziologie, Politikwissenschaft sowie Wirtschafts- und Sozialgeschichte einzurichten.[39] Mit der Gründung des Instituts für Soziologie und Kulturwissenschaft wurde an der Universität Salzburg 1968 auch das erste geisteswissenschaftlich ausgerichtete Studienfach Soziologie in Österreich eingerichtet. Der erstberufene Soziologe Mohammed Rassem war aber ein dezidiert konservativ geprägter Wissenschaftler, der ein früherer Assistent des Kunsthistorikers Hans Sedlmayr gewesen war.[40]

Angesichts der meist „engen" Verhältnisse an den österreichischen Hochschulen, die sich in den beschränkten wissenschaftlichen Arbeits- und Denkrichtungen und einer mangelnden Einbindung in den internationalen Fachdiskurs zeigten, ist es kaum verwunderlich, dass es auch bei der Berufung von ProfessorInnen an die neu gegründeten Universitäten einer Öffnung bedurfte: Zu den angedeuteten „hausgemachten" Problemen in Österreich selbst kam allerdings zusätzlich eine Verknappung des „Berufungsmarktes" durch den damals forcierten Hochschulausbau in der Bundesrepublik Deutschland,[41] der dort einen hohen Nachfrageschub auslöste. WissenschaftlerInnen aus Deutschland vermochten weitaus höhere Ansprüche zu stellen, da sie in der Bundesrepublik ein höheres Gehalt und bessere Bedingungen als in Österreich erwarten

---

37 Heinz Fischer, Universität zwischen Tradition und Fortschritt, in: Ders. (Hg.), Versäumnisse und Chancen. Beiträge zur Hochschulfrage in Österreich, Wien 1967, 204–231, 204–206.

38 Fritz Fellner, Restauration oder Fortschritt. Hochschulprobleme aus der Sicht des Historikers, in: Heinz Fischer (Hg.), Versäumnisse und Chancen. Beiträge zur Hochschulfrage in Österreich, Wien 1967, 11–28, 12.

39 Karl Schmidt, Memorandum über die Errichtung einer Lehrkanzel für Soziologie an der Philosophischen Fakultät der Universität Salzburg; Memorandum über die Errichtung einer Lehrkanzel für Wirtschafts- und Sozialgeschichte an der Philosophischen Fakultät der Universität Salzburg, jeweils April 1964. SLA, Nachlass René Marcic, Kt. 11.

40 Vgl. Universität Salzburg, Geschichte der Abteilung Soziologie, URL: https://www.uni-salzburg.at/index.php?id=49459&MP=93-44799 (abgerufen 9.10.2018).

41 Vgl. Moritz Mälzer, Auf der Suche nach der neuen Universität. Die Entstehung der „Reformuniversitäten" Konstanz und Bielefeld in den 1960er Jahren, Göttingen 2016.

konnten.[42] Es war daher umso schwieriger, westdeutsche Gelehrte nach Österreich zu berufen. Zudem hatten die bestehenden österreichischen Universitäten kein Interesse daran, dass ihre Lehrkräfte wegberufen wurden.

Salzburg konnte gegenüber den zu Berufenden mit seinem „Asset" der Kultur- und Festspielstadt sowie dem Verweis auf die euphorische Aufbruchsstimmung an einer jungen Universität punkten.[43] Salzburgs „symbolisches Kapital" reichte jedoch nicht aus, um die von Landeshauptmann Lechner für die Universität eingeforderten europäischen „Kapazitäten"[44] gewinnen zu können. Als hinderlich erwiesen sich hierbei nicht zuletzt praktische Probleme wie die Wohnungssuche, bei der das Land Salzburg nur begrenzt helfen konnte.[45] Besonders in der Anfangsphase wurden daher oft österreichische Fachvertreter nach Salzburg berufen, obgleich die Professorenkollegien, die die Dreiervorschläge an das Ministerium zu erstellen hatten, auch an westdeutschen Universitäten tätige KollegInnen auf die Berufungslisten gesetzt hatten.

Auch was die Rückholung von emigrierten HochschullehrerInnen und WissenschaftlerInnen betraf, zeigten sich die Folgen der langfristig festzustellenden Eigenrekrutierung der österreichischen Universitäten.[46] Die Salzburger Katholisch-Theologische Fakultät hatte bereits 1947 den Patristiker und Liturgiewissenschaftler Thomas Michels wieder in ihren Personalstand integriert, der am frühen Morgen des 12. März 1938 als Exponent des „ständestaatlichen" Regimes und deklarierter Gegner der Nationalsozialisten Salzburg fluchtartig verlassen hatte und später in die USA emigriert war.[47] Auch der 1941 aus dem besetzten Frankreich in die USA geflüchtete und 1964 an die Universität Salzburg berufene katholische Philosoph Balduin Schwarz hatte einen „Remigrationshintergrund".[48] „Zurückberufene" wie Michels oder Schwarz verfügten zwar unleugbar über individuelle Verdienste, aber sie entwickelten sich nie zu „Aushängeschildern", die der Universität Salzburg zu überregionaler Bedeutung verholfen hätten. Zumindest ein fachlich angesehener Remigrant nahm allerdings nach

---

42 Vgl. auch Wolfgang Waldstein, Mein Leben. Erinnerungen, Illertissen 2013, 165.
43 Umgekehrt sollte auch die sanierungsbedürftige Salzburger Altstadt von der Universität profitieren. Vgl. Die Universität bedeutet lebendiges Kapital für Salzburg, Salzburger Volksblatt, 4. 10. 1966.
44 Vgl. Lechner, Nur Kapazitäten!, Salzburger Nachrichten, 23. 9. 1963.
45 Vgl. Vertrauen in die Improvisation. Fortschritte beim Aufbau der neuen Salzburger Universität, Die Presse, 8./9. 8. 1964.
46 Vgl. „Ein Testfall", Die Presse, 27./28. 6. 1964.
47 Vgl. Alexander Pinwinkler, Remigration als eine Rückkehr zum Status quo ante? P. Thomas Michels OSB (1892–1979) zwischen den Vereinigten Staaten, Österreich und Deutschland, in: Katharina Prager/Wolfgang Straub (Hg.), Bilderbuch-Heimkehr? Remigration im Kontext, Wuppertal 2017, 291–301.
48 Vgl. Otto Neumaier, Leben und Werk von Balduin Schwarz, in: Josef Seifert/Fritz Wenisch/ Edgar Morscher (Hg.), Vom Wahren und Guten. Festschrift für Balduin Schwarz zum 80. Geburtstag, Salzburg 1982, 3–6.

seiner Emeritierung an der Universität Freiburg 1969 als Gastprofessor seinen Dienst in Salzburg auf: der Ökonom und Sozialphilosoph Friedrich August Hayek, der einer der bekanntesten Vertreter der Österreichischen Schule der Nationalökonomie war. Hayek verließ die Universität Salzburg allerdings 1977, da er an ihr nicht das Echo und wissenschaftliche Umfeld erfahren hatte, das er sich von seiner Salzburger Wirkungsstätte erwartet hatte.[49]

Die in den ersten Jahren des Bestands der Universität Salzburg vor allem von sozialdemokratischer Seite geäußerten Befürchtungen, dass die Berufungen eine konservative Schlagseite aufweisen würden, wurden hier bereits angesprochen. Fritz Fellner ist als 1964 berufener „Nicht-Katholik" jedoch ebenso anzuführen wie die bereits 1966 bzw. 1968 an die Rechts- und Staatswissenschaftliche Fakultät berufenen SPÖ-Parteigänger Hans Floretta und Kurt Ringhofer. Letzterer sollte später neben seiner Tätigkeit als Universitätsprofessor das Amt eines Vizepräsidenten des Verfassungsgerichtshofs ausüben.[50] Nicht zuletzt sollte die relative Breite des „Katholischen" nicht unterschätzt werden: So erwarb sich die liberale Katholikin Erika Weinzierl große Verdienste durch ihre Forschungen zur Rolle der katholischen Kirche im Nationalsozialismus sowie zum Antisemitismus. Ab 1964 leitete Weinzierl das Institut für kirchliche Zeitgeschichte in Salzburg, das institutionell zum Internationalen Forschungszentrum für Grundfragen der Wissenschaften (IFZ) gehörte. Vom IFZ, das 1961 als Kompensation der nicht realisierten katholischen Universität in Salzburg als Forschungsinstitut kirchlich errichtet worden war, kam Weinzierl 1967 zunächst als außerordentliche und ab 1969 als ordentliche Professorin an die Salzburger Universität.[51] Immerhin ist hier somit festzuhalten, dass die tradierten Strukturen an den Hochschulen in den 1960er-Jahren zwar grundsätzlich noch bestanden. Der innerösterreichische „Berufungsmarkt" schien jedoch bereits in Bewegung gekommen zu sein. Auch in dem Bereich der Rekrutierung von HochschullehrerInnen schlug sich damit das Bild einer widersprüchlich verlaufenden, allmählich sich beschleunigenden gesellschaftlichen Transformation nieder, die die 1960er-Jahre allgemein kennzeichnete.[52]

Der Konsens maßgeblicher Vertreter der Salzburger „Gründergeneration", eine „Volluniversität" aufzubauen und diese möglichst rasch zu realisieren,

---

49 Vgl. Hayek, Genug von Österreich. Nobelpreisträger geht wieder nach Deutschland, Kurier, 22.1.1977.

50 Vgl. Robert Walter/Clemens Jabloner, Einleitung, in: Dies. (Hg.), Strukturprobleme des öffentlichen Rechts. Gedenkschrift für Kurt Ringhofer, Wien 1995, 7–10.

51 Anfrage wegen Errichtung einer ao. Lehrkanzel für Österreichische Zeitgeschichte (Doz. Weinzierl). Österreichisches Staatsarchiv (ÖStA), Archiv der Republik (AdR), Bundesministerium für Unterricht (BMU), Kt. 626, Universität Salzburg, Phil. Fakultät.

52 Robert Kriechbaumer, Die Ära Klaus. Aufgeklärter Konservativismus in den „kurzen" sechziger Jahren in Österreich, in: Ders. (Hg.), Die Ära Josef Klaus. Österreich in den „kurzen" sechziger Jahren, Band 1: Dokumente, Wien/Köln/Weimar 1998, 11–97, 12.

wies vor allem im personellen Bereich eine deutliche Kehrseite auf. Die NS-Involvierung zahlreicher Repräsentanten der „Gründergeneration" wurde nämlich weitgehend verdrängt und teils auch tabuisiert. So war der erste gewählte Rektor Egon Lendl bereits am 18. Oktober 1932 der NSDAP beigetreten. Der hier als eine Schlüsselfigur der Salzburger Universitätsgründung angeführte René Marcic gehörte zwar nicht der NSDAP an. Als ehemaliger Presse- und Kulturreferent im Generalkonsulat des faschistischen „Unabhängigen Staats Kroatien" in Wien ist Marcic dennoch einer der bis heute umstrittensten „Fälle".[53] Auch die „deutschvölkische" Vergangenheit des Literaturwissenschaftlers Adalbert Schmidt, der 1966 nach Salzburg berufen wurde, sorgte bereits in den 1960er-Jahren für Kontroversen. Gegen Schmidts Karriereschritt protestierten die sozialdemokratischen Nationalratsabgeordneten „Rosa Jochmann und Genossen" ausdrücklich wegen der antisemitischen Tendenzen in dessen 1935 erschienenen Buch „Deutsche Dichtung in Österreich",[54] weil sie eine Neuauflage der „Affäre Borodajkewycz" fürchteten.[55] Der prominente Kunsthistoriker Hans Sedlmayr, der als ehemaliger illegaler Nationalsozialist eingestuft worden war, ist ein weiteres Beispiel. Sedlmayrs Berufung nach Salzburg wurde wörtlich als „ein Riesengeschenk für Salzburgs studierende Jugend" bezeichnet. „Die Wiener Einwände gegen ihn (NS)" seien „längst überholt."[56] Einer derjenigen Repräsentanten der „Gründergeneration", der nach 1945 am wenigsten dazu bereit war, über seine NS-Vergangenheit zu reflektieren, war der Salzburger Psychiater Gerhart Harrer.[57] Harrer war ein ehemaliger SS-Arzt sowie enger Weggefährte des berüchtigten Gerichtspsychiaters Heinrich Gross, der in der NS-Zeit in der Wiener Kinderklinik „Am Spiegelgrund" einer der für die Morde an Kindern verantwortlichen Mediziner gewesen war. Gross nützte ähnlich wie Gerhart Harrer und andere ehemalige Nationalsozialisten den Bund Sozialistischer Akademiker (BSA), um seine politisch-gesellschaftliche Rehabilitierung zu erreichen.[58]

---

53 Vgl. Göllner, Zwischen „berührender Versöhnlichkeit" und „Nazi-Propaganda", 284–287.

54 Vgl. Adalbert Schmidt, Deutsche Dichtung in Österreich. Eine Literaturgeschichte der Gegenwart, Wien/Leipzig 1935.

55 Vgl. Anfrage der Abgeordneten Jochmann, Dr. Kleiner, Dr. Klein-Löw und Genossen an den Bundesminister für Unterricht, 25. 5. 1966. ÖStA, AdR, BMU, Personalakten, Sig. 20, Schmidt, Adalbert.

56 Notizzettel, im Akt eingelegt (masch., undat., ohne Signatur, vermutl. um 1962). ÖStA, AdR, Bundesministerium für Inneres (BMI), Personalakten, Dr. Hans Sedlmayr.

57 Wolfgang Neugebauer/Peter Schwarz, Der Wille zum aufrechten Gang. Offenlegung der Rolle des BSA bei der gesellschaftlichen Integration ehemaliger Nationalsozialisten, Wien 2005, 241–247.

58 NS-Arzt verliert Ehrenkreuz, beschloss der Ministerrat, in: Bizeps-Info. Verein Bizeps, 25. März 2003, URL: https://www.bizeps.or.at/ns-arzt-verliert-ehrenkreuz-beschloss-der-ministerrat/ (abgerufen 5. 4. 2015).

IV. Ausblick

René Marcic, der einer der einflussreichsten Repräsentanten der Salzburger „Gründergeneration" gewesen war, kam 1971 bei einem Flugzeugabsturz zusammen mit seiner Gattin ums Leben. Auch der erste Publizistik-Ordinarius Günter Kieslich, der speziell mit dem liberalen Germanisten Walter Weiss und dem Philosophen Paul Weingartner eine initiative Gruppe jüngerer Professoren an der Philosophischen Fakultät gebildet hatte, starb überraschend in diesem Jahr. Der Tod dieser beiden Hochschullehrer markierte aber nur einen ersten wesentlichen personellen Einschnitt in der Entwicklung der Universität Salzburg, denn namhafte Vertreter der „Gründergeneration" – wie etwa Fritz Fellner – verblieben bis zu ihrer Emeritierung an der Universität Salzburg. Das insgesamt eher konservative Gesamtbild, das die Universität auf der Ebene der Ordinarien bot, veränderte sich daher vorerst kaum.

Eine schematische Konfrontation von „rechts" und „links", von „konservativ" und „fortschrittlich" scheint dennoch vor allem hinsichtlich der personalpolitischen Netzwerke und der Berufungspolitik an der Universität Salzburg nicht in jedem Fall analytisch sinnvoll zu sein. So förderte Marcic etwa den katholisch orientierten, später sogar zunehmend legitimistisch eingestellten Sozialisten Norbert Leser, den Wissenschaftsministerin Hertha Firnberg (1970–1983, SPÖ) 1971 auf die Salzburger Lehrkanzel für Politikwissenschaft berief. Andererseits fand der als „fortschrittlich" geltende Historiker Fritz Fellner mit seiner Bereitschaft zur fachlichen Innovation und seinen internationalen Beziehungen breite Anerkennung. Im persönlichen Umgang mit seinen Salzburger MitarbeiterInnen entsprach er indes eher dem Typus des zuweilen autoritär agierenden Ordinarius.[59] Und Hans Sedlmayr, der Verfasser des einflussreichen Buchs „Verlust der Mitte",[60] bildete gar das Paradebeispiel des „antimodernen" Wissenschaftlers, der trotz seiner NS-Vergangenheit in Salzburg willkommen war, aber auch Verdienste – wie etwa für den Schutz der Salzburger Altstadt – aufzuweisen hatte.

---

59 Vgl. Ernst Hanisch, Hans Wagner und Erika Weinzierl – Zur Frühgeschichte der Institute für Geschichte an der Universität Salzburg, in: Mitteilungen der Gesellschaft für Salzburger Landeskunde 157 (2017) 189–195, 193.

60 Vgl. Hans Sedlmayr, Verlust der Mitte, Salzburg/Wien 1948.

Johannes Dafinger

Verwissenschaftlichung der Wissenschaftspolitik. Die Gründung der Universität Klagenfurt und die Organisation für wirtschaftliche Zusammenarbeit und Entwicklung (OECD)[1]

I. Einleitung

Drohte Kärnten vor der Gründung der Universität Klagenfurt vor 50 Jahren „zu einer Art innerösterreichischen Kolonialgebietes ab[zu]sinken"? Hans Romauch, der Vizepräsident des Kärntner Universitätsbundes und Vizebürgermeister der Stadt Klagenfurt, der von vielen als „Vater" der Universität Klagenfurt bezeichnet wird, beschwor jedenfalls im Jahr vor dem fünfzigsten „Jubiläumsjahr des Kärntner Abwehrkampfes" auf einer Pressekonferenz im Mai 1969 diese Gefahr, um seinem jahrelangen Plädoyer für die Gründung einer Universität am Wörthersee noch einmal Nachdruck zu verleihen. Kärnten habe „ein Recht auf bessere Verhältnisse […]: unsere Väter haben Kärnten frei und ungeteilt für Österreich erhalten – aber nicht, damit es ein kulturelles Vakuum südlich der Alpen bilde, abgeteilt vom Staate und getrennt von Österreichs Kulturstätten."[2]

Dieses dystopische Szenario – das nicht geizte mit floskelhaften Verweisen auf die Phase zwischen dem Ende des Ersten Weltkriegs und dem Plebiszit am 10. Oktober 1920 über die zukünftige Zugehörigkeit ehemals habsburgischer Gebiete entweder zur Republik Österreich oder zum Königreich der Serben, Kroaten und Slowenen (dem späteren Jugoslawien), die bis heute einen zentralen Platz in der Kärntner Erinnerungskultur einnimmt – entwarf Romauch freilich

---

1 Dieser Text hat von den Diskussionen mit den TeilnehmerInnen einer Lehrveranstaltung zur Gründungsgeschichte der Universität Klagenfurt, die ich dort im Sommersemester 2019 gehalten habe, sehr profitiert. Ich bedanke mich außerdem bei Maria Wirth, Elisabeth Hasenbichler und Robin Raabe.

2 Manuskript einer Ansprache des Vizepräsidenten des Kärntner Universitätsbunds, Vizebürgermeister Dr. Hans Romauch, zur Eröffnung der Pressekonferenz am 12. Mai 1969 in Wien, o. D. Kärntner Landesarchiv (KLA) 663–652 Su. Vgl. auch: Kärnten ist ohne die Universität nur eine Binnenkolonie, Kleine Zeitung, 21. 9. 1969, 1–2. Zur Charakterisierung Romauchs als „Vater" der Universität Klagenfurt siehe Astrid Kopp-Duller, Vom Kärntner Universitätsbund zur Universität Klagenfurt. Ein Beitrag zur Gründungsgeschichte der Hohen Schule in Kärnten (Archiv für vaterländische Geschichte und Topographie 79), Klagenfurt 1998, 14.

in einem Moment, in dem die Vorentscheidung zur Gründung einer Hochschule
für Bildungswissenschaften in Klagenfurt bereits gefallen war. Einige Monate
später, am 21. Jänner 1970, verabschiedete der Nationalrat das Gründungsgesetz.
Für Romauch persönlich war dies ein großer Erfolg. Als Mitinitiator und Vor-
standsmitglied des 1964 gegründeten Kärntner Universitätsbundes hatte er
jahrelang für das Projekt geworben und geholfen, es gegen viele Widerstände
durchzusetzen. Von den GegnerInnen einer Klagenfurter Hochschule war zum
einen bezweifelt worden, dass die Gründung einer Universität in Klagenfurt
überhaupt sinnvoll sei; sie war vor allem als „Fehlinvestition" kritisiert worden.[3]
Zum anderen waren zahlreiche Einwände gegen den geplanten Fokus der Forschung und des Lehrveranstaltungsangebots auf die Fächergruppe der Bildungswissenschaften vorgebracht worden.

In der historischen Forschung zur Gründungsgeschichte der heutigen Alpen-
Adria-Universität Klagenfurt spiegelt sich diese Spaltung der AkteurInnen in
BefürworterInnen auf der einen und GegnerInnen auf der anderen Seite wider.
So ist insbesondere die bisher ausführlichste Darstellung der Gründungsgeschichte von einem Erziehungswissenschaftler vorgelegt worden, der selbst
bereits in den 1960er-Jahren vehement gegen die geplante Universitätsgründung
aufgetreten war: Wolfgang Brezinka. In seiner vierbändigen, 2014 publizierten
Gesamtdarstellung der Geschichte der Pädagogik in Österreich ist der Klagenfurter „Hochschule für Bildungswissenschaften" ein langes Kapitel gewidmet.
Brezinka, der als Professor 1967 von der Universität Innsbruck an die neugegründete Universität Konstanz wechselte, zitiert darin noch einmal ausführlich
seine Vorbehalte aus dem Jahr 1969, die dem „Klagenfurter Projekt" attestierten,
auf „utopischen Plänen" und „Wunschdenken" zu beruhen und oberflächlich,
naiv und überheblich zu sein.[4] Deutlich weniger voreingenommen als Brezinka
fasste bereits zehn Jahre nach der Gründung der Hochschule für Bildungswissenschaften der Historiker und spätere Rektor der Universität Klagenfurt
Günther Hödl die Gründungsgeschichte zusammen.[5] Er stützte sich dabei allerdings ausschließlich auf publizierte Quellen, sodass ihm einiges verborgen

---

3 Zitat zum Beispiel bei Karl Grabner, Die zweite Jauntalbahn, Die Presse, 9.10.1969. Grabner
   bezeichnete die Universität Klagenfurt als „zweite Jauntalbahn". Die Jauntalbahn, ein Ver-
   kehrsinfrastrukturprojekt, sah Grabner ebenfalls als „gigantische Fehlinvestion" an, die man
   „den Kärntnern" ebenfalls zu einem Jahrestag der Volksabstimmung 1920 „ins Land gestellt"
   habe. Rhetorisch schloss er die Frage an: „Ob eine ‚zweite Jauntalbahn' das Geschenk ist, das
   sie zum fünfzigsten Jubiläum verdient haben?"
4 Wolfgang Brezinka, Pädagogik in Österreich. Die Geschichte des Faches an den Universitäten
   vom 18. bis zum 21. Jahrhundert, Band 4: Pädagogik an der Wirtschaftsuniversität Wien und
   der Universität Klagenfurt. Abschließender Überblick und Bilanz, Wien 2014, 232.
5 Günther Hödl, Vorgeschichte und Gründung der Hochschule für Bildungswissenschaften in
   Klagenfurt, in: Zehn Jahre Universität Klagenfurt. Geschichte und Dokumentation, hg. von
   der Universität für Bildungswissenschaften, Klagenfurt 1980, 43–59.

blieb, was hinter den Kulissen passierte. Zu nennen sind darüber hinaus die Arbeiten von Erich Leitner, der als Professor am Institut für Erziehungswissenschaft und Bildungsforschung ebenfalls selbst an der Universität Klagenfurt arbeitete und dessen instruktive Analysen von einer Grundsympathie gegenüber seinem Untersuchungsgegenstand getragen sind.[6] Dies gilt auch für die Dissertation von Astrid Kopp-Duller über den Kärntner Universitätsbund, die aus Sicht dieses zentralen Akteurs, dem sie sehr wohlwollend gegenübersteht, die Gründungsgeschichte der Universität Klagenfurt behandelt.[7] Der Bildungshistoriker Elmar Lechner, ehemaliger Professor und Abteilungsleiter am selben Institut der Klagenfurter Universität wie Leitner, hat zentrale Quellen zur Gründungsgeschichte wie beispielsweise Konzeptentwürfe und das Gründungsgesetz vom 21. Jänner 1970 im vollen Wortlaut publiziert.[8]

Wenig Aufmerksamkeit in der gesamten historischen Forschung zur Gründung der Universität Klagenfurt fand bisher eine Institution, die nicht in das Licht der Öffentlichkeit drängte, die Universitätspläne aber nachhaltig beeinflusste: Die Organisation für wirtschaftliche Zusammenarbeit und Entwicklung (OECD). Dieser Aufsatz stellt die Rolle der OECD bei der Gründung der Universität Klagenfurt in den Mittelpunkt. Zunächst wird im Folgenden argumentiert, dass die OECD mit Studien über das österreichische Bildungssystem sozialwissenschaftliche Expertise im Bereich der Bildungs-, Wissenschafts- und Hochschulpolitik anbot und dass insbesondere das Bundesministerium für Unterricht unter Minister Theodor Piffl-Perčević (1964–1969, ÖVP) bzw. ab 2. Juni 1969 unter Alois Mock (1969–1970, ÖVP) diese Expertise zur Grundlage bildungs-, wissenschafts- und hochschulpolitischer Entscheidungen machte. Dies schließt an Forschungsarbeiten zum Engagement der OECD im Bildungsbereich von den späten 1950er- bis zu den 1970er-Jahren an.[9] Anschließend wird

---

6 Erich Leitner, Das Ringen um eine Landesuniversität, in: Helmut Rumpler (Hg.), Kärnten. Von der deutschen Grenzmark zum österreichischen Bundesland (Geschichte der österreichischen Bundesländer seit 1945 6/2), Wien/Köln/Weimar 1998, 656–677; ders., Was ist eine Bildungswissenschaft? Zu den Gründungskonzepten der Universität Klagenfurt, in: Ulfried Burz/Michael Derndarsky/Werner Drobesch (Hg.), Mitteleuropa. Festschrift für Helmut Rumpler zum 65. Geburtstag, Klagenfurt 2000, 613–626.

7 Kopp-Duller, Kärntner Universitätsbund.

8 Elmar Lechner (Hg.), Zwischen Verklärung und Verdammung. Vorarbeiten (1966ff.), Gründungsgesetz (1970) und Emeritierungsrede des Gründungsrektors (1988) als dokumentarische Eckpunkte der Geschichte der Universität Klagenfurt (Retrospektiven in Sachen Bildung, Reihe 10: Übersehene Quellen 39), Klagenfurt 2010.

9 Vgl. insbesondere die hervorragende Studie: Regula Bürgi, Die OECD und die Bildungsplanung der freien Welt. Denkstile und Netzwerke einer internationalen Bildungsexpertise, Opladen/Berlin/Toronto 2017. Bereits älter, aber immer noch instruktiv: Myung-Shin Kim, Bildungsökonomie und Bildungsreform. Der Beitrag der OECD in den 60er und 70er Jahren (Internationale Pädagogik 17), Würzburg 1994. Zum jüngeren Engagement der OECD im Bildungsbereich, insbesondere im Zusammenhang mit der Bildungsstudie PISA, vgl. Alex-

die unmittelbare Beteiligung von OECD-MitarbeiterInnen am Prozess der Universitätsgründung in Klagenfurt nachgezeichnet.

II.   Bildungsexpertise und Bildungspolitik

In ganz Europa öffneten zwischen 1964 und 1973 neue Hochschulen ihre Pforten. Allein westlich des „Eisernen Vorhangs" wurden in diesem einen Jahrzehnt 156 Universitäten gegründet,[10] darunter drei in Österreich: die Universitäten in Salzburg und Linz und zuletzt die Universität in Klagenfurt.[11] Einerseits reagierte die Hochschulpolitik mit diesen Neugründungen darauf, dass viele junge Menschen der geburtenstarken Nachkriegs-Jahrgänge ein Studium aufnahmen; die Studierendenzahlen hatten sich in Deutschland zwischen 1955 und 1965 mehr als verdoppelt, in Österreich stieg die Zahl der Studierenden sogar um mehr als das Zweieinhalbfache.[12] Andererseits war die Gründung von Universitäten auch der Versuch, einem „Bildungsnotstand" oder einer „Bildungskatastrophe" zu entkommen – so berühmte, breit rezipierte und häufig wiederholte Formulierungen des Pädagogen Georg Picht, die Mitte der 1960er-Jahre die bildungspolitische Debatte insbesondere in (West-)Deutschland anheizten. Viele BildungspolitikerInnen und KommentatorInnen sahen die westliche Welt in einem „Bildungswettlauf" mit der Sowjetunion, der den Kalten Krieg entscheiden werde.[13] Daher sollten keine „Begabungsreserven" ungenutzt bleiben.[14]

Während beispielsweise die Bundesrepublik Deutschland auf diese Diagnosen schon 1957 mit der Gründung eines Wissenschaftsrats reagierte, also eines Expertengremiums, das der Politik bereits im Mai 1960 die Neugründung

---

ander W. Wiseman/Calley Stevens Taylor (Hg.), The Impact of the OECD on Education Worldwide (International Perspectives on Education and Society 31), Bingley 2017.

10 Vgl. Marcus Gräser, Reformuniversität? Entlastungsuniversität? Eine „Hochschule neuen Stils"!, in: Maria Wirth/Andreas Reichl/Ders. (Hg.), 50 Jahre Johannes Kepler Universität Linz. Eine „Hochschule neuen Stils", Wien/Köln/Weimar 2016, 9–24, 9; Walter Rüegg, Verzeichnis der in Europa 1945–1995 gegründeten Universitäten, in: Ders. (Hg.), Geschichte der Universitäten in Europa. Band IV: Vom Zweiten Weltkrieg bis zum Ende des 20. Jahrhunderts, München 2010, 509–527.

11 Vgl. Maria Wirth/Herbert Posch, Linz, Salzburg, Klagenfurt – die österreichischen Universitätsgründungen der 1960er Jahre, in: Jahrbuch für Universitätsgeschichte 21 (2018) (im Erscheinen).

12 Anne Rohstock, Von der „Ordinarienuniversität" zur „Revolutionszentrale"? Hochschulreform und Hochschulrevolte in Bayern und Hessen 1957–1976 (Quellen und Darstellungen zur Zeitgeschichte 78), München 2010, 25; OECD, Directorate for Scientific Affairs (Ed.), Educational Policy and Planning – Austria, Paris 1968, 329, Tabelle 27.

13 Vgl. Rohstock, „Ordinarienuniversität", 18.

14 Vgl. ebd., 74.

mehrerer Universitäten vorschlug,[15] richtete der österreichische Unterrichtsminister Theodor Piffl-Perčević erst 1967 eine Arbeitsgemeinschaft für Hochschulentwicklung ein, deren Mitglieder HochschulprofessorInnen unterschiedlicher Disziplinen sowie Mitarbeiter des Unterrichtsministeriums waren und die
ein „umfassende[s] Planungskonzept[] für den Ausbau der österreichischen
Hochschulen" erarbeiten sollte.[16] Zu diesem Zeitpunkt hatte der Lehrbetrieb an
den Universitäten Salzburg und Linz bereits begonnen. Die Arbeitsgemeinschaft
beschäftigte sich daher nur noch mit den Plänen für eine Hochschule in Klagenfurt. Das Unterrichtsministerium griff aber auch schon vor der Gründung der
Arbeitsgemeinschaft für Hochschulentwicklung auf Expertenwissen zurück,
wenn es strategische Entscheidungen im Hochschulbereich traf. Eine zentrale
Rolle spielten die Berichte der OECD über das österreichische Bildungswesen.
An ihnen orientierten sich diejenigen, die politische Entscheidungen trafen. Die
Geschichte der Gründung der Hochschule in Klagenfurt ist dafür ein gutes
Beispiel.

Die unmittelbare Vorgeschichte der Gründung der Universität beginnt im
Frühjahr 1964 mit der Konstituierung des Kärntner Universitätsbundes. Im
Herbst 1964 legte der Verein ein Memorandum vor, das sich für die Gründung
einer wirtschaftswissenschaftlichen Universität aussprach.[17] Dasselbe Ziel ver-
folgte ab April 1966 die Organisation zur Errichtung, Förderung und Finanzie-
rung der Kärntner Hochschule (Kärntner Hochschulförderung), die vom Land
Kärnten und der Stadt Klagenfurt getragen wurde.[18] Im Auftrag der Kärntner
Hochschulförderung wurde bis Ende Mai 1966 ein weiteres Dossier erarbeitet,

---

15 Moritz Mälzer, „Die große Chance, wie einstens die Berliner Universität so heute eine Modell-
     Universität zu schaffen". Die frühen 1960er Jahre als Universitätsgründerzeiten, in: Jahrbuch
     für Universitätsgeschichte 13 (2010), 73–92, 73, 80–87. Vgl. auch Barbara Wolbring, Uni-
     versitäten für eine demokratische Gesellschaft. Universitäten nach 1945, in: Livia Prüll/
     Christian George/Frank Hüther (Hg.), Universitätsgeschichte schreiben. Inhalte – Methoden
     – Fallbeispiele (Beiträge zur Geschichte der Universität Mainz, Neue Folge 14), Göttingen
     2019, 105–121, 119–120.

16 Hochschulbericht 1969 (Erziehung – Wissenschaft – Forschung 7), hg. vom Bundesminis-
     terium für Unterricht, Wien 1969, 238. Vgl. Helmut Engelbrecht, Geschichte des österrei-
     chischen Bildungswesens. Erziehung und Unterricht auf dem Boden Österreichs, Band 5:
     Von 1918 bis zur Gegenwart, Wien 1988, 522–523.

17 Vgl. die Chronologie „Entstehung und Entwicklung des Kärntner Universitätsbundes":
     Kärntner Universitätsnachrichten 1 (1966) 1, 6–7. Die Kärntner Universitätsnachrichten
     wurden vom Kärntner Universitätsbund herausgegeben.

18 Die Präsidenten der Kärntner Hochschulförderung (Bürgermeister der Stadt Klagenfurt
     Hans Ausserwinkler und Landeshauptmann von Kärnten Hans Sima) an das Bundesmi-
     nisterium für Unterricht v. 27.5.1966, betr. Wirtschaftshochschule Klagenfurt. Österrei-
     chisches Staatsarchiv (ÖStA), Archiv der Republik (AdR), Bundesministerium für Unterricht
     (BMU), GZ 77.922/66 (eine Kopie des Schreibens auch in AT-KLA 663-632 Su).

das Argumente für eine „Wirtschaftshochschule Klagenfurt" zusammentrug.[19]
Außerdem kooperierten Kärntner Nationalratsabgeordnete, um auf Bundesebene für das Projekt einer Universität in Klagenfurt zu werben. Ein von Walther
Weißmann (ÖVP), Michael Luptowits (SPÖ) und Otto Scrinzi (FPÖ) gemeinsam
eingebrachter Entschließungsantrag, der die Gründung einer wirtschaftswissenschaftlichen Hochschule in Klagenfurt forderte, wurde am 17. Juni 1966 vom
Nationalrat angenommen.[20]

Zur selben Zeit, zu der sich der Nationalrat – den Vorschlägen aus Kärnten
folgend – für die Gründung einer wirtschaftswissenschaftlichen Hochschule in
Klagenfurt aussprach, kam das Unterrichtsministerium zum gegenteiligen
Schluss: Die Errichtung einer Wirtschaftshochschule in Klagenfurt erscheine
„bedenklich". Begründet wurde dies mit Empfehlungen der OECD, die diese aus
einer großangelegten Untersuchung des österreichischen Bildungswesens abgeleitet hatte.[21] In einer internen Vorlage für das Sekretariat des Ministers vom
27. Juli 1966, die Piffl-Perčević am 4. Oktober 1966 persönlich abzeichnete,
wurde festgehalten, dass dieser bereits in verschiedenen Zusammenhängen
darauf hingewiesen habe,

---

19 Vgl. Bundesministerium für Unterricht (gez. i.V. Dr. Reisenberger) an die Kärntner Hochschulförderung v. 7. 10. 1966, betr. Gründung einer Hochschule in Kärnten. AT-KLA 663-632 Su.
Die Präsidenten der Kärntner Hochschulförderung an die Planungskommission der Österreichischen Rektorenkonferenz (z.Hd. Hubert Rohracher) v. 27.05.1966, betr. Wirtschaftshochschule Klagenfurt. AT-KLA 663-632 Su. Das Dossier wurde von Wilfried Schneider – zu
ihm siehe unten – in Zusammenarbeit mit der Geschäftsführung der Kärntner Hochschulförderung erstellt. Undatierter Entwurf eines Berichts des Präsidiums [der Kärntner Hochschulförderung für eine Kuratoriumssitzung der Kärntner Hochschulförderung], Anlage zu
einem undatierten [ca. Frühjahr/Sommer 1967] Entwurf einer Einladung der Präsidenten der
Kärntner Hochschulförderung an die Mitglieder der Kärntner Landesregierung, die Mitglieder
des Klagenfurter Stadtsenats sowie an die Abgeordneten zum Nationalrat Leopold Guggenberger, Michael Luptowits und Otto Scrinzi zu einer noch nicht terminierten Kuratoriumssitzung der Kärntner Hochschulförderung. AT-KLA 663-632 Su. Ich danke Petra Netzer und
Stefanie Steiner für den Hinweis auf dieses Dossier.
20 Hödl, Vorgeschichte, 46.
21 Grundlage der Untersuchung war ein Abkommen zwischen der OECD und der Österreichischen Bundesregierung vom 30. Dezember 1963. An Publikationen sind aus dem Projekt
u. a. hervorgegangen: Educational Policy and Planning; Bildungsplanung in Österreich,
Band 1: Erziehungsplanung und Wirtschaftswachstum 1965 bis 1975 (Erziehung – Wissenschaft – Forschung 4), hg. von der Wissenschaftlichen Abteilung des Bundesministeriums für
Unterricht, Wien/München [1967]; Karl Grohmann/Sigurd Höllinger, Bildungsplanung in
Österreich, Band 2: Einzugsbereiche der wissenschaftlichen Hochschulen. Regionale,
schulische und soziale Herkunft der österreichischen ordentlichen Studierenden an den
wissenschaftlichen Hochschulen, hg. von der Abteilung für Bildungsplanung und Bil-
dungsstatistik des Bundesministeriums für Unterricht und Kunst, Wien/Heidelberg 1970.
Die beiden zuletzt genannten Bände fassen eine Vielzahl kleinerer Publikationen zusammen,
die vorab einzeln publiziert worden waren.

„daß auf Grund der im Rahmen der OECD-Untersuchung gewonnenen Ziffern die für den Ausbau von Hochschulen zur Verfügung stehenden Mittel in den nächsten Jahren so verteilt werden müßten, daß 66 % derselben den technischen Hochschulen, 23 % den phil[osophischen] Fak[ultäten], 4 % den med[izinischen] Fak[ultäten] und nur 7 % den sozial- und wirtschaftswissenschaftlichen Studienrichtungen zugute kommen. [...] Es kann [...] mit ziemlicher Sicherheit gesagt werden, daß der Ausbau der Hochschule für Sozial- und Wirtschaftswissenschaften in Linz sowie die Aufstockung der rechts- und staatswiss[enschaftlichen] Fak[ultät] und der Hochschule für Welthandel [...] für den Ausbau solcher Studien in Aussicht genommenen prozentualen Anteil von 7 % der Gesamtinvestitionen schon erfüllen werden."[22]

Bereits im Sommer/Herbst 1966 legten sich Piffl-Perčević und sein Ministerium also darauf fest, dass eine Universität mit wirtschaftswissenschaftlicher Ausrichtung in Klagenfurt nicht gegründet werden könne. Zu ihrem Urteil gelangten sie mithilfe des bildungsökonomischen Expertenwissens der OECD, deren Prognosen sie zur Grundlage ihrer Entscheidung gemacht hatten. Die politische Entscheidung über das Profil der Klagenfurter Universität wurde vermeintlich rationalisiert, indem statistisches Material herangezogen wurde, von dem ausgehend man den zukünftigen Bedarf auf Prozentzahlen genau berechnen zu können glaubte.

Die Festlegung des Unterrichtsministeriums hatte vorerst allerdings keine Konsequenzen, obwohl die Kärntner Hochschulförderung im Oktober 1966 vom Unterrichtsministerium über die dort aus dem OECD-Bericht gezogenen Schlüsse informiert und der Kärntner Seite indirekt nahegelegt wurde, „zu untersuchen [...], ob nicht an Stelle einer Wirtschaftshochschule die Errichtung von Studieneinrichtungen für die erwähnten technischen oder naturwissenschaftlichen Fächer zweckmäßiger und erfolgversprechender erscheint."[23] Hans Krasensky, Prorektor der Hochschule für Welthandel in Wien, sowie Wilfried Schneider, Hochschulassistent am Institut für Wirtschaftspädagogik der Wirtschaftsuniversität Wien, arbeiteten zu dem Zeitpunkt auf der Grundlage des Dossiers vom Mai 1966 bereits an einer ausführlichen Studie, die die Kärntner Hochschulförderung in Auftrag gegeben hatte und die die Idee einer „Wirtschaftshochschule Klagenfurt" – so der Titel der Studie – konkretisierte.[24] Als die Studie Anfang 1967 erschien, wurde sie sogleich am 9. Februar 1967 dem Un-

---

22 Aufzeichnung/Vorlage für das Sekretariat des Ministers v. 27.7.1966 (abgezeichnet von Piffl[-Perčević] am 4.10.1966), betr. Gründung einer Hochschule in Kärnten. ÖStA, AdR, BMU, GZ 82.922/66.

23 Bundesministerium für Unterricht (gez. i.V. Dr. Reisenberger) an die Kärntner Hochschulförderung v. 7.10.1966, betr. Gründung einer Hochschule in Kärnten. AT-KLA 663-632 Su. Ein Konzept dieses Schreibens ist in der genannten Aufzeichnung/Vorlage für das Sekretariat des Ministers v. 27.7.1966 (siehe FN. 22) enthalten.

24 Hans Krasensky/Wilfried Schneider, Wirtschaftshochschule Klagenfurt. Untersuchung im Auftrag und mit Unterstützung der „Kärntner Hochschulförderung", o.O., o.D.

terrichtsministerium übersandt,[25] dem Unterrichtsminister am selben Tag aber vom Kärntner Landeshauptmann Hans Sima (1965–1974, SPÖ) auch noch persönlich überreicht.[26] Die Autoren bezogen sich darin ebenfalls auf die Bedarfsprognosen der OECD,[27] kamen aber auf andere Investitionsanteile, die für die Philosophischen, Medizinischen, Technischen sowie Sozial- und Wirtschaftswissenschaftlichen Fakultäten jeweils aufgewendet werden müssten.[28]

Just auf der gemeinsamen Pressekonferenz von Piffl-Perčević und Sima am 9. Februar 1967 anlässlich der Übergabe der Studie an das Unterrichtsministerium machte dieses seine Bedenken gegenüber einer Wirtschaftshochschule in Klagenfurt öffentlich. Ein Mitarbeiter Piffl-Perčevićs, Othmar Huber, Mitglied des Pressereferats im Unterrichtsministerium, schlug Sima – „offensichtlich auf inoffizielle Weisung hin" – vor, „doch lieber die für Salzburg bereits vorgesehene medizinische Fakultät zu übernehmen oder, noch besser, an den drückenden Lehrermangel in den Mittelschulen zu denken und eine philosophische Fakultät zu errichten." Unter Verweis auf „Kenner ministerieller Neigungen" stellte die „Wochenpresse" in ihrem Bericht über die Pressekonferenz fest, „daß eine Wirtschaftshochschule kaum noch Chancen hat."[29]

In der Kärntner Landesregierung und der Klagenfurter Hochschulförderung registrierte man dies etwas verärgert. Man sah die Argumente für eine Wirtschaftshochschule nicht „entscheidend entkräftet".[30] Im Gegenteil warf man der Auswertung des OECD-Berichts durch das Unterrichtsministerium vor, nicht alle Faktoren berücksichtigt zu haben und daher „unstichhaltig" zu sein; die eigene Auswertung des OECD-Berichts sei dagegen „sehr gründlich" erfolgt.[31]

---

25 Kärntner Hochschulförderung (gez. Ausserwinkler und Sima) an den Bundesminister für Unterricht, Theodor Piffl-Perčević v. 9. 2. 1967. ÖStA, AdR, BMU, GZ 55.125/67.

26 Hochschulen – Keine Wirtschaft, Wochenpresse, 15. 2. 1967, 13 (enthalten in AT-KLA, 603-123.4 Su).

27 Krasensky/Schneider, Wirtschaftshochschule, 20. Die OECD-Prognose enthält leicht andere Zahlen als die von Krasensky und Schneider verwendeten. Vgl. Educational Policy and Planning, 145, Tabelle 35.

28 Bei ihnen lauteten die Zahlen: 18 % Philosophische Fakultäten, 4 % Medizinische Fakultäten, 59 % Technische Fakultäten, 19 % Sozial- und Wirtschaftswissenschaftliche Fakultäten. Vgl. Krasensky/Schneider, Wirtschaftshochschule, 24. Da auch diese Zahlen nicht unbedingt für die Gründung einer weiteren Wirtschaftshochschule sprachen, argumentierten die Autoren darüber hinaus mit dem „Überlastungsgrad" der Universitäten, bei dem die Hochschule für Welthandel mit einem schlechten Betreuungsschlüssel auffiel. Vgl. ebd., 24 und 47–50.

29 Hochschulen – Keine Wirtschaft, Wochenpresse, 15. 2. 1967, 13 (enthalten in AT-KLA, 603-123.4 Su).

30 Aufzeichnung der Abt. 5 der Kärntner Landesregierung (Paraphe unleserlich) für Landeshauptmann Sima v. 21. 2. 1967. AT-KLA 603-123.4 Su.

31 Undatierter Entwurf eines Berichts des Präsidiums [der Kärntner Hochschulförderung für eine Kuratoriumssitzung der Kärntner Hochschulförderung], Anlage zu einem undatierten [ca. Frühjahr/Sommer 1967] Entwurf einer Einladung der Präsidenten der Kärntner Hochschulförderung an die Mitglieder der Kärntner Landesregierung, die Mitglieder des Kla-

Dennoch hielt man es für „zweckmässig, sich nicht auf die ‚Wirtschaftshochschule Klagenfurt' zu versteifen, sondern mehr vom ‚deutlich angemeldeten Hochschulwunsch' oder vom ‚klar begründeten Hochschulanliegen Kärntens' zu sprechen.“[32]

An den Bedarfsprognosen der OECD, die das Unterrichtsministerium verwendete, kam in der weiteren Diskussion niemand mehr vorbei. Immer wieder, auch öffentlich, wurden die genannten Prozentzahlen bzw. der Schlüssel erwähnt, nach dem zusätzliche Budgetmittel im Hochschulbereich verteilt werden müssten.[33] Auch die Arbeitsgemeinschaft für Hochschulentwicklung gründete ihre Empfehlungen zum „Projekt Klagenfurt", die sie am 30. Mai 1968 vorlegte, auf den im OECD-Bericht angegebenen Bedarf an Wirtschafts- und SozialwissenschaftlerInnen. Sie machte sich außerdem die Idee zu eigen, den Schwerpunkt der neuen Hochschule auf die Ausbildung von LehrerInnen und auf „empirische Pädagogik", also auf Lern- und Unterrichtsforschung, und auf Lernpsychologie zu legen.[34] Piffl-Perčević, der stets betonte, dass die Universitätsneugründung ein „gesamtösterreichische[s] Interesse" befriedigen müsse,[35] verdichtete die Empfehlungen der Arbeitsgemeinschaft einige Tage später zum „Vorschlag der Gründung einer Hochschule für Bildungswissenschaften in Klagenfurt [Hervorhebung im Original]".[36]

Wie diese Rekonstruktion der Entscheidungsabläufe zeigt, waren sie wesentlich von den – unterschiedlich interpretierten – OECD-Prognosen beeinflusst. Schon dadurch wurden die OECD-ExpertInnen, wenn auch nur indirekt,

genfurter Stadtsenats sowie an die Abgeordneten zum Nationalrat Leopold Guggenberger, Michael Luptowits und Otto Scrinzi zu einer noch nicht terminierten Kuratoriumssitzung der Kärntner Hochschulförderung. AT-KLA 663-632 Su.

32 Aufzeichnung der Abt. 5 der Kärntner Landesregierung (Paraphe unleserlich) für Landeshauptmann Sima v. 21. 2. 1967. AT-KLA 603-123.4 Su.

33 Vgl. beispielsweise: In Klagenfurt Hochschule für Österreich, Volkszeitung, 9. 7. 1967, 1 (enthalten in AT-KLA 603-123.4 Su).

34 Rudolf Inzinger (Vorsitzender der Arbeitsgemeinschaft für Hochschulentwicklung) an Bundesminister Piffl-Perčević v. 30. 5. 1968 sowie die Anlage: Zusammenfassung der von der Arbeitsgemeinschaft für Hochschulentwicklung diskutierten Vorschläge zum „Projekt Klagenfurt". ÖStA, AdR, BMU, GZ 94.470/68. In der Forschung wurde bisher davon ausgegangen, dass der Vorschlag einer derartigen Profilierung der zu gründenden Hochschule erstmals in diesem Papier der Arbeitsgemeinschaft für Hochschulentwicklung zu lesen gewesen sei. Am deutlichsten formuliert dies Leitner, Bildungswissenschaft, 617; vgl. auch Hödl, Vorgeschichte, 46–47; Brezinka, Pädagogik, 214–215.

35 Vgl. z. B. Entwurf eines Berichts des Präsidiums [der Kärntner Hochschulförderung] (gez. [Otto M.] Polley [Geschäftsführer der Kärntner Hochschulförderung] v. 10. 5. 1967, Anlage zu: Kärntner Hochschulföderung (gez. Dr. Platzer, Polley) an Landeshauptmann Hans Sima und Bürgermeister Hans Ausserwinkler v. 10. 5. 1967. AT-KLA 603-123.4 Su; Kopp-Duller, Kärntner Universitätsbund, 46.

36 Arbeitspapier Piffl-Perčevićs, betr. Hochschulprojekt Klagenfurt, vorgelegt dem Akademischen Rat am 7. 6. 1968. ÖStA, AdR, BMU, GZ 100.714/68.

zu zentralen AkteurInnen im Prozess der Gründung der Universität Klagenfurt. Ihre Autorität zogen sie unter anderem daraus, dass ihre Expertise einen „permanenten, institutionalisierten und damit einhergehend professionalisierten Charakter" hatte.[37] Obgleich die OECD, die aus der im Rahmen des Marshall-plans 1948 gegründeten Organisation for European Economic Co-operation (OEEC) hervorgegangen war, im Bildungsbereich nur von ihrer Hauptaufgabe – nämlich Wirtschaftswachstum in ihren Mitgliedstaaten zu fördern – abgeleitete Kompetenzen hatte,[38] nahm sie eine regelrecht „hegemoniale Position" in der internationalen Bildungspolitik ein.[39] Das Committee for Scientific and Technical Personnel (CSTP) ab 1958 und das anfangs von der Ford-Stiftung finanzierte Centre for Educational Research and Innovation (CERI) ab 1968 entwickelten unter dem Dach der OEEC/OECD Bildungsindikatoren und stellten den Mitgliedstaaten Bildungsexpertise zur Verfügung, die „wissenschaftlich gestützte[] Lösungen" für Probleme im Bildungsbereich versprach.[40] Die BildungspolitikerInnen in den Nationalstaaten konnten sich diesem Angebot, das der Nimbus der wissenschaftlichen Seriosität umgab, kaum entziehen.

III.   Die Beteiligung der OECD an der Gründung der Universität Klagenfurt

VertreterInnen der OECD waren darüber hinaus seit 1968, also seit öffentlich bekannt war, dass in Klagenfurt die Gründung einer Hochschule für *Bildungs*wissenschaften geplant war, zusätzlich durch direkte politische Initiativen aktiv an vorbereitenden Maßnahmen zur Gründung der Hochschule in Kärnten beteiligt. Da die Lehrerbildung und, vor allem, die Curriculumsentwicklung mit dem Ziel der Unterrichtsverbesserung Tätigkeitsschwerpunkte des CSTP und später des CERI darstellten,[41] interessierten sich deren MitarbeiterInnen besonders für die Klagenfurter Pläne, und zwar auch die „höheren Organe[] dieser Organisation", wie Carl Heinz Bobleter, der Leiter der österreichischen Mission bei der OECD, beobachtete.[42] Kurz vor dem Jahresende 1968 wandte sich Henry

---

37 Bürgi, OECD, 19.
38 Die OECD machte sich das Humankapitalkonzept zu eigen, das Bildung neben Arbeit und Kapital als entscheidenden Produktionsfaktor sah. Bildungspolitik konnte somit als Teil der Wirtschaftspolitik betrachtet werden. Kim, Bildungsökonomie, 37–39.
39 Bürgi, OECD, 19.
40 Ebd., 20–21, das Zitat auf S. 21. Zur Institutionalisierung des CERI ausführlich ebd., 159–170.
41 Vgl. ebd., 70 und 176.
42 [Carl Heinz] Bobleter ([Leiter der] österreichischen Delegation bei der OECD) an das Bundeskanzleramt, Sektion für wirtschaftliche Koordination v. 20.12.1968. ÖStA, AdR, BMU, GZ 37.865/69. Die folgenden Zitate aus diesem Dokument.

Nathan, der als Professor für Mathematik am Massachusetts Institut of Technology für die Mitarbeit im Aufbaustab des CERI freigestellt war, an Bobleter und „drückte das große Interesse des Zentrums [gemeint ist das CERI, J.D.] an dem Klagenfurter Projekt der Gründung einer Bildungshochschule aus." Mit der projektierten thematischen Ausrichtung könne die Hochschule „eine einmalige und bedeutende europäische Aufgabe erhalten und erfüllen." Falls beabsichtigt sei, dass die Universität nach ihrer Gründung die internationale Zusammenarbeit suche, sei das CERI „gerne bereit […], am Aufbau, bzw. später einmal nach Errichtung, direkt oder indirekt durch Projekterstellungen in Klagenfurt mitzuarbeiten [Zeichensetzung wie im Original, J.D.]." Nathan stellte sogar finanzielle Unterstützung der OECD und Hilfe bei der Requirierung „internationale[r] Geldquellen" in Aussicht.

Die OECD war „am Projekt in Klagenfurt in erster Linie deshalb interessiert, weil sie sich von dieser Hochschule einen exemplarischen Beitrag zur regionalen Entwicklung eines Landes erwartet[e]."[43] Die Klagenfurter Universität sollte gewissermaßen beweisen, dass „durch Forschungs- und Entwicklungsarbeiten und durch den Aufbau einer éducation permanente" das Wirtschaftswachstum in einer Region gefördert werden könne.[44] Dieser Gedanke, dass (Hochschul-)Bildung sich positiv auf das Wirtschaftswachstum auswirke, scheint aus heutiger Perspektive naheliegend. In den 1960er-Jahren war dies aber eine neue Erkenntnis. Erst in dieser Zeit entwickelte sich die Bildungsökonomie, aufbauend auf der Humankapital-Theorie, zu einer eigenständigen Disziplin.[45]

Im Februar 1969 führten Unterrichtsminister Piffl-Perčević, das Bundeskanzleramt sowie Mitglieder der Planungsgruppe für das „Projekt Klagenfurt" in Wien weitere Gespräche mit Nathan, der nun den Aufgabenbereich „Hochschulangelegenheiten" des CERI leitete. Nathan bekräftigte in den Gesprächen das Interesse der OECD an einer Zusammenarbeit. Konkret sicherte er seine Hilfe bei der Überarbeitung eines Konzepts der geplanten Universität und die Übermittlung von Informationen über bildungswissenschaftliche Forschungsinstitute in Frankreich und der Schweiz zu. Außerdem wurde während des Treffens vereinbart, gemeinsam eine „internationale Beraterkonferenz über das Klagenfurter Hochschulprojekt" zu organisieren.[46]

---

43 Aufzeichnung o.D., betr. Vorschlag für die Themenstellung der Konferenz. Universitätsarchiv Klagenfurt (UAK), 1. Die Aufzeichnung ist im Zusammenhang mit der Planung der Konferenz in Pörtschach, auf die im Folgenden näher eingegangen wird, entstanden. Der genaue Entstehungszusammenhang bzw. der/die AutorIn sind aber unklar.
44 Aktennotiz o.D., betr. die Mitarbeit der OECD am Hochschulprojekt Klagenfurt. ÖStA, AdR, BMU, GZ 108.432.
45 Kim, Bildungsökonomie, 23–34.; Bürgi, OECD, 104–109.
46 Aufzeichnung (Paraphe unleserlich) v. 17.3.1969, betr. Hochschulprojekt Klagenfurt – Besprechung mit Prof. Dr. Henry Nathan von der OECD in Wien 11.–13. März 1969 (Zitate aus

Diese Konferenz, die bald als „OECD-Konferenz" bezeichnet wurde, fand knapp vier Monate später in Pörtschach statt. An ihr nahmen zahlreiche in- und ausländische Wissenschaftler und Vertreter (und eine Vertreterin) von bildungspolitischen Institutionen – wie beispielsweise dem Deutschen Bildungsrat, dem National Board of Education in Stockholm oder dem französischen Bildungsministerium sowie natürlich dem österreichischen Bundesministerium für Unterricht, der Arbeitsgemeinschaft für Hochschulentwicklung und der Österreichischen Hochschülerschaft – teil. Die Stadt Klagenfurt, der Kärntner Universitätsbund, die Kärntner Hochschulförderung, die Universität Innsbruck sowie die Kantonalregierung in Aargau, wo zu dieser Zeit eine Universität mit ähnlicher inhaltlicher Ausrichtung geplant war,[47] sandten BeobachterInnen.[48] Die „ausländischen Experten" – alles Männer – waren großteils auf Vorschlag der OECD eingeladen worden.[49] Die OECD selbst war durch Nathan sowie durch den Direktor des CERI, den britischen Sozialwissenschaftler Ronald (Ron) Gass, vertreten.[50] Auf dem Programm standen einerseits Diskussionen über bildungswissenschaftliche Fragestellungen. Andererseits debattierte man über ein ausführliches Arbeitspapier zum „Hochschulprojekt Klagenfurt" und darüber, wie die geplante zweijährige „Entwicklungsphase" der Hochschule gestaltet werden könne.[51] Man erhoffte sich davon konkrete Empfehlungen, die bei der Umsetzung der Pläne hilfreich sein könnten.[52]

Im Universitätsarchiv Klagenfurt sind unredigierte Bandabschriften der Ansprachen, Vorträge und Diskussionen der Pörtschacher Konferenz erhalten.[53]

---

einem in der Aufzeichnung enthaltenen Konzept eines Schreibens an das Bundeskanzleramt, Sektion V). ÖStA, AdR, BMU, GZ 108.432.

47 Am Beispiel Kärntens, Kärntner Landes-Zeitung, 23. 5. 1969 (enthalten in: AT-KLA 663-652 Su).

48 Vgl. Definitive Teilnehmerliste, o.D. UAK, 1.

49 Kurzbericht Hans Nowotnys (BMU) v. 20.6. 1969 über die internationale Expertenkonferenz über das Hochschulprojekt Klagenfurt in Pörtschach, 10., 11. und 12. Juni 1969. ÖStA, AdR, BMU, GZ 108.432/70.

50 Definitive Teilnehmerliste, o.D. UAK, 1. Vgl. zu Gass: Bürgi, OECD, 73–74.

51 Programm der Expertenkonferenz über das Hochschulprojekt Klagenfurt, UAK, 1. Das Arbeitspapier trug den Titel „Projekt Hochschule für Bildungswissenschaften in Klagenfurt (Entwurf)" und wurde den TeilnehmerInnen in einer kombinierten deutsch-englischen bzw. deutsch-französischen Fassung ausgehändigt. Ein Exemplar der deutsch-englischen Fassung zum Beispiel in UAK, 1. Eine nach der Konferenz unter Berücksichtigung der dortigen Debatten redigierte Fassung wurde in die Erläuterungen zum Bundesgesetz über die Gründung der Hochschule für Bildungswissenschaften in Klagenfurt aufgenommen. Vgl. „Erläuterungen zum Bundesgesetz (…)", abgedruckt in: Lechner, Verklärung, 35–67, das Arbeitspapier hier ab 38.

52 Aufzeichnung o.D., betr. Vorschlag für die Themenstellung der Konferenz. UAK, 1.

53 Bundesministerium für Unterricht (gez. Nowotny) an Walter Schöler (Hochschule für Welthandel) v. 10.10.1969. UAK, 2. Ein Exemplar der Bandabschriften, die aus einem deutschsprachigen, einem englischsprachigen und einem französischsprachigen Teil bestehen, da diese drei Sprachen die Konferenzsprachen waren, befand sich im Anhang dieses

Die OECD-Vertreter betonten in ihren Beiträgen beide, dass die geplante Hochschule und die OECD, insbesondere das neugegründete CERI, ähnliche Interessen hätten. Gass gab sich überzeugt, dass auf die (quantitative) „Bildungsexplosion" der letzten Zeit eine „qualitative Revolution" im Bildungssystem folgen müsse. Da die Universität sich damit beschäftigen werde, wie das Bildungssystem umgestaltet werden müsse, um die angestrebte Qualität im Bildungswesen zu erreichen, habe sie ähnliche Interessen, wie das neugegründete CERI. Daher hoffe er, dass die Konferenz eine neue Phase der Zusammenarbeit zwischen der OECD und Österreich einläuten werde, und er bot daher, wie schon Nathan im Februar in Wien, die Hilfe der OECD bei der Gründung der Hochschule in Klagenfurt an.[54] Vermutlich in Hintergrundgesprächen mit dem Unterrichtsministerium konkretisierte Gass, was die OECD an Leistungen anbieten könne: Sie könne „Experten für Beratungsgespräche, für Seminare und für eine vorübergehende Tätigkeit an der Universität" bereitstellen und sogar finanzieren, im Rahmen von OECD-eigenen Forschungsprojekten das wissenschaftliche Personal der Universität ausbilden und internationale Konferenzen, wie die in Pörtschach, durchführen.[55] Gass stellte dafür allerdings auch einige Bedingungen: Die Universität müsse durch eine zweijährige Entwicklungsphase vorbereitet werden (auf die sich die Zusammenarbeit „vorläufig" konzentrieren werde), sie müsse „einen im Gesetz klar ausgedrückten experimentellen Status erhalten (Clear Experimental Status)", sie müsse „zu den Einrichtungen des Bildungswesens in der Region in einer klaren Beziehung stehen […] (Clear Relation to the School System in the Area)", und ein Gründungsausschuss der Universität, der unter anderem das wissenschaftliche Personal auswählen und sich um institutionelle Grundlagen der Arbeit wie beispielsweise den Bau von Hochschulgebäuden kümmern sollte, müsse „sich aus Fachleuten zusammensetzen, von denen die Hälfte aus dem Ausland stammen und nach Rücksprache mit der OECD ernannt werden sollen."[56]

Einige dieser Punkte wurden im Bundesgesetz über die Gründung der Hochschule für Bildungswissenschaften in Klagenfurt, das der Nationalrat am 21. Jänner 1970 verabschiedete, tatsächlich festgeschrieben (wobei aber nicht

---

Schreibens und wird im UAK aufbewahrt (englischsprachiger Teil: UAK, 1; deutschsprachiger sowie französischsprachiger Teil: UAK, 2).

54 Gass' Beitrag im englischsprachigen Teil der Bandabschriften (siehe Anm. 53), 2–7, hier 2 und 7, die Zitate „educational explosion" und „qualitative revolution" auf 2. Während Nathan sprach (sein Beitrag im englischsprachigen Teil der Bandabschriften, 83–85), wurde das Band gewechselt, so dass nicht der gesamte Beitrag überliefert ist.

55 Aktennotiz o.D., betr. die Mitarbeit der OECD am Hochschulprojekt Klagenfurt. ÖStA, AdR, BMU, GZ 108.432. Vgl. auch J. R. Gass (Direktor des CERI) an [Carl Heinz] Bobleter v. 11.12. 1969. AT-KLA 663-652 Su.

56 Aktennotiz o.D., betr. die Mitarbeit der OECD am Hochschulprojekt Klagenfurt. ÖStA, AdR, BMU, GZ 108.432.

bekannt ist, ob sie deswegen in das Gesetz aufgenommen wurden, weil Gass sie zu Bedingungen für eine Zusammenarbeit gemacht hatte). Anders als bei der Errichtung der Hochschulen in Salzburg und Linz, deren Schaffung keine derart ausführliche bildungspolitische Diskussion vorangegangen war, beschränkte sich der Gesetzgeber im Fall Klagenfurt nicht auf eine knappe Novellierung des Hochschul-Organisationsgesetzes, sondern machte detaillierte Vorgaben zum Ablauf des Gründungsprozesses. So sah das Gesetz eine dreijährige „Aufbaustufe" mit anschließender siebenjähriger „Ausbaustufe" vor (§ 10), während derer ein aus Fachleuten bestehender Gründungsausschuss die Universität leiten und Vorschläge zur Berufung von ProfessorInnen machen sollte (§ 11).[57] Ein Recht auf Anhörung im Verfahren, an dessen Ende das Unterrichtsministerium die Mitglieder des Gründungsausschusses bestellen sollte, hatte die OECD allerdings nicht (§ 11, Abs. 2). Die Bestimmungen des Hochschul-Organisationsgesetzes galten an der neuen Universität nicht unmittelbar, sondern waren nur „sinngemäß anzuwenden". Erst ein weiteres Bundesgesetz sollte die „Organisation der Hochschule" präzise regeln (§ 3). In den Erläuterungen zum Gründungsgesetz hieß es dazu, dass es „nicht zweckmäßig" sei, „die Organisation und die Struktur der neuen Hochschule gesetzlich festzulegen", da die „Diskussion über eine Reform in der Hochschulstruktur derzeit noch in vollem Gange" sei.[58] Im Arbeitspapier „Projekt Hochschule für Bildungswissenschaften in Klagenfurt", das Bestandteil der Erläuterungen war, war außerdem festgeschrieben, dass „[s]ämtliche Bildungseinrichtungen in Kärnten [...] Gelegenheit zur Zusammenarbeit mit der Hochschule erhalten" sollten.[59]

Obwohl die Bedingungen für eine Zusammenarbeit, die Gass formuliert hatte, also weitgehend eingehalten worden waren und Gass sich zum Entwurf des Gründungsgesetzes auch positiv geäußert hatte,[60] verlief die Kooperation zwischen der OECD und der Universität nach deren Gründung im Sand. Zwar sprach sich der Gründungsausschuss gleich in seiner ersten, konstituierenden Sitzung dafür aus, „auf Vorschlag der OECD [...] eine gemeinsame, die Zusammenarbeit orientierende Tagung zu veranstalten"[61] und griff das Thema in seiner dritten Sitzung noch einmal auf.[62] Weitere Planungsschritte sind in den Akten aber nicht mehr dokumentiert. Es ist nicht ganz klar, warum das bei-

---

57 „Bundesgesetz über die Gründung der Hochschule für Bildungswissenschaften in Klagenfurt" (21. Jänner 1970), abgedruckt in: Lechner, Verklärung, 27–34.
58 „Erläuterungen", in: Ebd., 61.
59 Ebd., 44.
60 J. R. Gass (Direktor des CERI) an [Carl Heinz] Bobleter v. 11. 12. 1969. AT-KLA 663-652 Su.
61 Protokoll über die 1. (konstituierende) Sitzung des Gründungsausschusses der Hochschule für Bildungswissenschaften in Klagenfurt am 25. Mai 1970 sowie Protokoll der 3. Sitzung des Gründungsausschusses am 8. Juli 1970. ÖStA, AdR, BMU, GZ 133.877.
62 Protokoll der 3. Sitzung des Gründungsausschusses am 8. Juli 1970. ÖStA, AdR, BMU, GZ 133.877.

derseitige Interesse an einer Zusammenarbeit so schnell erlahmt zu sein scheint. Ein Grund könnte darin liegen, dass das „Experiment Klagenfurt" schon nach kurzer Zeit seinen „Sonderstatus […] in der Praxis […] weitgehend verloren" hatte und „auf dem Weg [war], eine Hochschule wie jede andere zu werden."[63] Dies zeigte sich insbesondere daran, dass sich der Fächerkanon zu dem einer traditionellen, kleineren Philosophischen Fakultät erweiterte: Unter den acht (ausschließlich männlichen) Mitgliedern des Gründungsausschusses und den sonstigen an der Hochschule Tätigen waren nicht nur BildungswissenschaftlerInnen im engeren Sinn, sondern auch VertreterInnen von Fachwissenschaften wie der Germanistik, der Mathematiker und der Geschichte. Deren Stellenbeschreibung verlangte von ihnen zwar eine Schwerpunktsetzung in der Fachdidaktik, in der Praxis und ihrem Selbstverständnis nach blieben sie jedoch in der Regel „den Fragestellungen ihrer jeweiligen Disziplin verhaftet."[64] Somit gab es für die OECD keine Motivation, gerade mit diesen WissenschaftlerInnen zu kooperieren. Möglicherweise wollten auch einige der neuberufenen WissenschaftlerInnen bewusst nicht mit der OECD zusammenarbeiten. Wie Erich Leitner zurecht hervorhebt, kann das Gründungskonzept der Universität ebenso wenig als wert- und ideologiefrei angesehen werden wie die „Versuche von [Gründungsrektor] Walter Schöler und seinem engsten Gründungsteam, die Bildungswissenschaften auf eine Ebene methodologisch-technologischer Rationalität einzugrenzen". Speziell nach dem Regierungswechsel in Wien 1970, der sozialdemokratische WissenschaftsministerInnen ins Amt brachte, verschärfte sich das mit den „Instrumente[n] der Mittel- und Stellenzuweisungen bzw. der Berufungen" ausgetragene Ringen um Einfluss und auch innerhalb der jungen Hochschule standen „scharf gegensätzliche[] Positionen" in Konkurrenz zueinander.[65] Die Kooperation mit der OECD, deren Movens ja letztendlich die Förderung von Wirtschaftswachstum blieb und die die Bildungswissenschaften durch diese Brille betrachtete, wird dabei möglicherweise ebenfalls nicht unumstritten geblieben sein.

IV. Ausblick und Fazit

Anfang der 1990er-Jahre wurde die Universität für Bildungswissenschaften Klagenfurt, wie die Hochschule seit der Verabschiedung des Universitäts-Organisationsgesetzes 1975 hieß, im Auftrag des Bundesministeriums für Wissenschaft und Forschung von der Unternehmensberatung Arthur D. Little In-

---

63 Leitner, Ringen, 667. Zum Folgenden ebd. 667–668.
64 Ebd., 666.
65 Ebd., 666–667.

ternational evaluiert. Die BeraterInnen prüften unter anderem, ob die Universität die ihr – laut Evaluationsbericht – ursprünglich gestellte Aufgabe, „nämlich interdisziplinäre und integrierte Forschungsleistungen auf dem Gebiet der Bildungswissenschaften zu erbringen und dadurch zu einer Forschungsstätte von nationaler und internationaler Bedeutung zu werden", erfüllt habe, und verneinten diese Frage.[66] Der sehr kritische Bericht, der sogar eine komplette Schließung der Universität erwog, sprach sich für einen drastischen Umbau der Hochschule zu einer Universität mit den Schwerpunkten Wirtschaftswissenschaften und Informatik als Alternative zu einer Schließung der Universität aus.[67] Damit wurde ausgerechnet der auf Grundlage der OECD-Bedarfsprognosen spätestens 1968 verworfene Vorschlag einer Wirtschaftshochschule wieder aufgewärmt. Und wenngleich der Evaluationsbericht, gegen den die Universität Sturm lief, aufgrund zahlreicher Mängel – insbesondere der Rohbericht enthielt einige grobe Fehler[68] – vom Wissenschaftsministerium als Entscheidungsgrundlage insgesamt verworfen wurde, wurden die Wirtschaftswissenschaften im Oktober 1993 tatsächlich einer der Schwerpunkte der Lehr- und Forschungstätigkeit: Nach einer Reorganisation bestand die Universität zukünftig aus zwei Fakultäten, einer Fakultät für Kulturwissenschaften sowie einer Fakultät für Wirtschaftswissenschaften und Informatik.[69] Damit sicherten ausgerechnet die Wirtschaftswissenschaften, für die das Unterrichtsministerium in seiner Auswertung der Prognosen der OECD Ende der 1960er-Jahre keinen Bedarf gesehen hatte, der Universität Klagenfurt das Überleben.

Interessanter als die Beobachtung, dass sich zentrale Annahmen, auf deren Grundlage über Gründung und Ausrichtung der Universität Klagenfurt entschieden wurde, in der Rückschau als fehlerhaft herausgestellt haben, ist es allerdings, nach der politischen Funktion der OECD-Prognosen und des un-

---

66 Evaluierung und Weiterentwicklung der Universität für Bildungswissenschaften Klagenfurt. Im Auftrag des Bundesministeriums für Wissenschaft und Forschung (Endbericht), Mai 1992, abgedruckt in: Evaluierung und Weiterentwicklung der Universität für Bildungswissenschaften Klagenfurt, hg. vom Bundesministerium für Wissenschaft und Forschung, Wien 1992, ohne durchgehende Paginierung, 31 (Seitenzählung des Evaluationsberichts).

67 Vgl. ebd., 9.

68 Stellungnahme der Universität für Bildungswissenschaften Klagenfurt zum Rohbericht „Evaluierung und Weiterentwicklung der Universität für Bildungswissenschaften Klagenfurt" (A.D. Little, im Auftrag des BMWF, Wien Dez. 1991). Beschluss des Universitätskollegiums vom 22.1.1992, abgedruckt in: Evaluierung und Weiterentwicklung der Universität für Bildungswissenschaften Klagenfurt, hg. vom Bundesministerium für Wissenschaft und Forschung, Wien 1992, ohne durchgehende Paginierung. Vgl. auch Peter Kaiser: Universität und Region als Momente eines dynamischen Interdependenzprozesses. Zur Kritik der Evaluationsversuche wissenschaftlicher Einrichtungen von Unternehmensberatungsfirma und Ministerialbürokratie („Der Fall Klagenfurt"), Diss., Universität Klagenfurt, 1993, 82–83.

69 Leitner, Ringen, 669–671.

mittelbaren Engagements der OECD für die Universitätsgründung in den Bildungsdebatten zu fragen. Dass sich das Unterrichtsministerium auf die Autorität einer internationalen Organisation berufen konnte, half ihm vermutlich, das Projekt gegen alle Widerstände durchzusetzen. Die eigentlichen InitiatorInnen, das heißt die AkteurInnen in Kärnten rund um den Kärntner Universitätsbund und die Kärntner Hochschulförderung, nutzten die Dynamik, die die Arbeit der OECD erzeugte, ebenfalls für ihre Zwecke, und sie agierten dabei sehr pragmatisch. Ihr Kernanliegen war die Gründung einer Universität in Klagenfurt. Welches Profil diese Universität haben würde, war dabei von untergeordneter Bedeutung. Entsprechend schnell schwenkten sie, obgleich sie aus den Prognosen der OECD eigentlich andere Schlüsse gezogen hatten als das Unterrichtsministerium, vom Plan einer Wirtschaftshochschule auf den Plan einer Hochschule für Bildungswissenschaften um.

Am 7. Oktober 1969 hatte der neu ins Amt gekommene Wissenschaftsminister Alois Mock endgültig grünes Licht für die Gründung einer Hochschule in Klagenfurt gegeben. Die „Kärntner Tageszeitung" erinnerte aus diesem Anlass wieder einmal an den Tag der Volksabstimmung von 1920: „Ohne Zweifel hat Kärnten nun ein zweites Oktoberdatum, das würdig ist, in die Annalen der Landesgeschichte einzugehen".[70] Im Jahr 2020 wird sich zeigen, welches Ereignis 100 Jahre nach der Volksabstimmung und 50 Jahre nach der Gründung der Universität tiefere Spuren in der Kärntner Erinnerungslandschaft hinterlassen hat.

---

70 Der 7. Oktober, Kärntner Tageszeitung, 8.10.1969.

Anna Minta

Gebaute Bildungslandschaften der 1960er-Jahre. Campus-Architekturen und Reformkonzepte in Linz

Gewidmet Jörg Matthies († 2019)

Weltweit stiegen seit den 1950er-Jahren die Studierendenzahlen an und sprengten die Kapazitäten bestehender Hochschuleinrichtungen. Der sogenannte Bildungsnotstand traf zusammen mit rasanten wirtschaftlichen, wissenschaftlichen und technischen Entwicklungen auf dem Weltmarkt, die deutlich machten, dass Wissenschaft und Forschung breiter wirtschaftspolitischer und gesellschaftlicher Unterstützung bedurften, um konkurrenzfähig zu bleiben. Internationale Konferenzen zur Bildungs- und Wissenschaftsförderung forderten mehr Verantwortung und finanzielle Unterstützung durch die Länder. Die Organisation für Europäische Wirtschaftszusammenarbeit (OEEC, später OECD) legte 1961 eine Zielvereinbarung vor, mit der die westeuropäischen Länder ihre Bildungsinvestitionen in den kommenden zehn Jahren um 100 Prozent steigern sollten.

In Österreich erfolgte 1962 die Gründung sowie 1966 die Eröffnung der Hochschule für Sozial- und Wirtschaftswissenschaften in Linz, der späteren Johannes Kepler Universität (JKU).[1] Zusammen mit der (Wieder-)Gründung der Universität Salzburg 1962 und der Gründung der Hochschule bzw. späteren Universität in Klagenfurt im Jahr 1970 erhöhte sich so die Zahl österreichischer Universitäten enorm, was symptomatisch für die Zeit ist.[2] Zwischen 1964 und 1973 wurden 156 Universitäten in der westlichen Welt neu gegründet oder aus bestehenden Bildungseinrichtungen heraus entwickelt.[3]

---

1 Maria Wirth/Andreas Reichl/Marcus Gräser, 50 Jahre Johannes Kepler Universität Linz. Eine „Hochschule neuen Stils", Wien/Köln/Weimar 2016. Ich danke Maria Wirth für die kritische Lektüre dieses Beitrages, für die kollegiale Unterstützung bei Recherchen und die uneingeschränkte Bereitstellung von Quellenmaterialien zur Geschichte der JKU.

2 Maria Wirth/Herbert Posch, Linz, Salzburg, Klagenfurt – die österreichischen Universitätsgründungen der 1960er Jahre, in: Jahrbuch für Universitätsgeschichte 21 (2018) (im Erscheinen); Elmar Schübl, Der Universitätsbau in der Zweiten Republik. Seine historischen und aktuellen Grundlagen, in: Mensch, Wissenschaft, Magie. Mitteilungen der Oesterreichischen Gesellschaft für Wissenschaftsgeschichte 27 (2010) 109–119.

3 Walter Rüegg (Hg.), Geschichte der Universität in Europa, Band 4, München 2010, 509–527; Marcus Gräser, Reformuniversität? Entlastunguniversität? Eine „Hochschule neuen Stils"!, in: Wirth/Reichl/Ders., 50 Jahre, 9–24, 9.

Weltweit, so auch in Österreich, verbanden sich mit dem Ausbau der Hochschullandschaft auch gesellschaftliche Reformansprüche. In Bildungsdebatten diente das angelsächsische Konzept der Campus-Universität als idealistische Projektionsfläche einer neuen Bildungsgemeinschaft einerseits und einer neuen Gemeinschaft durch Bildung andererseits.

Der Beitrag diskutiert Versuche, das Idealbild von einer Universität als humanistische Bildungsstätte und als Ort der Gemeinschaftsstiftung in Architektur und Raum zu übersetzen. Trotz finanzieller Einschränkungen experimentierten PlanerInnen und ArchitektInnen mit innovativen Raumordnungen, nutzen modernste Konstruktionen und die Vielfalt neuer Materialien, um Universitäten über Architektur und Raumstrukturen programmatisch als Stätten der wissenschaftlichen und gesellschaftlichen Innovation zu inszenieren. Die Bildungsentwicklungen in Österreich und die Linzer Hochschulbauten seit den 1960er-Jahren können als Abbild der Reformbestrebungen betrachtet werden. Am Beispiel der 1962 gegründeten JKU mit einem Campus auf der „Grünen Wiese" und dem Campus-artigen Bau der Privaten Pädagogischen Hochschule der Diözese Linz (1970) sollen ästhetische und ideologische Entwürfe von Bildungsbauten der Spätmoderne analysiert werden. Mit Vergleichen zur Universitätsgründung in Klagenfurt (1970) können die österreichischen Campus-Bauten in die Bildungsideale und Baukultur der 1960er- und 1970er-Jahre eingeordnet werden. Raumkonzeptionen, Architektur und Landschaftsgestaltung stehen dabei gleichermaßen im Zentrum.

I. Vorbilder im Hochschulbau

Es waren vor allem Großbritannien und die Bundesrepublik Deutschland, die zum Vorbild breit angelegter Bildungsinitiativen wurden, da sich in ihnen bildungspolitische Ideale, wirtschaftspolitische Interessen und architekturräumliche Modelle miteinander verbanden. In Großbritannien entstanden in den 1960er-Jahren in Sussex, York, East Anglia, Essex, Warwick, Kent und Lancaster sieben neue Hochschulen, die das Bild von der angelsächsischen Campus-Universität prägten.[4] Als „Revision der traditionellen Prinzipien von Oxford und Cambridge mit ihrem halbwegs mönchischen Leben" sollten die neuen Bildungseinrichtungen ein „Sammelplatz von sehr verschiedenen Lebensweisen, Absichten und Spezialisationen" werden, in dem vielfältigste Kontakte zwischen

---

4 Stefan Muthesius, The postwar university. Utopianist campus and college, New Haven 2000. Vgl. auch Universitätsgebäude in England, Das Werk 53 (1966) 1 (Themenheft); Peter Jockusch, Internationale Tendenzen der Hochschulentwicklung und Hochschulplanung. Großbritannien, in: Horst Linde (Hg.), Hochschulplanung. Beiträge zur Struktur- und Bauplanung, Band 1, Düsseldorf 1969, 56–64.

den Lehrenden und Lernenden aller Fakultäten einen intensiven Austausch untereinander ermöglichten.[5] Neue planerische Ansätze in der Architektur folgten dieser Vision, Universitäten als urbane Mikrokosmen im Grünen oder zumindest an den Rändern der Stadt entstehen zu lassen: „campus construction: a new Jerusalem, a city on the hill".[6] Mit diesem Verweis auf die „Stadt auf einem Hügel" aus John Winthrops Predigt „A Model of Christian Charity" von 1630 wurde der modellhafte Charakter der Campus-Universität in Lancaster als idealisiertes Abbild menschlicher Gemeinschaft betont. Sie ist gekennzeichnet durch soziale Kommunikation und Interaktion sowie gemeinsame Werte und Ideale. Übertragen auf das Bildungskonzept der Campus-Universität stand diese Vorstellung für eine harmonische Wissenschaftsgemeinschaft und das multidisziplinäre Durchdringen der Wissenschaftsbereiche.

Die Verbindung von Bildungs- und Gesellschaftsreform prägte auch die Hochschulpolitik der BRD. Die Alliierten initiierten nach 1945 eine Politik der Re-Education, später Re-Orientation, die im Zusammenhang mit der Entnazifizierungskampagne im gesamten Nachkriegsdeutschland durchgeführt wurde und auch für Österreich vorgesehen war, dort jedoch wenig Einfluss hatte.[7] Ziel der Alliierten war es, nach dem Nationalsozialismus das Entstehen von demokratischen Gesellschaften zu fördern. Instrument war als langfristige Maßnahme eine demokratisch-humanistische Bildungsarbeit, die sich vor allem in der Neugründung von Schulen und Hochschulen niederschlug, um über Einfluss auf jüngere und nachfolgende Generationen eine nachhaltige demokratische Umerziehung/Umorientierung zu gewährleisten.[8] In den Maßnahmenkatalog fiel zudem die Neuausrichtung von Fakultäten und Studienplänen sowie die Förderung von gemeinschaftlichen Einrichtungen wie Bibliothek, Mensa und Studentenwohnheim. Die neue von den Alliierten unterstützte Bildungspolitik formulierte das Ideal vom Studenten als dem „politisch bewusst, sozial und demokratisch handelnden, sich für Universität und Gesellschaft engagierenden Staatsbürger".[9] Neben Musik- und Kunsthochschulen, Pädagogischen Hoch-

---

5 Nicholas Thompson, Neue englische Universitätsgebäude, in: Das Werk 53 (1966) 1, 5–6, 5.

6 Website der Lancaster University, Geschichte der Universität, Origins and Growths, http://www.lancs.ac.uk/unihistory/growth/construction.htm (abgerufen 20.10.2018). Vgl. auch Anna Minta, Auratische Orte der Gemeinschaftsstiftung. Universitäten als nationale Bauaufgabe, in: kritische berichte 44 (2016) 2, 34–46.

7 Vgl. etwa: Christian Stifter, Zwischen geistiger Erneuerung und Restauration. US-amerikanische Planungen zur Entnazifizierung und demokratischen Neuorientierung österreichischer Wissenschaft 1941–1955, Wien/Köln/Weimar 2014.

8 Vgl. Kerstin Renz, Testfall der Moderne. Diskurs und Transfer im Schulbau der 1950er-Jahre, Tübingen/Berlin 2016; Manfred Heinemann (Hg.), Umerziehung und Wiederaufbau. Die Bildungspolitik der Besatzungsmächte in Deutschland und Österreich, Stuttgart 1981.

9 Andreas Barz, Was bleibt von den Ideen der Re-Education nach dem Ende des Kalten Krieges? Anmerkungen zur Rettung des Studentendorfes Schlachtensee, in: Kai Kappel/

schulen und einigen wenigen privaten, darunter kirchliche Hochschulen wurden alleine in den 1960er- und 1970er-Jahren über zwanzig Universitäten gegründet, zu denen unter anderen Bochum (1961), Regensburg (1962), Dortmund und Düsseldorf (1965), Konstanz (1966), Mannheim und Ulm (1967), Bielefeld (1969) und Bremen (1971) zählen.[10]

Die bildungspolitische Aufbruchsstimmung der 1960er-Jahre ging einher mit einem nahezu grenzenlosen Vertrauen in Technik und Fortschritt. Im Hochschulbau griff man Entwicklungen im Bereich der Typisierungen und massenhaften Vorfabrikation sowie der Montage von Bausystemen in Großblockbauweise oder flexiblen Leichtbauverfahren auf. Die vom Düsseldorfer Architekturbüro Hentrich, Petschnigg & Partner entworfene Ruhruniversität Bochum (1962–1967) war nach der Freien Universität (1948) in West-Berlin die erste universitäre Neugründung nach dem Krieg in der Bundesrepublik und ist ein Musterbeispiel des rationalen, industrialisierten Bauens in serieller Vorfertigung.[11] Die kompakte Anlage der Campus-Universität, außerhalb des Bochumer Stadtzentrums gelegen, besteht aus 13 untereinander verbundenen Hochhausscheiben für die Institute und Fakultäten in linearer Reihung. Eine Querachse, die als Forum ausgebildet ist, nimmt in individuellen Architektursolitären zentrale Einrichtungen wie das Auditorium Maximum, die Bibliothek und die Mensa auf. Ein Raster von 7,50 x 7,50 Meter organisiert den gesamten Campus, auf dem sich die einzelnen Bauten in Stahlbeton und Glas erheben. Die seriellen Bauteile wurden in einer auf dem Universitätsgelände errichteten Fabrik produziert. Im Inneren ermöglichen variable Wandsysteme eine flexible Grundrissgestaltung. Die einheitliche äußere Gestaltung der Institutsbauten sollte als architektonischer Ausdruck des Liberalismus und der Demokratie im Nachkriegsdeutschland verstanden werden, die sich demonstrativ von einer hierarchisch-doktrinären NS-Ideologie distanzierte. Mit dem sichtbaren Bekenntnis zum modernen, industrialisierten Bauen lehnte man zugleich die völkisch-rassisch interpretierte Heimatschutz-Architektur der Nationalsozialisten ab.

Matthias Müller (Hg.), Geschichtsbilder und Erinnerungskultur in der Architektur des 20. und 21. Jahrhunderts, Regensburg 2014, 111–128, 111.

10 Hinzu kommen zudem so genannte universitäre Gesamthochschulen wie 1970–1972 in Kassel, Siegen, Wuppertal, Duisburg, Essen und Paderborn. Vgl. Christoph Oehler, Hochschulentwicklung in der Bundesrepublik Deutschland seit 1945, Frankfurt/M. 1989; Linde, Hochschulplanung. Auch in der Schweiz sind vergleichbare Reformbestrebungen und Aktivitäten im Ausbau der Hochschullandschaft zu beobachten. Vgl. Universitätsplanung in der Schweiz, Das Werk 57 (1970) 3 (Themenheft); Erfahrungen und Ideen für die Zukunft. 20 Jahre Fachstelle für Hochschulbauten, hg. von der Schweizerischen Hochschulkonferenz, Bern 1990.

11 Richard Hoppe-Sailer/Cornelia Jöchner/Frank Schmitz (Hg.), Ruhr-Universität Bochum. Architekturvision der Nachkriegsmoderne, Berlin 2015; Alexandra von Cube, Die Ruhr-Universität Bochum, Bochum 1992.

Die Traditionen des städtischen Platzes aufgreifend gruppieren sich am Forum im Zentrum der Campus-Anlage verschiedene zentrale Einrichtungen. Diese, wie beispielsweise das polygonale Auditorium Maximum mit seinem ursprünglich als Flächentragwerk in Leichtbeton geplanten Dach, durchbrechen das starre Raster des Campus-Plans und die Typisierung der Bauten. In dem Gesamtkonzept der Universität Bochum finden sich zwei Leitbilder der Nachkriegsmoderne wieder: Zum einen das bereits von der CIAM (Congrès Internationaux d'Architecture Moderne) 1933 verabschiedete Strukturprinzip der „funktionalen Stadt", das eine klare Trennung einzelner Funktionsbereiche wie Arbeiten, Wohnen und Erholung bzw. übertragen auf den Universitätscampus eine Differenzierung von Institutsbauten, zentralen Einrichtungen und Kommunikationsraum forderte. Zum anderen wird das rationale Raster des typisierten Bauens durch einzelne Gebäude in expressiv plastischer Formgebung aufgebrochen, die im Mittelpunkt der gesamten Anlage liegen. Über dieses offene Forum und die fächerübergreifende Nutzung mit Bibliothek, Galerie, Auditorium Maximum und Mensa wurde ein gemeinschaftlich genutztes Zentrum errichtet. In Analogie zu städtebaulichen Diskussionen hatten Vertreter der CIAM auf dem Kongress 1951 unter dem Titel „Heart of the City"[12] neue soziale und kommunikative Orte in urbanen Gefügen gefordert. Zentrale Platzanlagen in der Stadt, nun übertragen auf den Campus, wurden zum praktischen und symbolischen Zentrum demokratisch-partizipativer Raumbildung und reformorientierter Gemeinschaften.[13] Auch die Bauten der Freien Universität Berlin, die seit 1963 geplante und bis 1980 sukzessive errichtete Rost- und Silberlaube (Georges Candilis, Alexis Josic, Shadrach Woods mit Manfred Schiedhelm) orientieren sich an städtebaulichen und raumsoziologischen Debatten der Zeit.[14] Die Institutsbauten entstanden als clusterartiges, zweigeschossiges Raumgefüge mit einem vernetzten System von Wegen und Begegnungszonen, welche die Institute und Einrichtungen miteinander verbinden und öffentlich zugänglich sind. Die rasterartige Raumkonzeption sollte dabei Nutzungsveränderungen und zukünftige Erweiterungsoptionen unkompliziert ermöglichen.

Architekturräumliche und gesellschaftliche Ideale prägten folglich gleichermaßen die Hochschul-Baupolitik in zahlreichen Ländern: Neben einer ver-

---

12 Jaqueline Tyrwhitt (Hg.), The heart of the city: Towards the humanisation of urban life (CIAM 8, Hoddesdon, 1951), London 1952. Vgl. auch Konstanze Domhardt, The heart of the city. Die Stadt in den transatlantischen Debatten der CIAM 1933–1951, Zürich 2012.

13 Brigitte Sölch, Struggle for Democracy? Das Museum auf dem Weg in die Stadt, in: kritische berichte 46 (2018) 2, 18–29; dies., Das Forum – nur eine Idee? Eine Problemgeschichte aus kunst- und architekturhistorischer Perspektive. 15.–21. Jh., Habilitationsschrift in Vorbereitung für den Druck.

14 Gabriel Feld (Hg.), Free University, Berlin: Candilis, Josic, Woods, Schiedhelm, London 1999.

netzten Wissenschaft mit interdisziplinär arbeitenden Fachbereichen sollte ein Campus als gebauter Raum und Ort des sozialen Handelns zum Experimentierfeld für eine demokratisch-partizipative Gesellschaft werden. Auch in Österreich setzte sich das Konzept der Campus-Landschaft durch.

II.   Bildungspolitik in Österreich – Campus als ideales Architektur- und Gesellschaftsmodell

In Österreich kam der Ausbau der Hochschullandschaft aufgrund der eingeschränkten finanziellen Mittel, fehlender personeller Ressourcen (unter anderem auch durch Entnazifizierungsauflagen) und institutioneller Unterstützung erst allmählich in Gang. Während zunächst versucht wurde, an die Situation vor 1938 anzuknüpfen, begannen unter Unterrichtsminister Heinrich Drimmel (1954–1964, ÖVP) und seinem Nachfolger Theodor Piffl-Perčević (1964–1969, ÖVP) Beratungen über ein Allgemeines Hochschul-Studiengesetz, das 1966 verabschiedet wurde. Dieses Gesetz schrieb sechs Grundsätze für die Gestaltung der Studien an den wissenschaftlichen Hochschulen fest: die „Freiheit der Wissenschaft und ihrer Lehre", die „Verbindung von Forschung und Lehre", die „Offenheit für die Vielfalt wissenschaftlicher Lehrmeinungen und Methoden", die „Lernfreiheit", das „Zusammenwirken von Lehrenden und Lernenden" sowie die „Autonomie der Hochschulen".[15] Zu den Zielen dieses weitreichenden, modernen Gesetzes, das im Vorfeld der 1968er Studentenunruhen entstand, zählten die Befähigung der Studierenden „in kritischem Denken und selbständigem Handeln ihre zukünftigen beruflichen Aufgaben in stetem Zusammenhang mit den Fortschritten der Wissenschaft zu erfüllen". Zudem sollten die Studierenden

> „[eine] Haltung erwerben, die in sachlicher Einstellung, klarer Urteilsfähigkeit, intellektueller Redlichkeit und Toleranz sowie erhöhter Verantwortlichkeit gegenüber der demokratischen Republik Österreich und der menschlichen Gesellschaft zum Ausdruck kommt. Sie sollen die Bedeutung des Fachs im Ganzen der Wissenschaft und die Bedeutung der Wissenschaft im Ganzen der Kultur begreifen lernen".[16]

Unter Hertha Firnberg (1970–1983, SPÖ), die 13 Jahre das 1970 eingerichtete Bundesministerium für Wissenschaft und Forschung leitete, wurde die Reform der Hochschulen mit einer grundlegenden Änderung der Organisationsstruktur in Richtung einer Teilhabe der unterschiedlichen universitären Gruppen fortgeführt. Die neuen Leitlinien in der Bildungspolitik prägten auch die Ent-

---

15 Helmut Engelbrecht, Geschichte des österreichischen Bildungswesens. Erziehung und Unterricht auf dem Boden Österreichs, Band 5. Von 1918 bis zur Gegenwart, Wien 1988, 786.
16 Ebd.

wurfspraxis von PlanerInnen und ArchitektInnen, die sich bemühten, ihre Hochschulbauten zu architektonischen und räumlichen Manifestation des neuen Bildungsverständnisses werden zu lassen.

Linz kann mit der Gründung der JKU als Hochschule für Sozial- und Wirtschaftswissenschaften (1962), der Umwandlung der staatlichen Lehrerbildungsanstalt in eine Pädagogische Akademie (1966, seit 2007 Hochschule), dem Ausbau der Pädagogischen Akademie der Diözese Linz (1968–1970) sowie der Erhebung der Kunstschule der Stadt Linz zur Hochschule für künstlerische und industrielle Gestaltung (1973, ab 1998 Kunstuniversität) als Mikrokosmos der österreichischen Bildungspolitik betrachtet werden, in dem sich die bildungspolitischen Reformen Österreichs in der Vielfalt des Hochschulangebots niederschlagen. Mit dem Ausbau von Linz als Hochschulstandort knüpfte man einerseits an Entwicklungen im Nationalsozialismus an, hatte doch Adolf Hitler die Gründung einer Universität in Linz mit technischer Ausrichtung vorangetrieben und 1939 die Architekten Paul Schmitthenner (Stuttgart), Wilhelm H. Jost (Dresden) und Hanns Dustmann (Berlin) zum Wettbewerb eingeladen.[17] Diese zur NS-Zeit hoch angesehenen Architekten versprachen einen monumentalen Universitätsentwurf, der sich in die Umbauplanung von Linz als „Kulturhauptstadt des Führers" einpassen würde. Andererseits grenzte man sich nach 1945 sowohl in der fachlichen Ausrichtung als auch in der baulichen Gestaltung einer Linzer Universität von den früheren Planungen stark ab. In Oberösterreich unterstützte Landeshauptmann Heinrich Gleißner (1934–1938, 1945–1971, ÖVP) die Reformansätze in der Hochschulpolitik. So forderte er beispielsweise nach seiner Reise in die USA Mitte der 1950er-Jahre für Linz den Aufbau eines sozialwissenschaftlichen Hochschulschwerpunktes, da ein solcher Hochschultyp in Österreich noch nicht vertreten sei.[18]

Das Bedürfnis nach Abgrenzung von den etablierten Universitäten und die Suche nach Reformkonzepten sollte dabei auch über die Architektur artikuliert werden. So zitiert ein Beitrag in „Der Stern" vom 23. Oktober 1966 unter der Überschrift „Ein Komplex aus Stahl und Beton in dem für Linz beinahe schon klassischen Perotti-Stil" den Gründungsrektor der JKU Ludwig Fröhler: „Wenn wir uns von den traditionellen österreichischen Hochschulen so weit unterscheiden wie das Biedermeier vom Mittelalter, sind wir schon sehr zufrieden."[19] Hubert Zeitlhofer, der als Berater von Bürgermeister Ernst Koref (1945–1962,

---

17 Hanns Christian Löhr, Hitlers Linz, der „Heimatgau des Führers", 144–153.
18 Engelbrecht, Geschichte, 456. Vgl. auch Marina Fischer-Kowalski, Zur Entwicklung von Universität und Gesellschaft in Österreich, in: Heinz Fischer (Hg.), Das politische System Österreichs, 2. Auflage, Wien 1977. Herzlichen Dank an Dr. Jörg Matthies für die fachkundige Unterstützung bei den Recherchearbeiten.
19 Oberösterreichisches Landesarchiv (OÖ LA), Linzer Hochschulfonds, Karton 41 (Pressemeldungen).

SPÖ) in die Planungen involviert war, beschrieb zur Eröffnung 1966 die Über-
lagerung von sozialen und architektonischen Reformkonzepten:

> „Der Linzer Hochschulfonds hat nicht nur bei der wissenschaftlichen Konzeption der
> Hochschule für Sozial- und Wirtschaftswissenschaften in Linz neue Wege beschritten,
> sondern ist auch bei der Baugestaltung von den jüngsten Erfahrungen ausgegangen, die
> man insbesondere nach dem Zweiten Weltkrieg bei Neugründungen von Hochschulen
> in Europa gesammelt hat."[20]

Auch Landeshauptmann Gleißner hatte sich nach seiner Amerika-Reise Ende
1956 explizit für eine Campus-Universität ausgesprochen und die Vorzüge einer
akademischen Gemeinschaft von Lehrenden und Lernenden in Freiheit und
Unabhängigkeit hervorgehoben. Dem College-Ideal folgend, forderte er auch die
Unterbringungen von Studierenden auf dem Campus in Form eines „Hoch-
schuldorfes".[21] Auf einer Studienreise im Spätsommer 1960 wurden insbesondere britische Hochschulen (Oxford, Exeter und London) besucht, im Sommer
1963 folgte die Besichtigung neuer Universitätsbauten in St.Gallen (Campus
1963), Freiburg im Breisgau (Mensa 1961), Stuttgart (Bibliothek und Hörsäle
1958–1961) und Delft (Erweiterungsbauten ab 1960). Zeitlhofer umschrieb das
angelsächsische Campus-Modell als Hochschulbezirk und damit als „geeignete
bauliche Gestaltung", mittels derer die „menschlichen Kontakte zwischen Lehrenden und Lernenden einerseits und den Studierenden untereinander andererseits vertieft werden sollen".[22] Er folge der Erkenntnis, so Zeitlhofer, „dass für
die Neugründung einer Hochschule nicht nur notwendiger Raum für Vorle-
sungen und Forschungen geschaffen werden muss." Vielmehr müsse er einen
Hochschulbezirk mit Kontaktmöglichkeiten anbieten, „in dem ohne Anwesen-
heitszwang nur durch die Bereitstellung von Begegnungsstätten verschiedenster
Art die Anknüpfung menschlicher Kontakte erleichtert werden soll".[23] Die
strukturelle Konzeption der JKU, die räumliche Verteilung von Instituten und
vor allem die Schaffung von Gemeinschaftseinrichtungen als wissenschaftliche
und menschliche Begegnungszonen erhielten eine besondere Bedeutung bei der
Hochschulerrichtung.

---

20 Eröffnungsschrift. Hochschule Linz, hg. vom Linzer Hochschulfonds, Linz 1966, 141.
21 Hanns Kreczi, Der Linzer Hochschulfonds. Werden und Aufbau der Johannes-Kepler-Uni-
    versität Linz. Dokumentationsschrift des Linzer Hochschulfonds aus Anlass des 10jährigen
    Bestehens der Hohen Schule in Linz 1976, 25.
22 Hubert Zeitlhofer, Das Baukonzept der Linzer Hochschule in: Eröffnungsschrift. Hochschule
    Linz, hg. vom Linzer Hochschulfonds, Linz 1966, 141–151, 141. Vgl. zur Vorbildlichkeit des
    Campus-Modell: Anna Minta, Hochschulkonzepte und Campusarchitekturen in den USA,
    in: Richard Hoppe-Sailer/Cornelia Jöchner/Frank Schmitz (Hg.), Ruhr-Universität Bochum.
    Architekturvision der Nachkriegsmoderne, Berlin 2015, 111–118.
23 Zeitlhofer, Baukonzept 141.

III.   Die JKU – Campus-Planung in Linz

Die Planungsarbeiten machen deutlich, wie stark sich die Planungsgremien in Linz an dem Idealmodell einer Campus-Universität orientierten und damit internationalen Tendenzen im Hochschulbau folgten. Im Sommer 1961 fand ein baukünstlerischer Wettbewerb für einen Hochschul-Campus in Linz statt. Der Architekt Roland Rainer, der zur gleichen Zeit an seinen Siedlungsplänen für die Gartenstadt Puchenau bei Linz arbeitete, in der er eine Flächenstruktur durchgrünter, autoverkehrsfreier niedriger Wohnbauten entwickelte, saß in der Jury. In ihm muss man einen geeigneten Vertreter einer anti-monumentalen Architektur gesehen haben, der in seinen räumlichen Strukturen eine Vielfalt von öffentlichen und privaten Sphären ineinander verschränkte und über das Angebot sozialer Handlungs- und Kommunikationsräume die Gemeinschaft vor Ort mitgestalten wollte. Durch Rainers behutsamen Umgang mit ortspezifischen Landschaften erhoffte man sich auch für die JKU-Planungen ein organisches Einbetten der zukünftigen Campus-Bauten in die landschaftlichen Gegebenheiten – insbesondere die Bewahrung des historischen Baumbestandes und des Fischteichs des barocken Schlosses Auhof, auf dessen Gelände die JKU errichtet werden sollte.[24] Der Wettbewerb richtete sich an österreichische ArchitektInnen. Zudem erging eine Einladung an vier renommierte ausländische Architekturbüros, die sich durch Hochschulbauten oder allgemein komplexe Raumplanungen ausgezeichnet hatten. Eingeladen wurden der Schweizer Max Bill, der von 1951 bis 1953 Mitbegründer der Ulmer Hochschule für Gestaltung (HFG) war und ihren Campus entwarf; der Deutsche Hans Scharoun, der mit dem Berliner Kulturforum ab Ende der 1950er-Jahre ein Musterbeispiel bildungsbürgerlich-demokratischer Stadtplanung in aufgelockerter Bebauung schuf; der Deutsche Egon Eiermann, der zusammen mit Sep Ruf 1958 den Deutschen Pavillon auf der Weltausstellung in Brüssel realisiert hatte, der zum Symbol eines neuen weltoffenen Deutschland der Nachkriegszeit und damit zum Vorbild demokratischen Bauens wurde; sowie die Niederländer Jacob Berend Bakema und Johannes Hendrik van den Broek, die beim Wiederaufbau Rotterdams mit der Fußgängerzone Lijnbaan in den 1950er-Jahren ein Modell der städtischen Verdichtung mit gleichzeitig großen Freiflächen geschaffen hatten.

Den Wettbewerb gewannen jedoch junge Vorarlberger Architekten um Helmut Eisendle (Bernhard Haeckel, Leopold Kaufmann und Hermann Keckeis).

---

24 Eine umfassende Monografie zu Roland Rainer steht noch aus. Grundlegende Informationen finden sich im Architektenlexikon Wien, bereitgestellt über das Architekturzentrum Wien: http://www.architektenlexikon.at/de/1393.htm (abgerufen 10.10.2018). Vgl. zum Wettbewerb: Kreczi, Linzer Hochschulfonds, 55–59; Maria Wirth, Vorgeschichte, Entstehung und Entwicklung der Johannes Kepler Universität Linz, in: Dies./Reichl/Gräser, 50 Jahre, 25–209, 82–84.

Die Linzer Architekten um den im örtlichen Baugeschehen sehr aktiven Baumeister Artur Perotti (Hans Greifeneder, zusammen mit Günther Domenig, Helmut Frohnwieser und Orhan Kipcak) landeten auf dem zweiten Platz. In ihren Entwürfen lobte die Jury die „zurückhaltende Höhenentwicklung", die „gute Anpassung der sehr niedrigen Gebäude in die Landschaft" und die Umsetzung der Forderung nach einer klaren städtebaulichen Zuordnung einzelner Funktionsgruppen sowie den „Verzicht auf Monumentalität" und trotzdem die Entwicklung architektonischer Dominanten in lockerer Gruppierung zur Schaffung eines „akademischen Forums".[25] Beide Teams wurden aufgefordert, an einem gemeinsamen Campus-Entwurf weiterzuarbeiten.

Ähnlich wie zuvor für Bochum beschrieben, kombinierte der Linzer Bebauungsplan zwei grundlegende Konzepte: eine regelmäßige, erweiterungsfähige Rasterstruktur in linearer Anordnung für die Büro- und Hörsaaltrakte sowie einen „Forumsplatz" mit den Solitärbauten der Bibliothek, des Auditorium Maximums und der Mensa: „Das Forum soll der Hochschule als Festplatz dienen."[26] Das an das Forum angrenzende Schloss sollte (zunächst) die „Gemeinschaftseinrichtungen des studentischen Lebens" (Hochschülerschaft, Klubräume etc.) aufnehmen, um die multifunktionale Nutzung und soziale Attraktivität des zentralen Universitätsplatzes zu steigern.[27]

Diese Aufteilung entsprach internationalen Tendenzen im Hochschulbau, die dem Druck rapid steigender Studierendenzahlen durch serielle Instituts- und Fakultätsbauten mit hohem Erweiterungspotential zu begegnen versuchten. Zugleich schlug sich das Ideal einer reformierten Wissensgemeinschaft als Nukleus einer demokratischen Gesellschaft im städtebaulichen Motiv des Forums als sozialer Begegnungsort nieder. Architekt Perotti erklärte, dass allen Sachzwängen zum Trotz „der Mensch als Maß der Dinge im Mittelpunkt bleiben" muss.[28] Die Forderung nach dem menschlichen Maß muss in zweifacher Beziehung gelesen werden: Zum einen geht es um die Relation des Menschen zu seiner gebauten Umgebung, die mit niedrigen Bauhöhen in harmonischen Proportionen geplant wurde, und zum anderen geht es um den Menschen in seinen sozialen Bezügen, um das Verhältnis von Individuum und Gemeinschaft.[29] Zugleich machte Perotti deutlich, dass neben der räumlich differen-

---

25 Kreczi, Linzer Hochschulfonds, 56–59.

26 Ebd., 165.

27 Artur Perotti, Gestaltungsprobleme der Linzer Hochschule, in: Eröffnungsschrift. Hochschule Linz, hg. vom Linzer Hochschulfonds, Linz 1966, 152–158, 157. Die Verwaltung sollte ursprünglich nur temporär im Schloss untergebracht werden, konnte sich als dauerhafte Nutzerin jedoch durchsetzen.

28 Artur Perotti, Der Bau ist Ausdruck der Idee, Oberösterreichische Nachrichten (Beilage zur Eröffnung der Linzer Hochschule), 8.10.1966.

29 Das Thema „menschliches Maß" prägte zahlreiche Debatten nach 1945. Programmatisch hierfür stehen beispielsweise die sogenannten Darmstädter Gespräche, bei denen Philoso-

zierten Ordnung zwischen Hörsaal- und Institutstrakt (heute: Keplergebäude) und Forum gestalterische Kontraste – wie barocker Altbau und moderner Neubau – respektive Architektur und Landschaft eine Rolle im Entwurf spielten.

Ansicht des JKU-Campus 1971 mit dem heutigen Keplergebäude (links) und dem Juridicum (im Hintergrund). Bildnachweis: Archiv der Johannes Kepler Universität Linz/Foto: Eva Dorninger

Perotti und sein Team entwickelten für die Hörsaal- und Institutstrakte ein Stahlbetonskelett (in Analogie zur Bochumer Universität mit einem Achsmaß von 7,5 Metern), das in linearer Längung das architektonische Pendant zum rechteckigen Teich bildet. Die Füllelemente der Skelettkonstruktion reduzieren sich auf wenige Materialien: Metallverplattung außen, Sichtziegel und Glas außen und innen sowie Holz im Innenraum. Materialästhetik verbindet sich hier mit der rationalen Forderung nach einer Sichtbarkeit der Konstruktion. Perotti beschrieb sowohl die Materialwahl als auch die konstruktive Gestaltung und strukturalistische Anordnung als ein selbstbewusstes Zeichen der Moderne und ihrer gesellschaftlichen Bedingungen: „Das nüchterne, rationelle Element unserer Zeit spiegelt sich wider in den klaren kubischen Baukörpern, im strengen Raster der Grundrisse und der Fassaden." Insbesondere der Einsatz von Holz im

---

phInnen, SoziologInnen, PolitikerInnen und ArchitektInnen/KünstlerInnen Themen wie „Mensch und Raum" (1951) und „Mensch und Technik" (1952) diskutierten.

Innenausbau und in der Möblierung wiederum sollte, so Perotti weiter, der Nüchternheit entgegenwirken und „eine gewisse Wohnlichkeit" erzeugen.[30]

So scharf sich auf der einen Seite die Kubaturen als gebaute Struktur von der umgebenden Natur abgrenzen, so intensiv werden zugleich Übergangszonen zwischen beiden angeboten. Variantenreich gestaltete Grünflächen vermitteln zwischen dem Außenraum (Teich und bewaldeter Hang) und dem Baukörper, dessen zwei Trakte wiederum durch unterschiedlich gestaltete und begrünte Innenhöfe voneinander getrennt werden. Große Glasflächen im Erdgeschoß erzeugen die Wirkung einer entmaterialisierten Grenze zwischen innen und außen und bieten – auch unter dem vorkragenden Obergeschoß – unterschiedliche Aufenthaltsqualitäten (un)geschützter Räumlichkeiten.

Diese Architekturkonzepte entsprangen weit verbreiteten Ideen der Nachkriegsmoderne, die auch in Linz vor allem in zahlreichen Bauten Perottis zum Ausdruck kamen.[31] Die Forderungen nach einem Ausdruck von Modernität in der Baukunst, einem menschlichen Maß in der Ausformung und dem respektvollen Umgang mit gebauten Strukturen sowie natürlichen Qualitäten der Umgebung verstanden sich als klare Gegenposition zum menschenverachtenden Monumentalismus totalitärer Regime respektive ihrer häufig Moderne-feindlichen Heimatschutz-Architektur. Die Nachkriegs- oder auch Spätmoderne prägte daher nicht nur viele Universitätsbauten weltweit, sondern war eine weithin bevorzugte Architektursprache in zahlreichen Projekten vom Repräsentations- bis zum Wohnungsbau. Für neue Stadtteilzentren, Kulturforen und Campus-Bauten übernahmen ArchitektInnen und PlanerInnen in den meisten Fällen nicht nur eine moderne Architektursprache, sie folgten auch den städtebaulichen Konzepten mit neuen gemeinschaftsstiftenden Zentren, wie sie etwa zeitgleich vor allem durch VertreterInnen der CIAM diskutiert wurden. Der Linzer Campus ist zwar von kleinem Format, greift aber in seiner räumlichen Struktur und funktionalen Gliederung, in seiner architektonischen Ausformulierung und der Materialästhetik sowie in seiner Bezogenheit auf Architektur und Natur internationale Entwicklungen der Baukunst allgemein und des Hochschulbaus im Besonderen auf.

Auch die nachfolgenden Ausbauphasen der JKU, die auf die Zunahme der Studierenden vor allem durch die Ausweitung des Studienangebots durch Rechtswissenschaften, technisch-naturwissenschaftliche Fächer und weitere sozialwissenschaftliche Angebote zurückzuführen sind, folgten bis Anfang der 1980er-Jahre dieser Bau- und Ausdrucksqualität. Die Erweiterungsbauten

---

30 Perotti, Der Bau, o. S.
31 Eine Monografie zu Perotti steht leider noch aus. Vgl. zur Linzer Architektur im 20. Jahrhundert überblicksartig: Andrea Bina/Lorenz Potocnik (Hg.), Architektur in Linz 1900–2011, Wien 2012.

übernahmen dabei das strukturalistische Entwurfskonzept und machten dieses über die Beton- und Stahlstützenkonstruktion und erneute Ausfachungen in Ziegel und Glas deutlich. Mit einer Höhenstaffelung vom Juridicum bis zum TNF-Turm, dem seinerzeit höchsten Hochschulgebäude für die Technisch-Naturwissenschaftliche Fakultät (TNF), erfolgte nicht nur funktional eine Verdichtung, sondern auch durch Vor- und Rücksprünge in den Baumassen eine räumliche Akzentuierung der gesamten Campus-Anlage. Die Neubauten um den TNF-Turm als Höhendominante bildeten das gestalterische Gegenstück zum Forum am anderen Ende der Anlage.

Vom Campus-Ideal abweichend wurde das anfänglich projektierte Studentenzentrum mit Wohnheimen für Studierende nicht realisiert. Es hätte auf der anderen Seite des Teichs ein bauliches Pendant zum Kepler-Gebäude bilden sollen. Damit wäre eine geschlossene Campus-Struktur um den Teich entstanden, die die JKU als exklusives Quartier aus der Stadtlandschaft ausgegrenzt hätte.[32] Während man am Bau der Professorenhäuser festhielt, nicht zuletzt um akademisches Personal mit einem entsprechenden Wohnungsangebot nach Linz locken zu können, wollte man mit dem Bau individueller Studentenwohnheime mit breiter Streuung in der Hochschulumgebung eine Durchmischung von Universität und Stadt fördern.[33]

Vergleichbare Diskussionen wurden an verschiedenen Orten in Österreich und auch in Deutschland geführt. Meistens wurden anfänglich Studentenwohnheime mitkonzipiert, in vielen Fällen jedoch im Laufe der Planungen wieder aufgegeben, so auch in Bochum. In diesem Punkt unterschieden sich die meisten Campus-Universitäten im deutschsprachigen Raum von ihren angelsächsischen Vorbildern. Ausnahmen bildeten die Universität Klagenfurt und Berlin, wo in Berlin-Schlachtensee zumindest in der Nähe zur Freien Universität ein Studentendorf errichtet wurde. Hier, ebenso wie in Klagenfurt, hob man die demokratisch-partizipativen Ambitionen des studentischen Zusammenlebens besonders hervor.[34] Gegründet wurde die Universität in Klagenfurt im Jahr 1970. Roland Rainer, der bei den Linzer Campus-Planungen in der Jury saß, führte in

---

32 Zu einer Bebauung des Geländes jenseits des Teichs kam es erst 2018 mit dem Spatenstich zur Kepler Hall, die 2020 fertiggestellt sein soll. Das Linzer Büro Riepl Riepl errichtet einen Multifunktionsbau als neues Entrée zum Campus, in dem eine Aula, ein Eventcenter sowie eine Sport- und Mehrzweckhalle untergebracht werden sollen.

33 Bundesminister für Unterricht Heinrich Drimmel, Zur Errichtung einer Hochschule für Sozial- und Wirtschaftswissenschaften in Linz, in: linz aktiv. Vierteljahresschrift für Stadtkultur und städtisches Leben 1 (1962) 2, 3–4, hier 4: „Und wenn nach Fertigstellung aller Anlagen vorüberkommende Wanderer das moderne Hochschulgebäude, die hübschen Professoren-Wohnhäuser und das reizende Studentendorf besichtigen werden, dann mag mancher von ihnen denken: hier müsste man Professor – oder wenigstens Student sein!"

34 Vgl. Barz, Was bleibt; Ralf Zünder, Studentendorf Schlachtensee 1959 bis 1989. Eine Dokumentation, Berlin 1989.

Klagenfurt selbst den ersten Bauabschnitt, das sogenannte Vorstufengebäude, aus. Den Ausbau des Campus übernahm das Architekturteam Rainer und Gerlinde Bergmann. Von 1973 bis 1977 entwickelten sie einen Campus mit aufgelockerter Gruppierung verschiedener Funktionsbauten um einen zentralen Platz. In der Grundkonzeption erinnert die Bau- und Funktionsverteilung stark an den Campus der Hochschule in St.Gallen, der zuvor von einer Planungskommission besichtigt worden war.[35] Entgegen der betonsichtigen, brutalistischen Architektursprache, die der Architekt Walter Maria Förderer 1957 bis 1959 für die Hochschule für Wirtschafts- und Sozialwissenschaften (Universität St.Gallen) entwickelt hatte, errichteten Rainer und nachfolgend Bergmann und Bergmann für Klagenfurt ein materiell und farblich differenziertes sowie kleinteiligeres Architekturkonzept. Für das Studentendorf wählten die ArchitektInnen eine großzügig durchgrünte Bebauung mit maximal zweigeschossigen Wohnhäusern. An städtischen Vorbildern orientiert gruppieren sich diese um zentrale Platzanlagen, um öffentliche Flächen für gemeinschaftliche Aktivitäten bereitzustellen.

Das Fehlen von Wohnheimen auf vielen Campus-Anlagen mag auf gesellschaftliche Kontroversen über die Exklusivität des Studierens und die Ablehnung von Elite-Einrichtungen und akademischen „Elfenbeintürmen" zurückzuführen sein, die im Gegensatz zum Idealismus einer Universität für alle stehen. Im Sinne einer möglichst breiten und demokratischen Partizipation wurde besonders für gehobene Bildungsinstitutionen der Abbau von institutionellen Schwellen, von Zugangsbeschränkungen und räumlichen Ausgrenzungen gefordert. Die Teilhabe möglichst breit gestreuter Gesellschaftsschichten an einer höheren Ausbildung sollte den wissenschaftlichen Nachwuchs in großer Zahl und Fächervielfalt fördern, um mit innovativem Potential an den um Wissenschaft, Wirtschaft, Technik und Fortschritt konkurrierenden Weltmarkt teilhaben zu können. Der Campus der JKU steht paradigmatisch für die Rezeption und Adaption des Campus-Konzeptes.

IV.   Kleine Campus-Variante: Pädagogische Akademie der Diözese Linz

Kurz nach Eröffnung des ersten Bauabschnitts der JKU begannen die Planungen für eine Pädagogische Akademie der Diözese Linz, die heutige Private Pädagogische Hochschule der Diözese Linz. Für eine viel geringere Zahl von Studierenden geplant und damit auch mit einem deutlich kleineren Raumangebot

---

35 Vgl. zur Universität St. Gallen: Hans Christoph von Tavel, Hochschule St.Gallen für Wirt-
   schafts- und Sozialwissenschaften (HSG), Basel 1977.

konzipiert, setzte auch die Pädagogische Hochschule die Ideale der Wissenschaftsgemeinschaft im akademischen Leben um. Der allgemeine humanistische Grundkonsens, über reformierte Bildungsinstitutionen eine (re-)demokratisierte Gesellschaft zu fördern und die breitenwirksame Teilhabe an Forschung, Wissenschaft und sozialen Belangen zu intensivieren, wurden durch zeitgleiche Diskussionen auf dem Zweiten Vatikanischen Konzil (1962–1965) unterstützt. 1965 wurde das Dekret „Erklärung über Christliche Erziehung" verabschiedet, das im Rahmen der katholischen Glaubenslehre auch ein umfassend partizipatives Konzept von Bildung verfolgte und dieses zugleich als gesellschaftlichen Auftrag formulierte:

> „Alle Menschen, gleich welcher Herkunft, welchen Standes und Alters, haben Kraft ihrer Personenwürde das unveräußerliche Recht auf Erziehung. Die wahre Erziehung strebt die Bildung der menschlichen Person in Hinordnung auf ihr letztes Ziel an; zugleich aber auch auf das Wohl der Gemeinschaft."[36]

Den 1968 ausgelobten Wettbewerb für die Hochschule gewann unter 15 Einsendungen der in Linz und Wien tätige Architekt Franz Riepl zusammen mit dem Wiener Architekten Othmar Sackmauer.

Aktuelle Ansicht des Campus der Privaten Pädagogischen Hochschule der Diözese Linz. Bildnachweis: Private Pädagogische Hochschule der Diözese Linz/Foto: Andreas Röbl

Die Jury begründete ihre Entscheidung mit der Plastizität der gesamten Anlage, der rhythmischen Komposition der Baukörper und der Einfachheit der Formgebung. Der Hochschulbau konnte 1975 fertiggestellt werden. Direktor Rupert

---

36 Die Pädagogische Akademie der Diözese Linz. Festschrift, hg. von der Pädagogischen Akademie der Diözese Linz, Linz [1975], 9.

Vierlinger bezeichnete die „Akademie als gebaute Pädagogik": In ihrer Raumkonzeption verzichte sie auf eine hierarchische Verteilung zwischen professoralen und studentischen Räumen und vermeide einen „Obrigkeitsnimbus" in
den Strukturen.[37] Die Begegnung zwischen Lernenden und Lehrenden finde
folglich an unterschiedlichen Orten unkompliziert statt und fördere die Kommunikation. Statt eines zentralen Platzes innerhalb eines Campus dient in der
Pädagogischen Hochschule das Foyer als soziales und kommunikatives Herz der
Gesamtanlage, das Rektor Vierlinger in der Eröffnungsfestschrift 1975 zugleich
als „Monument" dieses Konzeptes bezeichnete:

> „Wenn Bildung auch Begegnung ist und ein wohltemperiertes psychisches Klima zur
> Voraussetzung hat, dann mag dieser Bau mit seinen Kommunikationsmöglichkeiten
> und seinen heimeligen Details mit Recht als ein Bildungshaus bezeichnet werden".[38]

Eng an das Foyer angrenzend sind vor allem die Vertretungsräume der Studierenden angelegt, so dass die Attraktivität und Identifikation mit diesem für die
Hochschule zentralen Ort verstärkt werden kann.

Architekt Franz Riepl beschrieb diese soziale Fokussierung als eins der zwei
Hauptmotive in dem Entwurf: „1. Gruppierung der verschiedenen Funktionsbereiche um eine konzentrierte Kommunikationszone. 2. Zentrumsbezogen
reihen sich die verschiedenen funktionell bestimmten Raumfolgen an Achsen,
die sich im rechten Winkel übergreifen."[39] Für eine katholische Hochschule von
grundlegender Bedeutung ist die Kapelle, die sich gleich an das zentrale Foyer als
die von Riepl beschriebene „konzentrierte Kommunikationszone" anschließt
und damit die zentrale Gruppierung gemeinschaftsstiftender Räume ausweitet.
Über einen dunklen, an einen Kreuzgang erinnernden Umgang tritt man in die
Kapelle über quadratischem Grundriss ein. Der dunkle Umgang, als Schwel-
lenerfahrung zwischen den alltäglichen Räumen der Hochschule und dem reli-
giösen Ort der Kapelle inszeniert, lässt den Pyramidenstumpf des Andachtsortes
mit aufgesetztem Lichtschach noch monumentaler und durch den Lichteinfall
von oben in auratischer Atmosphäre erscheinen. Die Idee der Gemeinschaft wird
damit nicht nur über einen gemeinschaftlichen Ort, der vielfältige soziale
Kommunikation anbietet, verfolgt. Dieser Gemeinschaft wird zugleich auch über
die Kapelle und ihrer architektonisch und ikonografisch inszenierten „An-
dersartigkeit" eine wert- und sinnstiftende Projektionsfläche im Christentum

---

37 Rupert Vierlinger, Das neue Haus – Angebot und Verpflichtung, in: Die Pädagogische
  Akademie der Diözese Linz. Festschrift, hg. von der Pädagogischen Akademie der Diözese
  Linz, Linz [1975], 22–40, 22–23.
38 Ebd., 24.
39 Franz Riepl, Überlegungen und Mittel der Baugestaltung, in: Die Pädagogische Akademie
  der Diözese Linz. Festschrift, hg. von der Pädagogischen Akademie der Diözese Linz, Linz
  [1975], 74–91, 74.

angeboten. Obwohl zeitgleich Diskussionen im Kontext des Vaticanum II liefen, die eine Verortung des Abendmahls und der feiernden Gemeinde im Alltäglichen vorantrieben und damit eine zunehmend profanierte Architektursprache begünstigten, so war mit der Kapelle in der Pädagogischen Akademie gezielt ein ‚außeralltäglicher' Ort errichtet worden, der an Nachkriegsdiskussionen um eine „neue Monumentalität"[40] als Zeichen der überzeitlichen Sinn- und Gemeinschaftsstiftung anschließt. Nicht physische Größe als Monumentalität, sondern Bedeutungsüberhöhung zentraler Räume und die Steigerung ihrer symbolischen Wirkungsmacht organisiert das Raumgefüge der Akademie: Im Zentrum steht, so Riepls Leitmotiv, die „Kommunikationszone", an die sich die Raumfolgen „zentrumsbezogen" anlagern und als „mehrachsiges, verknüpftes, additives Kompositionssystem" einander durchdringen.[41] Die Vernetzung von Räumen sowie von Mensch und Raum im Inneren findet ihre Korrespondenz im Außenraum in der Beziehung zwischen Architektur und Umraum: So „baut sich aus unterschiedlichen Dächern an verschiedenen Orten das besondere Erscheinungsbild der Dachlandschaft der Akademie auf. Terrassen und ebene Dächer geben der Baugruppe die ihr gebührende Monumentalität und verbinden sich mit geneigten Dächern, den Sinnbildern für Geborgenheit, Schutz und Heim."[42] Auch hier beschreibt der Architekt die Intention, über architekturräumliche Gestaltung und „Monumentalität" als architektonisches Zeichen eine soziale Qualität und Wirkungsmacht der Architektur zu erzielen, die der Gemeinschaft einen Ort und eine Identifikationsplattform anbietet.

In der Formgebung, im räumlichen Konzept, in der Materialität und in konstruktiven Prinzipien ist die diözesane Akademie in Linz mit der Technischen Universität in Helsinki vergleichbar, von der sich Architekt Riepl inspirieren ließ.[43] Der skandinavische Architekt Alvar Aalto hatte 1949 bis 1966 das Hauptgebäude in Espoo geplant und hier die eher horizontal gelagerten Baukubaturen markant durch die hoch aufragenden Oberlichter des zentralen Hörsaals in Anlehnung an das antike Theater überlagert, die sowohl in Finnland als auch in Linz zum Signet der Hochschuleinrichtungen wurden. Mit dem kontrastreichen Spiel von Materialien und Farben und der plastischen Gruppierung einzelner Baukörper ist ein „reich gegliederter, multifunktionaler Baukomplex" entstanden: Das „Zusammenwirken von Form und Raum, Material und Farbe, Proportion und Rhythmik ergab eine lebendige Aussage und

---

40 Horst Bredekamp, Wandlungen des Monumentalen, in: Steffen Haug/Hans Georg Hiller von Gaertingen/Caroline Philipp/Sonja M. Schultz/Merle Ziegler/Tina Zürn (Hg.), Arbeit am Bild. Ein Album für Michael Diers, Köln 2010, 36–55.
41 Riepl, Überlegungen, 74.
42 Ebd.
43 Interview mit Franz Riepl, geführt von Anna Minta, 17.5.2017, Aufzeichnung bei der Autorin.

Ausstrahlung."[44] Die zur Eröffnung verlegte Festschrift sprach von einer „richtungsweisende[n] Architektur".[45] Dabei geht es nicht nur um den architektonischen Wert einer modernen Baukunst, sondern vor allem auch um raumsoziologische Qualitäten als Bildungsbau: als offener Ort, der zur vielfältigen Vernetzung und sozialen Partizipation einlädt. Architektur und Raumgestaltung, das machen die Beispiele einer Campus-Anlage wie die der JKU und im kleineren Format des Baukomplexes der diözesanen Pädagogischen Akademie deutlich, wird nach 1945 insbesondere in der Planung öffentlicher Institutionen eine spezifische soziale Wirkungsmacht zugeschrieben. In ihren Strukturen, funktionalen Zuweisungen und Nutzungshierarchien sowie ihrer vielfältigen Differenzierung zwischen öffentlich-kommunikativen Räumen, Flächen der kleinteiligeren Kommunikation und Orten für Wissenschaft und Lehre sind die Linzer Bildungsbauten ein Abbild von zeitgenössischen Reformbestrebungen in der Gesellschaft.

V.   Universitätsgründungen global: Campus-Bauten und Bildungsideale

1958 verfasste der Kunsthistoriker Udo Kultermann in der Zeitschrift „baukunst und werkform" einen Beitrag unter dem Titel „Internationale Hochschularchitektur", in der er den zeitgenössischen Trend der Universitätsgründungen und modernen Campus-Bauten kommentierte. In seiner im gleichen Jahr erschienenen Publikation „Baukunst der Gegenwart. Dokumente des neuen Bauens in der Welt" hatte er sich einen für seine Zeit globalen Überblick über aktuelle Tendenzen in der Baukunst verschafft und konnte über den internationalen Vergleich unterschiedlichster Bauaufgaben Universitätsbauten als herausragende, stark symbolisch aufgeladene Baukunst herauskristallisieren. In seinem Aufsatz stilisierte Kultermann den Bautyp Universität zu einer wirkungsmächtigen, nationalen Bauaufgabe, die nicht nur Politik und Kultur eines Landes widerspiegle, sondern als sozialer Mikrokosmos zur Formung der Nation und des Staates maßgeblich beitrage. Seinen Beobachtungen zufolge entwickelten sich die neuen Universitäten insbesondere in den postkolonialen Ländern Afrikas und Lateinamerikas zu „einem Kristallisationspunkt der nationalen

---

44 Walter Jaksch/Edith Fischer/Franz Kroller, Österreichischer Bibliotheksbau. Architektur und Funktion, 2. Band 1945–1985, Wien/Köln/Graz 1986, 167–169, 167.

45 Ilse Luge, Impressionen von einer richtungsweisenden Architektur, in: Die Pädagogische Akademie der Diözese Linz. Festschrift, hg. von der Pädagogischen Akademie der Diözese Linz, Linz [1975], 72–73.

Kultur".[46] Im Gegensatz zu vielen exklusiven Universitäten in den USA und einigen Ländern Europas, die nur einer privilegierten Minderheit Zugang böten, folgten die postkolonialen Universitätsstrukturen mehrheitlich einem demokratischen Ansatz und stünden weitgehend der gesamten Bevölkerung offen. Sie bildeten damit, so Kultermann,

> „lebendige Zentren einer nationalen Kultur [...]. Die Universitäten müssen in der Lage sein, das geistige Leben des Landes zu beeinflussen, die geistigen Werte eines Volkes, die in ihnen erarbeitet und weitergegeben werden, als Teil einer universalen Kultur zu erkennen und in diesem Sinne zu verwalten."[47]

Kultermann interpretierte die neuen Hochschulanlagen als architektonische Manifestationen eines neuen Bildungskonzeptes: „Die strukturelle Neuordnung und die symbolische Überhöhung der Bauaufgabe bringen den Gemeinschaftsgeist eines gewandelten Erziehungsprinzips und die kulturelle Gemeinschaftsfunktion der Universität zum Ausdruck."

Zugleich hob er hervor, dass Universitäten fundamentalen Einfluss auf das Konstituieren von Gemeinschaften ausübten und folglich als sozialer Mikrokosmos mit einem neuen Gemeinschaftsbewusstsein dem Makrokosmos der Allgemeinheit zum Vorbild des harmonischen Zusammenlebens als Nation und der Nähe von Kultur und Gemeinschaft werden würden.[48]

Diese „symbolische Überhöhung" von Hochschulen als Bauaufgabe und als soziale Institution ist keine Neuerfindung der zweiten Hälfte des 20. Jahrhunderts und keine individuelle Zuschreibung Kultermanns, auch wenn bei ihm eine Steigerung in der Zuschreibung symbolischer und gesellschaftskonstituierender Qualitäten zu beobachten ist. Universitätsbauten erfahren soziopolitische Zuschreibungen von gesellschaftlicher Reform- und Wirkungsmacht, die sich sowohl auf Campus-Konzepte und Masterpläne als auch auf den Entwurf einzelner Bauwerke ausgewirkt haben.[49] Die Rhetorik, die solche Baumaßnahmen häufig begleitete, verstärkt die symbolische Bedeutung der Universitäten und erklärt, warum Kultermann dem Hochschulbau eine solche sinn- und gemeinschaftsstiftende Funktion zuschrieb. Architektonische Reformdebatten übten auch ihren Einfluss auf Österreich aus. Monumentalität in der Architektur im Dienst der Gemeinschaftsstiftung und zugleich Zweckrationalität und Modernität in der Architektur sind Strategien, die die Entwurfsdiskussionen in Linz und an

---

46 Udo Kultermann, Internationale Hochschularchitektur, in: baukunst und werkform 11 (1958) 2, 65–67, 65. Vgl. auch Minta, Auratische Orte.
47 Ebd.
48 Ebd., 67.
49 Vgl. zur Geschichte des Bautyps Universität: Jonathan Culson/Paul Roberts/Isabelle Taylor (Ed.), University Planning and Architecture. The Search for Perfection, New York 2011, insb. Kap. 1: University Planning and Architecture 1088–2010. A Chronology, 1–37; Konrad Rückbrod, Universität und Kollegium. Baugeschichte und Bautyp, Darmstadt 1977.

anderen Orten prägten. Idealistische Leitbilder wie Vorstellungen zur Formung der Gesellschaft durch Bildung kennzeichnen die Bildungs- und Kulturprogramme nach 1945.[50] Dieses Ideal von der Bildungsgemeinschaft einerseits und Gemeinschaft durch Bildung andererseits lässt sich in der Hochschulpolitik und den Bauambitionen flächendeckend beobachten.

---

50 Vgl. zum utopistischen Reformpotential von Hochschulbauten: Muthesius, Postwar University.

Ingrid Böhler

Keine Universität für Vorarlberg. Eine regionale Hochschuldebatte in den 1970er-Jahren[1]

Über Österreichs westlichstes und kleinstes Bundesland kursiert die These, dass dort trotz des hohen Industrialisierungsgrades und damit verbundenen Wohlstands die längste Zeit eine tiefe Skepsis gegenüber geistiger Modernisierung vorhanden gewesen sei.[2] Die von der ÖVP dominierte Landespolitik habe daher auch kein Interesse an den Tag gelegt, den Zugang zu höherer Bildung zu erleichtern. So habe – wie man es etwa bei Meinrad Pichler im 2015 erschienen dritten Band der neuen Landesgeschichte nachlesen kann – die Furcht vor der Unangepasstheit akademisch gebildeter Landeskinder dazu geführt, dass in den 1970er-Jahren Angebote des Bundes zur Gründung einer universitären Einrichtung abgelehnt worden seien.[3] Doch hat die herrschende konservative Elite in Vorarlberg wirklich aus ideologischer Verbohrtheit eine bildungspolitische Chance verpasst? Wie hat das Angebot des Bundes genau gelautet? Und stand wirklich eine Universitätsgründung im Raum? Bemerkenswerterweise existiert nur ein Artikel zum Thema, in dem Ekkehard Muther 2011, damals Direktor des Grünen Landtagsklubs, mit polemischem Unterton nicht nur die genannte These vertritt, sondern auch die dahintersteckenden Fakten zumindest anreißt.[4]

Im Folgenden soll die erst nach 1975 in Schwung kommende öffentliche Debatte in Vorarlberg inklusive der damit verbundenen Vorgänge in den Blick genommen werden. Wie zu zeigen sein wird, handelte es sich dabei um eine stark parteipolitisch überformte Auseinandersetzung zwischen der mit einer abso-

---

1 Ich danke Arnulf Häfele (Abgeordneter zum Vorarlberg Landtag von 1974–1999 und für die SPÖ in zahlreichen Funktionen aktiv) für Auskünfte und Unterlagen.

2 Die Vorstellung von Vorarlberg als konservativem Land, in dem eine Modernisierung wider Willen erfolgte und ein autoritärer politischer Katholizismus noch in den 1970er-Jahren weiterwirkte, kann als „Generalthese" der kritischen Landeshistoriographie bezeichnet werden. Vgl. insbesondere: Leo Haffner, Ein besessener Vorarlberger. Elmar Grabherr und die Ablehnung der Aufklärung, Hohenems/Wien 2009.

3 Meinrad Pichler, Das Land Vorarlberg 1861 bis 2015 (Geschichte Vorarlbergs 3), Innsbruck 2015, 338.

4 Ekkehard Muther, Hausverstand genügt – Warum Vorarlberg keine Universität hat, in: Kultur. Zeitschrift für Kultur und Gesellschaft 26 (2011) 1, 28–29.

luten Mehrheit regierenden ÖVP und der in Opposition befindlichen SPÖ, die sich trotz der machtpolitischen Asymmetrie zu einer Art dialektischem Prozess entwickelte. Die Antwort auf die Frage nach den konkreten Resultaten erschöpft sich daher nicht in der Feststellung, dass es bekanntermaßen bis zum heutigen Tag in Vorarlberg keine Universität gibt. Für die Einordnung der zu schildernden Geschehnisse ist zunächst aber der gesamtstaatliche Rahmen aufzuzeigen.

I. Bildungsboom in den 1960er- und 1970er-Jahren in Österreich

Die 1960er- und 1970er-Jahre gelten als zentrale Aufbruchsphase im österreichischen Bildungssystem. Nachdem bereits in der zweiten Hälfte der 1950er-Jahre ein großflächiger Ausbau von Schulen, die zur Matura führten, eingesetzt hatte, folgte in den 1960er-Jahren die Errichtung von drei neuen Universitäten bzw. Hochschulen in Linz, Salzburg und Klagenfurt.

Das mit diesen Maßnahmen verbundene Ziel bestand zunächst v. a. darin, das Wirtschaftswachstum abzusichern, das die steigenden Budgets im Bildungsbereich erst ermöglicht hatte. Später kamen weitere Beweggründe hinzu: Während sich die ÖVP eher das Thema regionaler Benachteiligungen zu eigen machte, pochte die SPÖ auf die Herstellung sozialer Chancengleichheit.

Die politische Dynamik im Hinblick auf den tertiären Bildungsbereich zeigte sich jedoch nicht nur in Form der genannten Hochschulgründungen. Parallel dazu fanden intensive und breit geführte Debatten über Hochschulreformen statt, denen eine bis dorthin unbekannte Aufmerksamkeit eingeräumt wurde. Die erste intensive Reformphase vollzog sich unter Unterrichtsminister Theodor Piffl-Perčević (1964–1969, ÖVP), dessen Ressort auch die Wissenschaft umfasste. Nach den Nationalratswahlen 1970 führte die neue SPÖ-Alleinregierung (1970–1983) den hochschulpolitischen Reformkurs fort. Sie richtete zudem erstmals ein eigenes Wissenschaftsministerium ein, dessen Leitung Hertha Firnberg (1970–1983) übernahm. Zu gesetzgeberischen Meilensteinen zählen die Beseitigung der Hochschulstudiengebühren 1972 und die Einführung der Studienberechtigung für Nicht-MaturantInnen 1976. Als zentraler Erfolg Firnbergs hat aber auch die mit dem Universitäts-Organisationsgesetz (UOG) 1975 auf den Weg gebrachte große Hochschulreform zu gelten, die ebenfalls eine unverkennbar sozialdemokratische Handschrift trug.

In Kombination mit der demografischen Entwicklung zeigte die schul- und hochschulpolitische Dynamik der 1960er- und 1970er-Jahre Wirkung: Hatte es im Studienjahr 1945/46 an allen Universitäten und Hochschulen gemeinsam nur rund 25.000 Studierende gegeben, waren es 1970/71 bereits 54.000 und 1981 gar

125.000.[5] Auch die Zahlen für Vorarlberg spiegelten diesen Trend wieder: 1964/
65 stammten 815 Studierende von dort, zehn Jahre später waren es mehr als
doppelt so viele.[6] Im hochschulpolitischen Vokabular tauchten angesichts dieses
rasanten Zustroms in der zweiten Hälfte der 1970er-Jahre die Begriffe „Akade-
mikerüberschuss" und „Massenuniversität" auf. Ökonomische Rezessionsphä-
nomene wie eine steigende Staatsverschuldung trugen ebenfalls dazu bei, dass
von der Bildungseuphorie früherer Jahre keine Rede mehr sein konnte.[7]

II.   Uneinige Politiker – einige Experten

Der Begriff „Hochschule" fungierte auch in den 1970er-Jahren zum einen als
Oberbegriff für Einrichtungen, die künftige AkademikerInnen ausbildeten, zum
anderen bezeichnete er (im Unterschied zu den Universitäten, die sich aus
mehreren Fakultäten zusammensetzten) auf einzelne Fachbereiche spezialisierte
tertiäre Bildungseinrichtungen. Wichtig ist im vorliegenden Kontext, dass sowohl die Universitäten als auch die Hochschulen in den Kompetenzbereich des
Bundes fielen (und fallen). Im Falle von Neugründungen entschied er über
Standortfragen genauso wie über deren innere Gestaltung. Ein Mitspracherecht
der Bundesländer war nicht vorgesehen. Dass dies aus der Sicht der Vorarlberger
Landesregierung Vorbehalte prinzipieller Natur auslöste, zumal in Wien eine
„rote" Regierung amtierte, daran lässt ihr Agieren keinen Zweifel aufkommen.
Es ist daher nicht überraschend, dass am Anfang der Hochschuldebatte die
Landes-SPÖ stand, die den bundespolitischen Wind im Rücken wusste und den
Zeitgeist an ihrer Seite. In ihrem Schulkonzept vom Juni 1972 tauchte erstmals
die Forderung nach hochschulmäßigen Einrichtungen auf.[8] Im Februar 1973
wurde Firnberg in der parteieigenen „Arbeiterzeitung" zitiert, wonach jedes
Bundesland grundsätzlich eine universitäre Einrichtung besitzen sollte. Auch
Vorarlberg habe deshalb Anspruch. Am sinnvollsten erschien Firnberg damals
ein Hochschulinstitut für Managementforschung.[9] Zweierlei gilt es hier anzu-

---

5 Republik Österreich 1945–1995, hg. vom Österreichischen Statistischen Zentralamt, Wien
   1995, 58.
6 Landesstelle für Statistik, Aktenvermerk für den Herrn Landeshauptmann, 13.9.1976. Vorarlberger Landesarchiv (VLA), Handakten LH Herbert Keßler (HA HK), Sch. 62, 80 f 74–77.
7 Maria Wirth/Herbert Posch, Linz, Salzburg, Klagenfurt – die österreichischen Universitätsgründungen der 1960er Jahre, in: Jahrbuch für Universitätsgeschichte 21 (2018) (im Erscheinen).
8 Vorschläge der SPÖ zur Schulpolitik in Vorarlberg, unter besonderer Berücksichtigung des
   Hochschulwesens, Eingangsstempel 6.9.1976. VLA, HA HK, Sch. 62, 80 f 74–77.
9 Hochschulinstitut für Bregenz, Arbeiterzeitung, 7.2.1973. Laut Niederschrift der 5. Sitzung
   des XXII. Vorarlberger Landtages im Jahre 1979, 6.6.1979 – TOP 6 f, 171/1, URL: http://suche.

merken: Erstens wurden solche Signale aus Wien am Bodensee nicht als Einladung aufgefasst, in Verhandlungen zu treten. Zweitens hatte die Ministerin offenkundig nicht im Sinn, den VorarlbergerInnen eine herkömmliche Universität vorzuschlagen. Abgesehen von den Medien, die mitunter verkürzend und zuspitzend berichteten, sollte in den folgenden Jahren keine Seite, also auch nicht die SPÖ, ernstlich von einer voll ausgebauten Universität reden – wenn es geschah, dann nur polemisierend oder provozierend in der Hitze des politischen Gefechts. Aber auch so lagen die Vorstellungen vom Ausbau der Bildungsmöglichkeiten nach der Matura weit genug auseinander.

Als die ÖVP nach den im Herbst 1974 erfolgreich geschlagenen Landtagswahlen weiterhin wenig Ambition zeigte, das Thema auf die Tagesordnung zu setzen, erhöhte die SPÖ, die erstmals seit 1945 nicht mehr in einer Konzentrationsregierung vertreten war, den Druck. Wenn man die Vorarlberger Hochschuldebatte dieser Jahre personalisieren möchte, ist auf Seiten der SPÖ jedenfalls das Engagement des langjährigen Landtagsabgeordneten und „Schulsprechers" Norbert Neururer zu erwähnen. Seine Motivation zog er wohl nicht zuletzt aus seiner beruflichen Tätigkeit – er war Berufsberater für MaturantInnen beim Landesarbeitsamt. Im Landtag traf er mit seinen Vorstößen direkt auf Landeshauptmann Herbert Keßler, da dieser auch die Ressorts Schule und Kultur führte, worunter die Wissenschaft fiel.[10] Neururer richtete im Dezember 1975 eine schriftliche Anfrage an Keßler. Einleitend verwies er auf den niedrigsten Akademikeranteil aller Bundesländer, außerdem bestehe

„lediglich als einzige über die Matura hinausführende Lehranstalt die Pädagogische Akademie in Feldkirch. Evtl. kann man noch die Lehranstalt für gehobene Sozialberufe in Bregenz in diesen Bereich mit einbeziehen. Das alles ist entschieden zu wenig, um unserer studierwilligen Jugend die gleichen Möglichkeiten bieten zu können wie andere Bundesländer. Einerseits sind an den Hochschulen, hochschulmäßigen Einrichtungen und Instituten selbst zahlreiche Akademiker beschäftigt, andererseits finden deren Absolventen oft gut bezahlte Posten in der Privatwirtschaft oder im öffentlichen Dienst. Ich gestatte mir daher […] folgende Anfrage an Sie zu richten:
1. Sind Sie nach wie vor der Auffassung, daß Vorarlberg keine Hochschule braucht?
2. Glauben Sie nicht, daß es allmählich auch bei uns an der Zeit wäre, schrittweise mit dem Aufbau hochschulähnlicher Einrichtungen und in weiterer Folge einer Hochschule selbst zu beginnen?
3. Wenn ja, welche postsekundären, präuniversitären oder auch hochschulmäßigen Einrichtungen beabsichtigen Sie in Vorarlberg zu initiieren?"[11]

---

vorarlberg.at/vlr/vlr_gov.nsf/ (abgerufen 30.1.2019), stammte die erste öffentliche Äußerung der Ministerin aus dem Jahr 1972.

10 Parlamentarische Materialien des Vorarlberg Landtags, Biografien Norbert Neururer bzw. Herbert Keßler, URL: http://suche.vorarlberg.at/vlr/vlr_gov.nsf/ (abgerufen 30.1.2019).

11 Landtagsabgeordneter (LTAbg.) Neururer an Landeshauptmann (LH) Keßler, 15.12.1975. VLA, HA HK, Sch. 62, 80 f 74–77.

Hinsichtlich der Notwendigkeit einer Hochschule fiel die schriftliche Antwort äußerst zurückhaltend aus. Sie enthielt jedoch eine Aufzählung von konkreten Aktivitäten, mit denen der Landeshauptmann unterstrich, dass sich seine Regierung sehr wohl für weiterführende Bildungsangebote engagierte. So gäbe es einen bestehenden Abiturientenlehrgang für AHS-AbsolventInnen an der Handelsakademie Bregenz. Aufgrund der jüngst beschlossenen Novelle des Schulorganisationsgesetzes sei es nun möglich, an den berufsbildenden höheren Schulen sogenannte Kollegs einzurichten, die zwei bis fünf Semester umfassten. Solche Modelle für die Handelsakademie in Feldkirch sowie die Höhere Technische Bundeslehr- und Versuchsanstalt Bregenz durch den Landesschulrat zu prüfen, stellte Keßler in Aussicht. Weit wichtiger sei aber, dem „Stand der heutigen Bildungs-, Wissens- und Lerngesellschaft" entsprechend, sich intensiv um die Erwachsenenbildung zu bemühen. In diesem Zusammenhang betonte er die bereits laufende „Planung für ein Bildungszentrum des Landes" im Schloss Hofen bei Lochau. Dafür seien bereits

> „einschlägige Gespräche mit der Universität Innsbruck und im Rahmen der Wissenschaftskommission[12] aufgenommen [worden], um für die Zusammenarbeit mit allen umliegenden Universitäten – nicht im Alleingang – ein universitäres Bildungsangebot auch für Vorarlberg auszubauen (z. B. in Form von Zertifizierungslehrgängen, Hochschulwochen und Universitätsvorträgen)."[13]

Als weitere Projekte führte Keßler außerdem „die Errichtung einer Studienbibliothek und Erhebungen zur Frage der Errichtung eines Konservatoriums" an.[14]

Laut Geschäftsordnung war eine schriftliche Anfrage zusätzlich im Landtag zu behandeln. In einem Schlagabtausch zwischen Neururer und Keßler wurden nochmals die unterschiedlichen Standpunkte ausgebreitet. Während Neururer den überfälligen schrittweisen „Aufbau einer Hochschule [im engeren Sinne] oder auch einer einzelnen Fakultät" einmahnte,[15] konnte sich Keßler „zur gegebenen Zeit und bei gegebenem Bedarf [...] die Einrichtung von Teilinstitutionen hochschulartigen Charakters"[16] vorstellen. Noch sah er diesen Zeitpunkt aber nicht für gekommen an. Wegen der „geringen Bevölkerungszahl und den wenigen Maturanten", der finanziellen Herausforderungen und der „relativen nahen Standorte in- und ausländischer Hochschulen" trat er einmal mehr dafür ein, weiterhin die Universität Innsbruck als „Landesuniversität Vorarlbergs"

---

12 Im Dezember 1975 hielt die von der Landesregierung eingerichtete Kommission ihre erste Sitzung ab. Vgl. Bericht der Österreichischen Rektorenkonferenz über hochschulische Einrichtungen für Vorarlberg vom Juni 1978, in: Montfort 30 (1978) 3, 149–160, 151.
13 LH Keßler an LTAbg. Neururer, 12. 1. 2076. Privatarchiv Häfele.
14 Ebd.
15 Niederschrift der 2. Sitzung des XXII. Vorarlberger Landtages im Jahre 1976, 27. 1. 1976 – TOP 2, 10/1, URL: http://suche.vorarlberg.at/vlr/vlr_gov.nsf/ (abgerufen 30. 1. 2019).
16 Ebd., 11/2.

finanziell zu unterstützen und im Land selbst vermehrt in die Erwachsenen- bzw. Fortbildung zu investieren. Keßler hatte in dieser Sitzung allerdings auch zur Kenntnis zu nehmen, dass sich der SPÖ-Landtagsklub wegen der Untätigkeit der Landesregierung selbst an Firnberg gewandt hatte. Man habe gebeten, untersuchen zu lassen, „welche Hochschulen oder hochschulähnlichen Einrichtungen für uns zweckmäßig wären".[17]

In weiterer Folge beauftragte die Ministerin somit gegen den Willen der Landesregierung im März 1976 die Österreichische Rektorenkonferenz, das Anliegen der Vorarlberger SPÖ zu prüfen. Die Rektorenkonferenz nominierte für diesen Auftrag einen Ausschuss, dem der Rektor der Universität Innsbruck, der Theologe Otto Muck, vorsaß. Dieses Gremium begab sich im September 1976 zu einer *fact finding mission* nach Vorarlberg.[18] Gesprächsrunden wurden u. a. mit der Landesregierung, den drei Landtagsklubs, dem Landesschulrat, den Kammern sowie der Wissenschaftskommission durchgeführt. Insbesondere die sozialistische Landtagsfraktion hatte sich gut vorbereitet und übergab dem Ausschuss eine umfangreiche Ideen-Liste. Diese umfasste neben fünf postsekundären Bildungseinrichtungen (vier Kollegs und eine medizinisch-technische Ausbildung) elf hochschulische Lehr- und Forschungseinrichtungen, machte aber auch deutlich, dass die SPÖ zwar über eine hohe Identifikation mit der Thematik verfügte, nicht jedoch über ein schlüssiges Konzept oder über erkennbare Prioritäten:

> „1.) Zweigstelle der Musikhochschule ‚Mozarteum' Salzburg in Bregenz (die ersten Semester sollten in Bregenz absolviert werden können, die höheren dann am Mozarteum […]
> 2.) Hochschulinstitut (evtl. Boltzmanninstitut) für prophylaktische Medizin in Feldkirch (postgraduate Studium)
> 3.) Ausbildungsstätte für Zahnärzte am medizinischen Zentrum in Feldkirch (postgraduate Studium)
> 4.) Hochschulinstitut für Kopfschmerzforschung am medizinischen Zentrum in Feldkirch/Rankweil
> 5.) Textil-Forschungsinstitut in Dornbirn […]
> 6.) Institute für Möbeldesign, Restauration (bes. von Textilien) sowie Stoffdruck, Mode- und Textilarbeiten in Dornbirn. Zusammenarbeit mit der Akademie für angewandte Kunst in Wien
> 7.) Hochschulinstitut für Fremdenverkehr in Bludenz
> 8.) Studienbibliothek in Bregenz
> 9.) Forschungsinstitut für Umweltschutz in Bregenz; evtl. durch Ausbau der Chemischen Versuchsanstalt des Landes Vorarlberg

---

17 Ebd., 10/2.
18 Hochschulpläne Vorarlbergs: Institute und Fachkurse, Die Presse, 27. 9. 1976.

10.) Forschungsinstitut für landwirtschaftliche Produkte in Bregenz; evtl. in Cooperation mit der Chemischen Versuchsanstalt des Landes Vorarlberg
11.) Hochschulinstitut für Management, Marketing, Computerwesen, Arbeitsmarkt-
und Wirtschaftsforschung in Bregenz; evtl. in Cooperation mit der Hochschule für
Wirtschafts- und Sozialwissenschaften in St. Gallen"[19]

Offenbar stelle sich bei der SPÖ nach dem Besuch der Rektoren-Delegation eine
gewisse Ernüchterung ein – ein „Hochschulverhinderungsteam" sei angereist,
zitierte „Die Presse" Parteifunktionäre. Die Rektorenkonferenz legte im Juni
1977 zunächst einen Zwischenbericht vor. Er wurde jedoch mit dem expliziten
Hinweis übermittelt, dass sich in den inhaltlichen Kernpunkten die Stellungnahme nicht mehr ändern würde; lediglich Vorspann bzw. Anhang seien noch zu
ergänzen. Dies zu erledigen, nahm ein weiteres Jahr in Anspruch.[20] Dass sich die
ÖVP weigerte, ohne Endbericht die Debatte über hochschulische Einrichtungen
fortzusetzen, trug ihr seitens der SPÖ einmal mehr den Vorwurf ein, die Sache
auf die lange Bank zu schieben.[21]

Teil der Szenerie war, dass zeitgleich mit der Beauftragung der Rektorenkonferenz durch das Ministerium die Vorarlberger Handelskammer es ebenfalls
für angebracht hielt, eine Arbeitsgruppe einzusetzen. Unter dem Juristen Josef
Kühne – er hatte vor seinem Ruf an die Technische Universität Wien zwanzig
Jahre die Agrarbezirksbehörde, also eine Landesbehörde, geleitet – sollte auch
sie die Bildungssituation in Vorarlberg prüfen und Vorschläge entwickeln. Zumindest offiziell bestand keine Verbindung zur Landesregierung. Diese Arbeitsgruppe konnte bereits im Februar 1977 mit ihren Ergebnissen aufwarten:
Die Vorstellung von einer Bildungslücke oder gar einem -notstand wurde zu-
rückgewiesen. Die Errichtung einer Hochschule erschien ihr auch unter Ein-
schränkung auf einzelne Studienrichtungen in Abwägung „von Bildungsbedarf
und Aufwand" als nicht gerechtfertigt. Von der Gründung einzelner, wirt-
schaftsnaher Forschungsinstitute versprach man sich jedoch einen innovativen
Beitrag. Explizit angeführt wurden die Textiltechnik, die Qualitätskontrolle und

---

19 Vorschläge der SPÖ zur Schulpolitik in Vorarlberg, unter besonderer Berücksichtigung des
Hochschulwesens, o. D. Privatarchiv Häfele. Vgl. dazu auch: Niederschrift der 5. Sitzung des
XXII. Vorarlberger Landtages im Jahre 1979, 6. 6. 1979 – TOP 6 f, 171/1, URL: http://suche.
vorarlberg.at/vlr/vlr_gov.nsf/ (abgerufen 30. 1. 2019); Ehrgeizige Hochschulpläne der Vor-
arlberger SPÖ, Salzburger Nachrichten, 24. 8. 1976; Konkrete Vorschläge der SPÖ zu
Hochschule in Vorarlberg, Neue Vorarlberger Tageszeitung, 24. 8. 1976.
20 Elmar Vogt, Rektoren prüfen Vorarlbergs Chancen für Universität, Die Presse, 7. 10. 1976;
Österreichische Rektorenkonferenz, Stellungnahme, 28. 6. 1977. Privatarchiv Häfele; Österreichische Rektorenkonferenz, Hochschulische Einrichtungen in Vorarlberg, Juni 1978.
Österreichisches Staatsarchiv (ÖStA), Archiv der Republik (AdR), Bundesministerium für
Wissenschaft und Forschung (BMWF), GZ 6491/1-7/78.
21 Niederschrift der 3. Sitzung des XXII. Vorarlberger Landtages im Jahre 1978, 26. 4. 1978 –
TOP 2d, 78–84, URL: http://suche.vorarlberg.at/vlr/vlr_gov.nsf/ (abgerufen 30. 1. 2019).

-verbesserung „in Wachstumsbranchen wie Maschinen- und Gerätebau" sowie wirtschaftswissenschaftliche Institute mit spezieller Ausrichtung auf die Probleme klein- und mittelbetrieblicher Unternehmen.[22] Zur Hebung des Bildungsniveaus wurde in erster Linie die „Schaffung von vernünftigen Studienalternativen zwischen Matura und Hochschulabschluß" in Form von Kollegs und Speziallehrgängen für ganz unterschiedliche Qualifizierungen und Berufssparten propagiert. Alle diese Modelle sollten als erweiterndes Angebot an den bestehenden Schulen eingerichtet werden. Als Adressatenkreis wurden neben AbsolventInnen höherer Schulen auch MittelschülerInnen und Lehrlinge genannt.[23]

Wie sah es nun die Rektorenkonferenz, die in Kenntnis der Handelskammer-Studie ein Jahr später mit den Endergebnissen aufwartete? Auch sie sprach sich gegen eine reguläre Universität aus und verwies darauf, dass „die Expansion des Hochschulwesens [...] allerorten zum Stillstand" komme.[24] Gleichzeitig formulierte das Gutachten aber etliche „Gründungsinteressen und Planungsansätze". Passend zu dieser vorsichtigen Überschrift fielen die meisten Überlegungen und Empfehlungen der Rektorenkonferenz eher vage aus. Einige einigermaßen konkrete inhaltliche Vorschläge gab es aber doch. Der erste mutete angesichts der historisch-ideologischen Aufladung des Alemannen-Begriffs, auf den sich seit dem 19. Jahrhundert jegliche Spielart des „Ländle-Separatismus" stützte, gelinde gesagt kurios an. Er lautete, anhand des Alemannischen die „Frage der Kulturraumstudien, die heute ein internationales wissenschaftliches Anliegen darstellen",[25] institutionell zu verankern – z. B. in Form eines Forschungsinstituts der Österreichischen Akademie der Wissenschaften bzw. der ARGE-Alp-Länder oder eines Instituts in der Trägerschaft des Landes. Weiters hielt das Gutachten unter Hinweis auf die Vorschläge der Handelskammer bzw. der SPÖ „für die Textilindustrie in Vorarlberg" ein oder mehrere Forschungsinstitute „auf naturwissenschaftlichem, technologischem und künstlerischem Gebiet" für sinnvoll.[26] In einem dritten Punkt wurde schließlich für Einrichtungen zur Fortbildung von AkademikerInnen nicht nur des Landes, sondern darüber hinaus plädiert, da die Absolventenfortbildung angesichts des rapiden

---

22 Bericht des Projektteams „Bildungs- und Forschungspolitik – Handelskammer Vorarlberg" über Analysen und Folgerungen zu einem Bildungs- und Forschungskonzept für Vorarlberg unter besonderer Berücksichtigung der Hochschulfrage an das Präsidium der Kammer der gewerblichen Wirtschaft für Vorarlberg, 16. 2. 1977. VLA, HA HK, Sch. 63, 80 f 1, 8, 42, 50–52.
23 Ebd., 52–54.
24 Bericht der Österreichischen Rektorenkonferenz vom Juni 1978, 159.
25 Ebd., 155–151; Vorarlberg will Alemannisches Institut, Südkurier, 12. 10. 1976. Vgl. zum „Alemannentum": Markus Barnay, Die Erfindung des Vorarlbergers. Ethnizitätsbildung und Landesbewusstsein im 19. und 20. Jahrhundert (Studien zur Geschichte und Gesellschaft Vorarlbergs 3), Bregenz 1988.
26 Bericht der Österreichischen Rektorenkonferenz vom Juni 1978, 158.

wissenschaftlichen Fortschritts „zu den wichtigsten Anliegen des österreichischen Hochschulwesens in der Zukunft" zähle. Hier bestehe ein innovativer Planungsansatz, „denn für diese Aufgaben bedarf es einer eigenen zentralen Institution, deren Standort und Produktionsstätten wegen des Einsatzes der Technologie überall, auch in Vorarlberg denkbar wäre."[27]

Unter dem Strich ließen die Rektoren somit keinen Zweifel daran aufkommen, dass sie einer weiteren Regionalisierung des Hochschulwesens reserviert gegenüberstanden. Dass dabei auch ein gewisses Eigeninteresse im Spiel war, erscheint nicht ganz abwegig. Dazu passt, dass das Gutachten einzig bei der überregionalen postgradualen Weiterbildung, wo keine Gefahr bestand, etwas abgeben zu müssen, mit gewissem Nachdruck aufforderte, aktiv zu werden.

Die Medien berichteten auch jenseits der Landesgrenzen über die Gutachter-Ergebnisse.[28] Landeshauptmann Keßlers erste Reaktion auf den endgültigen Bericht der Rektorenkonferenz entsprach seinen früheren Kommentaren. Er beschränkte sich darauf, die schon länger beschlossenen Projekte Schloss Hofen, wo Erwachsenen- und Akademikerfortbildung geplant sei, und auf die in Aufbau begriffene Studienbibliothek in Bregenz zu verweisen.[29] Im Hintergrund war jedoch ein Koordinationsausschuss, bestehend aus Vertretern der Landesregierung, des Amts der Landesregierung und der Handelskammer zusammengetreten, um die weitere Vorgangsweise zu beraten. Dieser setzte eine Arbeitsgruppe ein, um auf der Grundlage des Rektoren-Gutachtens konkrete Szenarien zu entwickeln.[30] Am 19. Dezember 1978 legte sich die Landesregierung dann per Beschluss darauf fest, neben Schloss Hofen und der Studienbibliothek mit dem Wissenschaftsministerium über drei weitere Projekte Verhandlungen aufnehmen zu wollen: Es waren dies ein Hochschulinstitut für Textiltechnik und Textilchemie in Dornbirn, ein Institut für Rehabilitation und vorbeugende Medizin sowie ein Institut für Medizintechnik, die am Krankenhaus Feldkirch angesiedelt werden sollten. Mitte Jänner übermittelte Keßler diese Zielvorstellungen an Firnberg und bat um den baldigen Beginn von Gesprächen.[31] Das Ministerium legte jedoch keine Eile an den Tag. Trotz mehrmaligen Nachfragens aus Vorarlberg erfolgte erst Ende September 1979 die Einladung zu einer ersten Gesprächsrunde am 31. Jänner 1980 in Wien. In internen Aktenvermerken für den

---

27 Ebd., 159.
28 Rektoren gegen „Ländle-Universität", Salzburger Nachrichten, 31.3.1977; Rektoren gegen Universität in Vorarlberg, Wiener Zeitung, 31.3.1977; Handelskammer legt Hochschul-Projektstudie für Vorarlberg vor, Neue Vorarlberger Tageszeitung, 1.4.1977.
29 APA-Meldung, 6.7.1978. ÖStA, AdR, BMWF, GZ 6491/1-7/78.
30 LH Keßler an BM Firnberg, 11.1.1979. VLA, HA HK, Sch. 62, 80 f 78–80. Daneben gab es noch eine zweite Arbeitsgruppe, die sich mit den in der Handelskammerstudie thematisierten Kollegs bzw. Lehrgängen beschäftigte.
31 Ebd., auch APA-Meldung, 6.12.1978. ÖStA, AdR, BMWF, GZ 6491/1-7/78.

Landeshauptmann äußerte der zuständige Abteilungsleiter Reinhold Bernhard den Verdacht, dass sich das Ministerium „evt. von den bisherigen Vorschlägen der Vorarlberger Landesregierung gewissermaßen zu distanzieren beginnt."[32] Als Ursache vermutete er, dass das Ministerium an der Landesregierung vorbei eigene Pläne verfolgte.[33]

III.   Konkrete Resultate der Hochschuldebatte

Zumindest im ersten Punkt erwies sich Bernhards Misstrauen als unbegründet. Firnberg hatte sich in den zurückliegenden Jahren zu oft zu Hochschuleinrichtungen für Vorarlberg bekannt, um einen Rückzieher machen zu können. Anhand ihres Vorgehens im Gefolge der Gutachten war aber auch deutlich geworden, dass sich die Landesregierung mittlerweile – nicht ganz freiwillig – neu positioniert hatte und sich nun für Hochschuleinrichtungen in Vorarlberg einsetzte. Die Voraussetzung dafür bildete allerdings, dass diese kompatibel mit den eigenen bildungspolitischen Prämissen waren.

Das Treffen am 31. Jänner 1980, an dem auch Keßler und Firnberg teilnahmen, dauerte 75 Minuten. Wie Firnberg eingangs formulierte, ging es um eine grundsätzliche Einigung, welche Projekte weiterverfolgt werden sollten. Dabei kamen insgesamt sieben Einrichtungen zur Sprache, darunter auch neue Vorhaben:

- Über ein Institut für den textilen Sektor, das eine Einrichtung der Universität Innsbruck werden sollte, herrschte Einigkeit. Die Befassung mit den Details wurde an eine Arbeitsgruppe übergeben.
- Neu war das Ansinnen der Landesregierung aus dem Medizinischen Zentrum Feldkirch ein Lehrkrankenhaus zu machen. Firnberg äußerte Zweifel an der Umsetzbarkeit, stand dem Führen von Gesprächen, insbesondere mit der Universität Innsbruck, aber offen gegenüber. Dabei dürften – wie von der Ministerin vorhergesehen – Schwierigkeiten aufgetaucht sein, denn das Landeskrankenhaus Feldkirch wurde erst 1999 zum Ausbildungspartner der Medizinischen Universität Innsbruck.[34]
- Im Zusammenhang mit dem vom Land favorisierten Institut für Rehabilitation und/oder vorbeugende Medizin schlug Firnberg vor, in Richtung eines Instituts für Drogenforschung zu gehen, da es auf diesem Gebiet in Österreich

---

32 LH Keßler an BM Firnberg, 13. 12. 1979; LH Keßler an LTAbg. Häfele, 9. 1. 1980; Dr. Bernhard, Aktenvermerk für LH Keßler, 5. 10. 1979. VLA, HA HK, Sch. 62, 80 f 78–80.

33 Dr. Bernhard, Aktenvermerk für LH Keßler, 26. 9. 1979. Ebd.

34 LKH Feldkirch, Akademisches Lehrkrankenhaus, 10. 9. 2012, URL: http://www.lkhf.at/feld kirch/portal/index.php?type=show&id=UD2004-11-12-471538&v_id=cc010cbeb42deec6 1cd32eb338811650 (abgerufen 26. 1. 2019).

noch keine Einrichtung gab. Auch hier wurde eine gemischte Arbeitsgruppe gebildet.

- Ein Institut für Medizintechnik in Angriff zu nehmen, lehnte Firnberg zum gegenwärtigen Zeitpunkt aus organisatorischen und finanziellen Gründen ab.
- Für Schloss Hofen stellte die Ministerin Zuschüsse in drei Bereichen in Aussicht. Denkmalpflegemittel sollten für die Sanierung des Gebäudes bereitgestellt, „postuniversitäre Kurse" ebenso wie „alemannische Wissenschaftsveranstaltungen" subventioniert werden. Auf eine Bemerkung, wonach sich das Ministerium vorstellen konnte, gelegentlich auch selber Kurse anzubieten, entgegnete Keßler, dass Schloss Hofen „unter Führung des Landes" für ein breites Angebot sorgen werde.
- Nicht auf der „Wunschliste" aus Vorarlberg war ein Franz-Michael-Felder-Archiv gestanden. Franz Michael Felder (1839–1869), Dichter, Bauer und Sozialreformer aus dem Bregenzerwald, galt vielen als *der* Vorarlberger Autor schlechthin. Als *der* Experte wiederum, der den zum Bauerndichter verkitschten Felder einer Neuinterpretation unterzogen hatte, firmierte Walter Methlagl, Leiter des Brenner-Archivs, eines Literaturarchivs, das vor kurzem in ein eigenes Forschungsinstitut der Universität Innsbruck umgewandelt worden war. Sich auf Methlagl als Ideengeber berufend, stellte das Ministerium nun in den Raum, den Felder-Nachlass als dislozierte Abteilung des Brenner-Archivs und somit universitäre Einrichtung zu etablieren. Der Landeshauptmann versprach, die Frage zu prüfen.
- Als letzter Punkt kam die Studienbibliothek zur Sprache, für die Keßler dringend um die Aufstockung der jährlichen Bundessubvention ersuchte. Firnberg berief sich auf ihren Bibliotheksbeirat, der die Notwendigkeit zu ermitteln habe, meinte aber auch, dass der Bundesbeitrag für die Studienbibliothek vermutlich steigen würde, wenn es in Bregenz eine Außenstelle des Brenner-Archivs gäbe.[35]

Wie es mit jenen fünf Vorhaben, die umgesetzt wurden, weiterging, soll im Folgenden skizziert werden. Zunächst werden die zwei Einrichtungen behandelt, auf die sich das Land schon Mitte der 1970er-Jahre festgelegt hatte. Ihr „Markenzeichen" bildete, dass sie *nicht* in den Zuständigkeitsbereich des Bundes fielen.

---

35 Niederschrift über die am 31. Jänner 1980 beim Bundesministerium für Wissenschaft und Forschung stattgefundene Besprechung betreffend die Schaffung hochschulähnlicher Einrichtungen in Vorarlberg. VLA, Landesschulrat für Vorarlberg (LSV), Sch. 653, 60–63 / 1980.

III.1   Das Landesbildungszentrum Schloss Hofen

„Keßlers Lieblingsplanung"[36] nahm Ende November 1981 den Betrieb auf. Der Bund hatte, wie versprochen, mit den Mitteln des Denkmalschutzes zur Sanierung des historischen Gebäudes beigetragen. Das Gesamtrahmenkonzept verfasste Reinhold Bernhard, der darin formulierte Auftrag lautete HochschulabsolventInnen des Landes, im Idealfall aber auch über die Landesgrenzen hinaus, postgraduell weiterzubilden, Weiterbildung für bestimmte nichtakademische Berufsgruppen anzubieten, Symposien u. dgl. im Dreiländereck Schweiz-Deutschland-Österreich zu veranstalten, das Haus für Fremdveranstaltungen zu bewerben und ein begleitendes Kulturprogramm zu initiieren. Der größte von vier Räumen fasste hundert Personen, übernachten konnten rund vierzig.[37] Der Start war holprig. Bis Schloss Hofen zu sich selber (in Form eines klaren Profils und Programms) fand, sollten noch etliche Jahre vergehen.[38]

III.2   Die Vorarlberger Landesbibliothek

Die Vorarlberger Landesbibliothek geisterte vor allem als „Studienbibliothek" durch die Bildungsdebatte der 1970er-Jahre.[39] In Sachen Gründung war es bereits Ende 1974 auf Beamtenebene zu einer ersten unverbindlichen Kontaktaufnahme mit dem Ministerium gekommen, was Firnberg bewog, sich zunächst nach den Vorstellungen der Landes-SPÖ zu erkundigen. Die Botschaft, die der Leiter der Kulturabteilung der Landesregierung überbracht hatte, lautete, eine Bibliothek „für die wissenschaftlichen Kreise und die Studierenden" ins Leben zu rufen, wofür man um Bundesmittel ansuche. Die nächstgelegenen wissenschaftlichen Studier- und Informationsmöglichkeiten befänden sich in Innsbruck, Sankt Gallen, Konstanz und Weingarten. Seitens des Landes sei man daher bereit, sich in beträchtlichem Umfang an den Kosten für Errichtung und Betrieb zu beteiligen.[40] Und so kam es dann auch. Es entstand keine bundesstaatliche Einrich-

36 Vorarlberger Bildungswesen: Neue Schwerpunkte, Salzburger Nachrichten, 10. 2. 1979.
37 Reinhold Bernhard, Gesamtrahmenkonzept für das Landesbildungszentrum Schloss Hofen, Februar 1981. VLA, HA HK, Sch. 61, 80 b.
38 Neue Perspektiven. 10 Jahre Schloß Hofen, 6. 12. 1991 (Rede von Landesrätin Elisabeth Gehrer). Ebd.; LH Keßler: LBZ Schloß Hofen geht in eine erfolgreiche Zukunft, Vorarlberger Nachrichten, 8. 2. 1985.
39 Vgl. etwa: Denkschrift zur Errichtung der Vorarlberger Landesbibliothek (Studienbibliothek) – Aufgaben und Leistungen, März 1978. VLA, HA HK, Sch. 61, 80 c.
40 BM Firnberg an NRAbg. Roman Heinz, 29. 1. 1975; BMWF, Abt. III/1, Information für die Frau Bundesminister, 5. 12. 1974. Privatarchiv Häfele; LH Keßler an BM Firnberg, 26. 2. 1975. VLA, HA HK, Sch. 61, 80 c.

tung, sondern die Vorarlberger Landesbibliothek. Aufgrund einer Vereinbarung mit dem Ministerium vom August 1978 erhielt sie jedoch eine jährliche Förderung, die aber an die Anschaffung von Literatur für Studienzwecke gebunden war.[41] Die Studienbibliothek wurde im September 1977 offiziell eröffnet und befand sich zunächst gemeinsam mit dem Landesarchiv in einem Gebäude. Die eigentliche Erfolgsgeschichte begann erst mit dem Ankauf des aufgelassenen Klosters Gallusstift in Bregenz. Der Umzug erfolgte 1985/86.[42]

III.3   Das Franz-Michael-Felder-Archiv

Die Idee für das Franz-Michael-Felder-Archiv in Form eines universitären Außenpostens der Universität Innsbruck hatte Firnberg beim Treffen Ende Jänner 1980 ins Spiel gebracht. In nachfolgenden Gesprächen konkretisierte das Ministerium sein Angebot: Übernahme der Kosten für einen Leiter- und Mitarbeiterposten sowie für die Ausstattung, seitens des Landes die Stellung der Räumlichkeiten.[43] Juristische Grundlage dieses Vorschlags bildete § 93 UOG, der die Einrichtung besonderer Forschungsinstitute regelte. Mit konservativen kulturpolitischen Vorstellungen war Firnbergs Vorstoß jedoch schwer vereinbar. Im März schrieb Eugen Thurnher, ordentlicher Universitätsprofessor am Institut für Germanistik in Innsbruck und Mitglied der Vorarlberger Wissenschaftskommission an Landeshauptmann Keßler:

> „Mit Bestürzung habe ich in den VN [Vorarlberger Nachrichten, Anm. IB] gelesen, daß Frau Minister Firnberg der Vorarlberger Landesregierung vorgeschlagen hat, das neu zu errichtende Franz Michael Felder-Archiv [...] mit dem Brenner-Archiv an der Universität Innsbruck zu verbinden. [...] Der ganze Vorschlag ist ein wissenschaftlich völlig abwegiger Gedanke. [...] Ich sehe im Vorschlag der Frau Minister nur einen Versuch von Akkumulation von Macht. Entweder geht es darum, auf die personalpolitischen Entscheidungen der Betreuung des Felder-Nachlasses einen Einfluß zu gewinnen oder die Felder-Forschung in einer unzulässigen Weise politisch zu aktualisieren und zu ideologisieren. Beides kann nicht im Interesse des Landes liegen."[44]

Dagegen bedankte sich Fritz Mayer, von 1970 bis 1988 SPÖ-Bürgermeister von Bregenz, überschwänglich bei Firnberg:

> „Es freut uns ganz besonders, daß die Anregung dieser bedeutenden hochschulmäßigen Einrichtung zur Auflockerung des wissenschaftlichen Klimas im Land nicht von der Vorarlberger Landesregierung, sondern von Dir persönlich ausgegangen ist. [...]

---

41 Vereinbarung (Entwurf), o. D. Ebd.
42 Direktor Tiefenthaler, Aktenvermerk für LH Keßler, 2.4.1986. VLA, HA HK, Sch. 61, 80 c.
43 Dr. Bernhard, Aktenvermerk für LH Keßler, 14.10.1980. VLA, HA HK, Sch. 60, 80.
44 Eugen Thurnher an LH Keßler, 2.3.1980. VLA, HA HK, Sch. 62, 80 f 78–80.

Du kannst Dir leicht vorstellen, daß dieses hochschulähnliche Institut in Bregenz weit größere Bedeutung hat als ein entsprechendes Institut an einer Volluniversität. Aus diesem Grund bin ich [...] mit der Bereitstellung der Räumlichkeiten und der Erstausstattung auch zu großen finanziellen Aufwendungen bereit. [...] Franz Michael Felder, der bedeutendste Sozialreformer und Literat unseres Landes, gehört zu den Gründungsgestalten der Vorarlberger Sozialdemokratie. Du kannst Dir leicht vorstellen, daß die Volkspartei im Land alles daransetzt, um dieses Felder-Institut in den Griff zu bekommen, um durch personelle Weichenstellung auch weiterhin ihr falsches Felder-Bild verbreiten zu können."[45]

Dass die Durchsetzung des Plans nicht einfach sein würde, war sich wohl nicht nur Mayer bewusst. Ein Trumpf des Landes bildete, dass es neben dem 1969 gegründeten „Franz-Michael-Felder-Verein – Vorarlberger Literarische Gesellschaft" selber im Besitz wichtiger Bestände war. Um die aus ideologischen und Macht-Interessen abzulehnende „Bundeslösung" auszuhebeln, wurde ein Gegen-Modell entwickelt, für das die Materialien des Felder-Vereins als Dauerleihgabe gesichert werden konnten. Hinzu kam, dass sich der Akademische Senat der Universität Innsbruck – von Landeshauptmann Keßler entsprechend informiert – gegen die Errichtung einer Abteilung Felder-Archiv im Forschungsinstitut Brenner-Archiv aussprach. Das Franz-Michael-Felder-Archiv, 1981 in einer Ho-Ruck-Aktion als Abteilung der Landesbibliothek gegründet, nahm schließlich 1984 seinen Betrieb auf.[46]

III.4   Das Institut für Textilchemie und Textilphysik

Von den in den Gutachten vorgeschlagenen und dann durch die Landesregierung in die engere Auswahl genommenen Hochschulinstituten machte das Institut für Textilchemie und Textilphysik in Dornbirn den Anfang. Es nahm 1982 die Arbeit auf. Im Textilland Vorarlberg erschien es angesichts der schlechten Lage der Branche gerade in diesem Bereich als sinnvolle Maßnahme, innovative Forschung zu betreiben. Sowohl in Vorarlberg als auch in Wien blieb dies unwidersprochen. Allerdings musste man sich erst auf ein Organisations- und Finanzierungsmodell verständigen. Das Ministerium fand es unangemessen, bei einem anwendungsorientierten Institut, das im Interesse der Vorarlberger

---

45 Brief-Entwurf für einen Expreß-Brief an Frau Dr. Firnberg, o. D. Privatarchiv Häfele.
46 Franz-Michael-Felder-Verein, Memorandum zur Gründung eines Vorarlberger Literaturarchivs, genannt „Felder-Archiv" in Bregenz. Vgl. Beilage zum Protokoll der Sitzung am 17. 11. 1980; Franz Michael Felder- und Vorarlberger Literaturarchiv. Vereinbarung zwischen dem Franz-Michael-Felder-Verein/Vorarlberger Literarische Gesellschaft und dem Land Vorarlberg, 3. 11. 1981. VLA, HA HK, Sch. 60, 80; Niederschrift über die Sitzung des Akademischen Senates, 18. 12. 1980. Universitätsarchiv (UA) Innsbruck, Senatssitzungsprotokolle; Ulrike Längle: Mit und für Literatur, Neue Vorarlberger Tageszeitung, 4. 2. 2018.

Textilunternehmen war, alle Kosten dem Bund aufzubürden.[47] Das Land wiederum strebte eine Lösung an, die ihm „das größtmögliche Mitspracherecht und die geringste finanzielle Belastung" garantierte.[48] Organisationsrechtlich entstand schließlich ein disloziertes, reines Forschungsinstitut der Universität Innsbruck gemäß § 93 UOG. Dieser Paragraph erlaubte es auch, Kooperationspartner ins Boot zu holen, was mit einem Abkommen zwischen dem Bund (der das Institut auf Antrag der Universität Innsbruck errichtete), dem Land Vorarlberg sowie dem Verein zur Förderung der Forschung und Entwicklung der Textilwirtschaft (Textilverein) erfolgte. Aus den Mitteln des Wissenschaftsministeriums wurden die Kosten für Personal und laufenden Betrieb getragen, das Unterrichtsministerium stellte die Räume im Neubau der Bundeslehr- und Versuchsanstalt für Textilindustrie zur Verfügung. Das Land garantierte gemeinsam mit dem Textilverein je zur Hälfte ein jährliches Auftragsvolumen von einer Million Schilling.[49]

III.5   Das Institut für Drogenprophylaxe

Ebenfalls ein Innsbrucker Außenposten nach § 93 UOG unter finanzieller Beteiligung des Landes war das Forschungsinstitut für Drogenprophylaxe am Krankenhaus Stiftung Maria-Ebene bei Feldkirch. Kurze Zeit nach seiner Gründung im Herbst 1982 fiel es jedoch in einen bis Ende des Jahrzehnts dauernden Dornröschenschlaf. Zunächst „aufgrund von organisatorischen Schwierigkeiten" am Vorarlberger Standort, dürften später Lehrstuhlvakanzen und personalpolitische Probleme an der Medizinischen Fakultät dafür verantwortlich gewesen sein, dass es ein „Papiertiger" blieb.[50]

---

47 BMWF/Abt. 24, Information für die Frau BM, 30. 1. 1979. ÖStA, AdR, BMWF, GZ 6491/1-7/ 78.
48 Dr. Bernhard, Aktenvermerk für LH Keßler, 5. 10. 1979. VLA, HA HK, Sch. 62, 80 f 78–80.
49 Übereinkommen, 15. 6. 1982. Universitätsarchiv (UA) Innsbruck, Univ.-Direktion/A, Fasz. Forschungsinstitute – Fo.-Inst. f. Textilchemie u. Textilphysik 13070121; Niederschrift über die Sitzung des Akademischen Senates, 23. 10. 1980. UA Innsbruck, Senatssitzungsprotokolle.
50 BM Firnberg an Akademischen Senat der Universität Innsbruck, 9. 9. 1982; Dr. Bernhard, Aktenvermerk für LH Keßler, 6. 9. 1985. VLA, HA HK, Sch. 63, 80 f 81–87; Auszug aus der Niederschrift über die Sitzung des Akademischen Senates, 30. 6. 1983. UA Innsbruck, Univ.-Direktion/A, Fasz. Fo.-Inst. f. Prophylaxe u. Suchtkrankheiten 13080; Niederschrift über die Sitzung des Akademischen Senates, 18. 12. 1980 u. 7. 10. 1982. UA Innsbruck, Senatssitzungsprotokolle.

III.6   Die „rote" Ausnahme und einzige universitäre Lehreinrichtung: das
         Studienzentrum Bregenz

Das Studienzentrum Bregenz, das als Fernstudien-Zentrum gegründet wurde,
war ein „Coup" des Bregenzer Bürgermeisters Mayer, der als erfolgreicher SPÖ-
Politiker über einen guten Draht nach Wien verfügte. An keinem anderen Gegenstand, auch nicht am Felder-Archiv, lässt sich deutlicher der parteipolitische
Grabenkampf nachvollziehen, als der die Hochschuldebatte geführt wurde.

Das Fernstudienwesen entsprach zutiefst sozialdemokratischen Bildungs-
idealen, da es Berufstätigen, Angehörigen ärmerer Schichten, Frauen mit fami-
liären Verpflichtungen etc. einen Zugang zu Studium und Weiterbildung eröffnen sollte. Im Gefolge der internationalen Aufwertung und Ausweitung der
Bildung erhielt auch diese Idee in den 1960er-Jahren einen enormen Auftrieb.
1969 wurde die britische Open University eröffnet. Sie diente als Vorbild der 1974
im sozialdemokratisch-liberal regierten Nordrhein-Westfalen gegründeten
Fernuniversität Hagen. Im Zuge eines Besuchs der SPÖ-Landtagsfraktion beim
dortigen Ministerpräsidenten stand auch Hagen auf dem Programm. In der
parteiinternen Überlieferung gilt diese Reise als der Beginn des Studienzentrums Bregenz.[51] Anfang März 1977 erkundigte sich Bürgermeister Mayer erstmals beim zuständigen Prorektor der Fernuniversität nach Möglichkeiten
deutsch-österreichischer Zusammenarbeit.[52]

Zu diesem Zeitpunkt war einerseits bereits ziemlich klar, dass die in Auftrag
gegebenen Bedarfsstudien der Landesregierung wenig Veranlassung liefern
würden, Hochschuleinrichtungen in Vorarlberg zu etablieren, die eine umfassende universitäre Ausbildung ermöglichen würden. Andererseits arbeitete seit
1975 eine Arbeitsgruppe im Wissenschaftsministerium an der Einführung von
Fernstudien an österreichischen Universitäten. 1979 kam das Ministerium dem
gesetzten Ziel durch die Einrichtung eines Interuniversitären Forschungsinstituts für Fernstudien (IFF) mit Sitz an der Universität für Bildungswissenschaften
in Klagenfurt einen entscheidenden Schritt näher. Der Auftrag lautete Fernstudien bzw. Fernstudienelemente zu entwickeln. Ergänzend zu diesen noch nicht
vorhandenen Programmen folgte im August 1980 eine Kooperationsvereinba-
rung zwischen dem IFF und der Fernuniversität Hagen, die es ermöglichte, in
Hagen Inskribierte an den vom IFF betriebenen Studienzentren zu betreuen.
Schon länger stand fest, dass eines dieser Zentren in Bregenz angesiedelt werden

---

51   Kommentar zu auf der Reise entstandenen Fotos, dat. 21.–26. 10. 1976. Privatarchiv Häfele.
52   Prorektor Dichanz an BM Mayer, 6. 4. 1977. Ebd.

sollte. Abgesprochen war, dass das Ministerium das Personal und die Stadt die Räumlichkeiten finanzieren sollte.[53]

Dass die Landes-SPÖ der Hochschuldebatte mit dem Thema Fernstudien einen neuen „Twist" zu geben versuchte, war der Landesregierung nicht entgangen. Mitte 1978 kam das Thema in der Wissenschaftskommission erstmals zur Sprache. Die Errichtung einer Expositur einer Fernuniversität wurde laut Protokoll „als nicht sehr zielführend" bezeichnet.[54] Offenbar traf es die Landesregierung dann doch relativ unvorbereitet, als Bürgermeister Mayer in einer Presseaussendung Anfang März 1979 den Plan bekanntgab, in Bregenz eine Zweigstelle der Universitäten Klagenfurt bzw. Hagen für Fernstudien zu eröffnen. Brieflich verlangte Keßler von Firnberg eine Erklärung, er erhielt jedoch keine Antwort.[55] Mehrerlei erregte Ärger: Dass das Ministerium das Studienzentrum ohne Rücksprache und erst recht nicht mit der Einwilligung der Landesregierung einrichtete, galt als inakzeptable Vorgangsweise. Dann stand die Sorge im Raum, dass das Studienzentrum eine Konkurrenz zu Schloss Hofen werden könnte. Schließlich war das Ganze aus Gesinnungsgründen abzulehnen: In einer internen Stellungnahme war von einer „‚Metastase' der Fernuniversität Hagen in Bregenz" die Rede. Und weiter: „Die Fernuniversität Hagen ist mit Sicherheit so ausgerichtet, daß sie wissenschaftlichen Projekten und Überlegungen Raum gibt, mit denen sich Vertreter einer sozialistischen Gesellschaftspolitik eher identifizieren können."[56]

Am Ergebnis ließ sich indessen nichts mehr ändern. Aus SPÖ-Sicht war es zweifellos mehr als nur ein moralischer Sieg, als das am 29. März 1981 offiziell eröffnete Studienzentrum Bregenz als erste hochschulähnliche Einrichtung in Vorarlberg den Fernstudien-Betrieb bereits Ende November 1980 aufnahm. Es startete mit 360 zu betreuenden „Hagener Ferninskribenten", von denen 250 aus Süddeutschland, 70 aus der Ostschweiz und 40 aus Vorarlberg bzw. Tirol kamen. Ab 1981 bot es auch Vorbereitungskurse für die Studienberechtigungsprüfung an.[57]

---

53 Mit Bildung wachsen. Zu mehr Qualifikation und Selbstbestimmung, Studienprogramm 1981–82 Studienzentrum Bregenz, hg. vom Interuniversitären Forschungsinstitut für Fernstudien/Studienzentrum Bregenz, Hard 1981, 9–10, 29; Manfred Fröhlich, Errichtung des Studienzentrums Bregenz. Hochschulstudium auch für Berufstätige, in: Montfort 33 (1981) 2, 173–176; BM Firnberg an Wissenschaftsminister Jochimsen, Nordrhein-Westfalen, 26.3. 1980. VLA, HA HK, Sch. 62, 80 f 78–80.

54 Zit. in LH Keßler an LTAbg Häfele, 9.1.1980. Ebd. Vgl. Niederschrift der 1. Sitzung des XXIII. Vorarlberger Landtages im Jahr 1980, 6.2.1980 – TOP 3, URL: http://suche.vorarlberg.at/vlr/vlr_gov.nsf/ (abgerufen 30.1.2019).

55 LH Keßler an BM Firnberg, 16.3.1979. VLA, HA HK, Sch. 62, 80 f 78–80.

56 Dr. Bernhard, Aktenvermerk für LH Keßler, 26.9.1979. Ebd.

57 Fernstudium auch in Österreich möglich. Firnberg eröffnet erstes Studienzentrum, Vorarlberger Nachrichten, 30.3.1981.

Die Beziehung zwischen der Landesregierung und dem Studienzentrum blieben noch Jahre lang angespannt und von Konflikten bestimmt.[58] Die Zahlen sprachen indessen für sich: Im Wintersemester 1986/87 waren am Studienzentrum Bregenz insgesamt 1.089 Studierende gemeldet, darunter allerdings 944 deutsche und Schweizer StaatsbürgerInnen. Auf die Studienberechtigungsprüfung bereiteten sich 62 Personen vor.[59] Die zwei ersten Fernstudien-Absolventen aus Vorarlberg schlossen 1987 ab. Seitens der Landesregierung nahm niemand an der aus diesem Anlass im Studienzentrum stattfindenden Feier teil.[60]

IV. Schluss

Wenn die Genese der Universitätsgründungen in Linz, Salzburg und Klagenfurt mit den erst Mitte der 1970er-Jahre in Fahrt kommenden Debatten über Hochschuleinrichtungen für Vorarlberg verglichen wird, fällt zweierlei auf:

Erstens rückte das Thema tertiäre Bildung in Vorarlberg sehr spät in den politischen Fokus. Es stellt sich somit die Frage, ob man in Vorarlberg nicht schlicht den richtigen Zeitpunkt verpasst hatte. Die politische Stimmung im Hinblick auf den Bildungsausbau war Ende der 1970er-Jahre eine andere als in den 1960er-Jahren.

Zweitens – und das dürfte schwerer gewogen haben – fehlte es in Vorarlberg an einer wirklichen *pressure group*, die parteiübergreifend offizielle Elemente sowie die Medien und einflussreiche Stimmen aus Wirtschaft und Kultur miteinander verbunden und die Gründungsabsicht konsequent betrieben hätte. In Salzburg, Oberösterreich und Kärnten hatte es solche Initiativen gegeben.[61] Eine schlagkräftige Initiativgruppe kam in Vorarlberg aber nie zustande – wie es auch der aus Vorarlberg stammende und an der Linzer Universität tätige Wissenschaftsphilosoph Rudolf Wohlgenannt 1979 in einem Interview mit der „Neuen Vorarlberger Tageszeitung" ansprach.[62]

In Vorarlberg blieb das Thema eines universitären Vakuums einzig die Sache der Landes-SPÖ und damit Gegenstand des parteipolitischen Hickhacks. Motive und Argumente, die anderswo Gewicht erlangten (niedrige Akademikerquoten,

---

58 J. Ch. Aigner (IFF, Studienzentrum Bregenz) an Landesrat Fredy Mayer, 21. 12. 1985 bzw. an Hubert Regner (LBZ Schloss Hofen), 21. 5. 1986; Dr. Bernhard, Aktenvermerk für LH Keßler, 23. 1. 1987. VLA, HA HK, Sch. 63, 80 f 81–87.

59 IFF, 11. Bericht des Institutsvorstandes – Information an alle Gremienmitglieder des IFF, BMWF und Rektorenkonferenz, 6. 11. 1986. Ebd.

60 Vgl. Pressedienst, SPÖ-Landtagsklub bedauert Affront der Landesregierung gegen Absolventen der Fernuniversität, 26. 11. 1987. Privatarchiv Häfele.

61 Vgl. die Beiträge in diesem Band.

62 Vgl. Hochschule auf Sparflamme, Neue Vorarlberger Tageszeitung, 1. 6. 1979.

wirtschaftlicher Rang der Region etc.), wurden hier nicht wirksam. Über die Gründe, warum sich die breitere Öffentlichkeit nicht wirklich für das Thema erwärmte, ließe sich streiten. Hat es an den Machtverhältnissen gelegen, daran, dass die ÖVP und ihre Netzwerke das Land einfach zu fest im Griff hatten? Rudolf Wohlgenannt ortete – wie die seither immer wieder wiederholte These – Angst bei den politisch Verantwortlichen vor dem Einsickern von liberalem und linkem Gedankengut. Die Beispiele Felder-Archiv bzw. Studienzentrum Bregenz belegen, dass ein Teil der Erklärung tatsächlich hier zu suchen ist. Wohlgenannt formulierte 1979 aber noch einen anderen Kritikpunkt: Vorarlberg sei einfach zu pragmatisch und bescheiden. Man hänge viel zu sehr an Nützlichkeitserwägungen. Er sprach damit mentalitätsbedingte Faktoren und die viel beschworenen „Klassiker" unter den alemannischen Tugenden – Sparsinn und Pragmatismus – an, die in diesem Fall den Entscheidungsträgern im Wege standen. Mit anderen Worten formuliert, habe es im kleinen Vorarlberg am Selbstbewusstsein gemangelt, groß zu denken. Mit Blick auf die Ergebnisse der Vorarlberger Hochschuldebatte ist Wohlgenannt in gewisser Weise recht zu geben. Von einem „großen Wurf" kann – ohne die entstandenen Bildungseinrichtungen abwerten zu wollen – nicht die Rede sein. Umsonst war das Engagement der Vorarlberger Sozialdemokraten jedoch auch nicht. Immerhin existierten Mitte der 1980er-Jahre einige Bildungs- bzw. Forschungseinrichtungen in Vorarlberg, die es zu Beginn der Debatte noch nicht gegeben hatte *und* die das Kriterium erfüllten hochschulartig, hochschulähnlich oder hochschulnahe zu sein.

Wilfried Rudloff

Hochschulreform durch Reformhochschulen? Die bundesdeutschen Hochschulgründungen der 1960er- und 1970er-Jahre zwischen Diversifizierung und Homogenisierung

Dass sich die Hochschullandschaft der Bundesrepublik in den 1960er- und 1970er-Jahren in einem Maße verändert hat wie zu keiner Zeit davor und danach, dürfte unter quantitativen Gesichtspunkten kaum umstritten sein. Wie weit aber der quantitativen Neuordnung auch eine qualitative entsprach, ist schwieriger zu beantworten. Tatsächlich wurde in jenen Jahren von vielen Seiten gefordert, es nicht einfach dabei zu belassen, die alten Universitäten im großen Stil weiter auszubauen oder durch die Gründung von neuen zu entlasten. Vielerorts wurde der Ruf laut, die Gründungswelle zur Errichtung von „Reformuniversitäten" zu nutzen, um jenseits der überkommenen Strukturen und Leitkonzepte neue und andersartige Modelle einer Organisation des Hochschulwesens zu erproben. Die vielgestaltigen Anläufe nachzuzeichnen, die unternommen wurden, um den neu ersonnenen Reformideen institutionellen Realitätsgehalt zu verleihen, ist die Absicht des hier unternommenen Parforce-Ritts durch die Boomjahre der bundesdeutschen Hochschulexpansion. Der Reformzyklus, der gegen Mitte der 1960er-Jahre einsetzte und einen breiten Strauß an neuen Hochschulideen hervorbrachte, dauerte kaum länger als ein Jahrzehnt. Angesichts der grundlegend veränderten Lage der öffentlichen Haushalte erwartete der nordrhein-westfälische Wissenschaftsminister Johannes Rau (1970–1978, SPD) schon 1975, dass „in den nächsten 20 Jahren keine Hochschulneugründung mehr erfolgen" würde.[1] Er sollte damit im Wesentlichen Recht behalten.

In der Tat hat sich das bundesdeutsche Hochschulsystem, wie zu zeigen sein wird, in den hochschulpolitischen Gründerjahren immer weiter aufgefächert. Die deutsche Hochschullandschaft wurde vielgestaltiger und bunter. Auf die Problematisierung und Ausdifferenzierung der Funktionserwartungen, die an die Hochschule gestellt wurden, reagierte das System etappenweise mit horizontaler Diversifizierung. Die verschiedenen Typen und unterschiedlichen Mo-

---

1 Zit. n. Helmut Winkler, Zur Theorie und Praxis der Gesamthochschulplanung unter besonderer Berücksichtigung der Studienmodelle, Entscheidungsplanung und -organisation, 2. Auflage, München 1978, 86.

delle von Hochschulen, die dabei neu entstanden, am Beispiel einiger besonders hervorstechender Neugründungen vorzustellen, ist die Absicht der folgenden Ausführungen. Die Stichworte lauten hier: Entlastungsuniversität, forschungs-geleitete Reformuniversität, Fachhochschule, Gesamthochschule, Fernuniver-sität, Studienreformhochschule. Der geschilderte Diversifizierungsprozess bil-dete jedoch keine Einbahnstraße. Denn in dem Maße, wie sich das Spektrum der Hochschulangebote ausweitete, setzte postwendend ein wachsender Anpas-sungsdruck ein, der vom Zentrum des traditionellen Hochschulsystems aus auf die neuen Typen zurückzuwirken begann. Viele Reformansätze und Besonder-heiten der neuen Hochschulen wurden bald nach ihrer Gründung schon wieder abgeschwächt, während die erhoffte Impulswirkung der neuen Hochschulmo-delle weit hinter den anfänglichen Erwartungen zurückblieb. Die Annahme, das Hochschulsystem von seinen Rändern aus durch Neugründungen tiefgreifend reformieren zu können, erwies sich als Täuschung.

I.   Reformbedarf und Reformursachen

Nach der Rekonstruktionsphase der 1950er-Jahre mehrten sich in der ersten Hälfte der sechziger Jahre die Zeichen, dass neue Bewegung in die bundes-deutsche Hochschulpolitik kam. Als ein frühes Signal hierfür konnte gelten, dass sich der Wissenschaftsrat, das 1957 von Bund und Ländern gegründete, höchst einflussreiche Beratungsgremium wissenschaftlicher Exzellenzen und hoch-schulpolitischer Schaltfiguren, nach den erstaunlichen Erfolgen seiner quanti-tativen Ausbaupläne von 1960 nun auch der Frage zuwandte, welcher struktu-rellen Veränderungen die Universität bedurfte.[2] Dies geschah zuerst mit den – in ihrem Reformelan eher zurückhaltenden – „Anregungen zur Gestalt neuer Hochschulen" von 1962, denen der Wissenschaftsrat dann 1966 seine – muti-geren – Empfehlungen zur Neuordnung der Studien folgen ließ (deren Plädoyer für ein konsekutives Studienmodell aufgrund der massiven inneruniversitären Widerstände weitgehend ins Leere lief).[3] Wichtige Anstöße zur Debatte ließen sich gleichzeitig auch Programmschriften von studentischer Seite entnehmen.[4]

---

2   Olaf Bartz, Der Wissenschaftsrat: Entwicklungslinien der Wissenschaftspolitik in der Bun-
    desrepublik Deutschland 1957–2007, Stuttgart 2007.
3   Anregungen des Wissenschaftsrates zur Gestalt neuer Hochschulen, in: Rolf Neuhaus (Hg.),
    Dokumente zur Gründung neuer Hochschulen, Wiesbaden 1968, 4–74; Wissenschaftsrat,
    Empfehlungen zur Neuordnung des Studiums an den wissenschaftlichen Hochschulen, Bonn
    1966.
4   Studenten und die neue Universität. Gutachten einer Kommission des Verbandes Deutscher
    Studentenschaften zur Neugründung von Wissenschaftlichen Hochschulen, Bonn 1962;
    Wolfgang Nitsch/Uta Gerhard/Claus Offe/Ulrich K. Preuß, Hochschule in der Demokratie,
    Berlin-Spandau/Neuwied 1965.

Nach und nach hob so eine Phase der hochschulreformerischen Programm-
formulierung an, von der die stets vorsichtig agierende Kultusministerkonferenz
genauso erfasst wurde wie die kaum weniger bedächtige Westdeutsche Rektorenkonferenz. Eine hektische Suche nach der eigenen politischen Position inmitten der in Fluss geratenen Reformdebatten setzte ein, die nicht zuletzt auch
die bundesdeutschen Parteien dazu zwangen, durch eigene hochschulpolitische
Programme Farbe zu bekennen.

Welches waren die Ursachen dafür, dass das Thema Hochschulreform in den
sechziger Jahren nicht mehr zur Ruhe kam? Fünf grundlegende Problemkom-
plexe müssen hier unterschieden werden.[5]

An erster Stelle stand der prima vista widersprüchliche Befund, dass zur
gleichen Zeit, als allenthalben von einer Überfüllungskrise der wissenschaftlichen Hochschulen die Rede war, zugleich auch ein gravierender Mangel an
AkademikerInnen diagnostiziert wurde. Die deutschen Universitäten standen
im Begriff, sich aus einer Elite- in eine Masseneinrichtung zu verwandeln, freilich ohne institutionell darauf vorbereitet zu sein.[6] Die nun von vielen Seiten
geforderte „Öffnung" der Hochschule hatte zugleich zum Ziel, das Studium auch
für die dort bislang unterrepräsentierten Schichten zugänglich zu machen.

An zweiter Stelle stand eine Krise des Studiums, deren äußere Symptome in
den überlangen Studienzeiten und hohen Studienabbruch-Zahlen lagen. Da-
hinter standen grundsätzliche Probleme wie die wachsende Überfrachtung des
Studiums, ein meist den Gymnasien angekreidetes Absinken der Studierfähig-
keit, die Struktur- und Planlosigkeit der Curricula und anderes mehr. Die Krise
des Studiums wurde mehr und mehr auch als eine Krise der Lehre begriffen. Dass
falsch studiert wurde, hatte offenbar etwas damit zu tun, dass falsch gelehrt
wurde.[7]

---

5 Vgl. zum folgenden mit weiteren Nachweisen: Wilfried Rudloff, Die Gründerjahre des bundesdeutschen Hochschulwesens: Leitbilder neuer Hochschulen zwischen Wissenschaftspolitik, Studienreform und Gesellschaftspolitik, in: Andreas Franzmann/Barbara Wolbring
(Hg.), Zwischen Idee und Zweckorientierung. Vorbilder und Motive von Hochschulreformen
seit 1945, Berlin 2007, 77–101, 79–81; vgl. auch Wissenschaftsrat, Stellungnahme zum Aus-
baustand und zu den Entwicklungsbedingungen neuer Hochschulen, Köln 1980, 8–10.

6 Vgl. in internationaler Perspektive: Ladislav Cerych/Dorotea E.Furth, On the Threshold of
Mass Higher Education, in: The World Year Book of Education 1972/73: Universities Facing
the Future, London 1972, 14–28; einflussreich: Martin Trow, Problems in the Transition from
Elite to Mass Higher Education, Policies for Higher Education, hg. von der OECD, Paris 1974,
51–101; Martin Trow, The Expansion and Transformation of Higher Education, in: Internationale Zeitschrift für Erziehungswissenschaft 18 (1972) 1, 61–84.

7 Vgl. Wilfried Rudloff, Die Studienreform in der Hochphase der Hochschulexpansion: Zwischen Effektivierung und Projektstudium in: Rainer Pöppinghege/Dietmar Klenke (Hg.),
Hochschulreform früher und heute. Zwischen Autonomie und gesellschaftlichem Gestal-
tungsanspruch, Köln 2011, 186–216.

Drittens war das Verhältnis der Universität zu Berufswelt und Beschäftigungssystem fragwürdig geworden. In welcher Weise die Universitäten ihren Ausbildungsauftrag auffassen sollten: Ob sie als Heimstätte der Wissenschaften auf die, wie es hieß, Schwundstufe von bloßen Fachschulen herabgedrückt würden, wenn sie sich immer mehr ihren Berufsvorbereitungsaufgaben unterzuordnen hätten, oder ob nicht umgekehrt die Wissenschaft neuen Anschluss an die berufliche und gesellschaftliche Praxis suchen müsse, wenn sie ihrem gesellschaftspolitischen Auftrag gerecht werden wollte, dies alles war und blieb umstritten.

Viertens fiel öfter nun auch das Wort von der Krise der Wissenschaften. Je nach Betrachterperspektive konnte damit allerdings sehr unterschiedliches gemeint sein. Den Hochschullehrern teilte sich dies vor allem als ein erzwungenes Zurückdrängen des Forschens mit.[8] Geklagt wurde aber auch über den Zerfall der Einheit der Wissenschaften, über die Atomisierung der universitas litterarum, über die Auswanderung der Forschung aus den wissenschaftlichen Hochschulen und über die heterogene Spezialisierung wissenschaftlichen Arbeitens bei gleichzeitiger Expansion der Forschungsstrukturen im großbetrieblichen Maßstab.

Und fünftens war auch noch die innere Struktur der Hochschulen problematisch geworden. Hierhin gehörte zunächst die Frage, wie die immer stärker wahrgenommene Diskrepanz zwischen dem rapide wachsenden Großbetrieb Universität und deren honoratiorenhaften, dabei oft ineffizienten Leitungs- und Verwaltungsstrukturen gemildert werden konnte. Hierhin gehörte andererseits aber auch das große Streit- und Minenfeld der bundesdeutschen Hochschulreform, die Frage nach den Mitsprache- und Mitbestimmungsrechten der verschiedenen universitären Mitgliedsgruppen, verhandelt unter dem Banner einer „Demokratisierung der Hochschulen". Im Wesentlichen handelt es sich also um die Frage der Machtverteilung *zwischen* den Organen und vor allem *innerhalb* der Organe der akademischen Selbstverwaltung. Die zur Auswahl stehenden Modelle waren hier viele, von der Ordinarien-Aristokratie über die Oligarchie der Fakultäten bis hin zur demokratischen Gruppen-Herrschaft, alle mit je eigenen Gefahren und Gegnerschaften.

Kurz gesagt: Abgesehen von dem allseits als notwendig erachteten Kapazitätsausbau bedurfte die Universität nach vier Seiten hin einer Neuorientierung: erstens in Richtung einer Reform von Studium und Lehre, zweitens in der Frage ihres Selbstverständnisses und Ausbildungsauftrags, drittens als Heimstätte von Wissenschaften und Forschung und viertens in Hinblick auf ihre Struktur und Verfassung. Die Neugründungen haben diese vier Dimensionen jeweils unter-

---

8 Helmut Schelsky, Berufsbild und Berufswirklichkeit des Professors, in: Deutsche Universitätszeitung 20 (1965) 12, 715.

schiedlich gewichtet, so sie den Akzent nicht vornehmlich auf die Entlastungs-
funktion gelegt haben.

II.   Alte Universitäten versus Neugründungen

In der Debatte über die Frage, mit welchem Mix an Reformen auf die geschilderten Herausforderungen eine Antwort gegeben werden konnte, waren nicht
alle Themenkomplexe gleichermaßen kontrovers. In einigen Punkten herrschte
weitgehend Einigkeit. Das galt etwa für den Ruf nach einer effektiveren Hochschulverwaltung. Wenig strittig war hier die Forderung, den Universitätslei-
tungen dadurch zu mehr Konstanz und Professionalität zu verhelfen, dass die
kurzen Amtszeiten an der Spitze der Universität durch mehrjährige Rektorate
oder besser noch durch ein Präsidialsystem abgelöst werden sollten. In vielen
Reformentwürfen enthalten war auch die Empfehlung, die förmlich aus allen
Nähten platzenden Fakultäten durch kleinere Handlungseinheiten, in der Regel
Fachbereiche, zu ersetzen. Und ebenso galt es weithin als ausgemacht, dass die
duale staatlich-universitäre Hochschulverwaltung möglichst weitgehend durch
eine Einheitsverwaltung unter Leitung des Rektors oder Präsidenten zu ersetzen
war, eine Administration also, die auch die bisher von staatlicher Seite verwal-
teten wirtschaftlichen Angelegenheiten der Hochschulen umschließen sollte. Die
nun allenthalben in den Bundesländern verabschiedeten Hochschulgesetze
haben seit den späteren 1960er-Jahren entsprechend die Weichen gestellt. Einige
ältere Zöpfe waren schon etwas früher gefallen, die altertümliche Einrichtung des
Kolleggelds etwa oder auch die anachronistische Ablehnung von Parallellehr-
stühlen.[9]

Reformiert wurde an den bestehenden Universitäten Ende der sechziger Jahre
schließlich auf ganz verschiedener Ebene. Nehmen wir als Beispiel die Hochschulverfassung: Einzelne Hochschulinstitute machten hier Ende der 1960er-
Jahre mit weit reichenden Reformexperimenten auf sich aufmerksam, am
stärkste beachtet das Otto-Suhr-Institut für politische Wissenschaften an der
Freien Universität (FU) Berlin, das sich 1968 gegen die Widerstände des Akademischen Senats, aber mit Hilfe des Berliner Abgeordnetenhauses eine drittelparitätische Satzung verlieh.[10] Als erste Hochschule gab sich 1969 die Technische Hochschule Darmstadt, nicht ohne schwere innere Kämpfe auszufechten,

---

9 Franz J. Bauer, Geschichte des Deutschen Hochschulverbandes, München 2000, 133–146.
10 Werner Skuhr, Das Reformexperiment am Otto-Suhr-Institut, in: Alexander Schwan/Kurt
Sontheimer (Hg.), Reform als Alternative. Hochschullehrer antworten auf die Herausforderung der Studenten, Köln/Opladen 1969, 74–83; andere Beispiele: Anne Rohstock, Von der
„Ordinarienuniversität" zur „Revolutionszentrale"? Hochschulreform und Hochschulrevolte in Bayern und Hessen 1957–1976, München 2010, 269–275.

insgesamt eine drittelparitätische Verfassung.[11] Hochschulgesetze in Hamburg, Berlin oder Hessen, letzteres erheblich von den Frankfurter Professoren Jürgen Habermas, Ludwig von Friedeburg, Rudolf Wiethölter und Erhard Denninger beeinflusst, gewährten Mitbestimmungsrechte, die den studentischen Forderungen weit entgegenkamen.[12] Die Grundordnung der Universität Heidelberg erklärte die permanente Reform 1969 gar zum Prinzip, indem sie zu den Aufgaben der Universität neben Forschung, Lehre und Förderung des wissenschaftlichen Nachwuchses auch „die ständige Reform ihrer Funktionen, Methoden und Strukturen in kritischer Auseinandersetzung mit der wissenschaftlichen und gesellschaftlichen Entwicklung" zählte.[13]

Dennoch ruhten die größten Hoffnungen im Hinblick auf eine Reform der bundesdeutschen Hochschulen nicht auf den Schultern der alten Universitäten. Motor und Experimentierfeld der Reform sollte vielmehr die beachtliche Zahl an neu gegründeten Hochschulen sein, die der Hochschulpolitik der Reformdekade ihre besondere Note verlieh. Die Neugründungen bildeten das eigentliche Versuchsterrain, auf dem die tatsächlichen Spielräume einer universitären Erneuerung ausgelotet wurden. In keiner anderen Epoche der deutschen Universitätsgeschichte wurden auch nur annähernd so viele staatliche Hochschulen neu errichtet wie in jenem Zeitraum, und den meisten Beteiligten galt es als ausgemacht, dass man hier die Hebel ansetzten musste, sollte die „Hochschulreform" weiter vorankommen.

Universitäts-Neugründungen der 1960er- und 1970er-Jahre (Aufnahme des Studienbetriebs in Klammer):[14]

1961	Bochum (1965)
1962	Dortmund (1969), Regensburg (1965)
1964	Konstanz (1966), Bremen (1971)
1965	Düsseldorf (1965)

---

11 Heiner Knell, Notizen zur Demokratie an der TH/TU Darmstadt, in: Christof Dipper/ Manfred Efinger/Isabel Schmidt/Dieter Schott (Hg.), Epochenschwelle in der Wissenschaft. Beiträge zu 140 Jahren TH/TU Darmstadt (1877–2017), Darmstadt 2017, 343–349, bes. 345–348.

12 Rohstock, Von der „Ordinarienuniversität", 320–331; James F. Tent, Freie Universität Berlin 1948–1988. Eine deutsche Hochschule im Zeitgeschehen, Berlin 1988, 378–383.

13 Zit. nach Volker Sellin, Auftakt zur permanenten Reform. Die Grundordnung der Universität Heidelberg vom 31. März 1969, in: Armin Kohnle/Frank Engehausen (Hg.), Zwischen Wissenschaft und Politik. Studien zur deutschen Universitätsgeschichte, Stuttgart 2001, 563–583, 570.

14 Nach Gerhild Framhein, Alte und neue Universitäten. Einzugsbereiche und Ortswahl der Studenten, Motive und Verhalten, Bad Honnef 1983, 18. Nicht erfasst ist hier die Gründung von Spezialhochschulen wie beispielsweise 1972 die der beiden Bundeswehrhochschulen in Hamburg und München.

(Fortsetzung)

1966	Augsburg (1970), Bielefeld (1969)
1967	Ulm (1968)
1969	Trier (1970), Kaiserslautern (1970)
1970	Kassel (1971), Oldenburg (1974), Osnabrück (1974)
1971	Bayreuth (1975)
1972	Bamberg (1972), Passau (1978), Duisburg (1972), Essen (1972), Wuppertal (1972), Siegen (1972), Paderborn (1972)
1974	Hagen (1975)
1977	Eichstätt (1979)
1978	Hamburg-Harburg (1982)

Wenn die Antwort auf die sich vielfältig überlagernden Probleme des Hochschulstudiums jetzt nicht mehr nur in dem immer weiteren Ausbau der alten Universitäten, sondern vielmehr in der Gründung neuer gesucht wurde, so hatte dies eine ganze Reihe plausibler Gründe, von denen hier vier besonders betont werden sollen.

Offenkundig schien den HochschulplanerInnen erstens, dass die alten Universitäten unter dem Gesichtspunkt ihrer Arbeitsfähigkeit irgendwann an die Grenzen eines sinnvollen Kapazitätsausbaus stoßen mussten. Die Ansichten darüber, wo man diese ansetzen sollte, waren allerdings im Fluss, weiteten sich mit der Zeit mehr und mehr aus – und ließen sich dennoch nicht halten. Auch die gegenüber vordem schon erheblich gestreckten Vorstellungen des Wissenschaftsrates von 1970[15] – für die von ihm zu diesem Zeitpunkt favorisierten Gesamthochschulen sah er in den Großstädten 20–25.000 StudentInnen als Obergrenze an – wurden von der Wirklichkeit bald weit übertroffen.[16]

Zur Kapazitätserweiterung kam ein zweites Motiv grundsätzlicher Natur. Für die „alten" Universitäten wurde zumeist angenommen, dass das Zusammenspiel von Traditionsverpflichtung, institutioneller Beharrungskraft und struktureller Schwerfälligkeit tiefer gehende Neuordnungsversuche wenn nicht verhindern, so doch nachhaltig erschweren würde. Wer neue Wege beschreiten wollte, hatte es leichter, wenn er die Institution, um die es sich drehte, nicht erst mühsam und

---

15 Wissenschaftsrat, Empfehlungen zur Struktur und zum Ausbau des Bildungswesens im Hochschulbereich nach 1970, Bd. 1: Empfehlungen, Bonn 1970, 184–185.

16 Vgl. die Zahlen für 1983 bei Gerhild Framhein, Hochschulausbau, Neugründungen und die Entwicklung von Bildungsbeteiligung und Bildungswanderung, in: Aylâ Neusel/Ulrich Teichler (Hg.), Hochschulentwicklung seit den sechziger Jahren. Kontinuität – Umbrüche – Dynamik? Weinheim/Basel 1986, 145–178, 158.

gegen endlose Widerstände auf einen neuen Pfad setzen musste.[17] Hohe institutionelle Viskosität war dort am wenigsten zu erwarten, wo die Institutionen am Reißbrett neu geschaffen werden konnten.

Ein Antriebsfaktor, der mit der Zeit noch zusätzliches Gewicht gewann, lag drittens in regional- und strukturpolitischen Überlegungen. Die Neugründungen sollten nicht nur dazu beitragen, in bislang unterversorgten Gebieten die regionale Bildungsbeteiligung zu erhöhen, sie sollten darüber hinaus auch Impulse für die wirtschaftliche, soziale und kulturelle Entwicklung strukturell benachteiligter Regionen geben. In Nordrhein-Westfalen erklärte Wissenschaftsminister Rau die „Regionalisierung" Anfang der siebziger Jahre zu einem Strukturprinzip seiner Hochschulpolitik.[18] Bei den Gründungen der siebziger Jahre wurden immer wieder die Arbeitsplatz-, Investitions- und Nachfrageeffekte neuer Hochschulstandorte für das örtliche Wirtschaftsleben betont und die technik- und naturwissenschaftlichen Disziplinen als mögliche Kooperations- und Innovationspartner für die regionale Wirtschaft ausgeflaggt.[19]

Nicht zuletzt aber empfanden es Ministerpräsidenten wie Kurt Kiesinger in Baden-Württemberg (1958–1966, CDU) oder Franz Meyers in Nordrhein-Westfalen (1958–1966, CDU) in den vergleichsweise ressourcenstarken 1960er-Jahren verlockend, in die Glanz spendende Rolle eines Universitätsgründers zu schlüpfen.[20] Und wenn man schließlich, wie in Bochum geschehen, mit der einen Gründung nachbarlichen Aspirationen auf den Titel einer Universitätsstadt auf die Füße trat, so konnte man ja auch noch rechtzeitig vor den nächsten Wahlen, wie 1962 im Fall Dortmunds, die Gründung der anderen verkünden.[21] Auch zwischen den Gründungsprojekten in Bayreuth und Bamberg oder in Osnabrück und Oldenburg bestand ein solches Konkurrenzverhältnis, ein „Städtekrieg" um

---

17 Vgl. etwa Waldemar Besson, Die Universität vor den Ansprüchen unserer Zeit, in: Konstanzer Blätter für Hochschulfragen 4 (1966) 13, 15–31, 26.

18 Johannes Rau, Die Regionalisierung des Hochschulausbaus, in: Gesamthochschule. Angebot und Herausforderung, Düsseldorf 1972, 29–32, 30 (Auszug aus der Eröffnungsrede des Ministers an der Gesamthochschule Wuppertal vom 3.8.1972); Willi Becker, Hochschulstandorte und Regionalisierungskonzept, in: Ulrich Lohmar/Gerhard E. Ortner (Hg.), Die deutsche Hochschule zwischen Numerus clausus und Akademikerarbeitslosigkeit. Der doppelte Flaschenhals, Hannover u.a. 1975, 201–219, 205–207.

19 Wolff-Dietrich Webler, Regionalisierung der Bildungsangebote im tertiären Bereich, in: Neusel/Teichler, Hochschulentwicklung, 179–211.

20 Vgl. zu Kiesinger: Philipp Gassert, Kurt Georg Kiesinger 1904–1988. Kanzler zwischen den Zeiten, München 2006.

21 Stefan Marx, Franz Meyers 1908–2002. Eine politische Biographie, Essen 2003, 290–291; Hans Stallmann, Euphorische Jahre. Gründung und Aufbau der Ruhr-Universität Bochum, Essen 2004, 90–95.

akademische Rangerhöhung, der sich dadurch entschärfen ließ, dass man kurzerhand eben beide möglichen Standorte bedachte.[22]

III. Entlastungs- oder Reformuniversitäten? Neugründung als Forschungsreform

Ein großer Teil der Neugründungen erwarb sich allerdings eher den Titel einer „Entlastungs-" als den einer „Reformuniversität". Was von ihnen vornehmlich erwartet wurde, war ein Beitrag zur Lösung der quantitativen Probleme des Hochschulwesens, weniger die Erprobung qualitativer Neuerungen. Das Paradebeispiel einer solchen „Entlastungsuniversität" bildete die 1965 eröffnete, ursprünglich für die – seinerzeit sehr stattliche – Zahl von 10.000 Studenten geplante Ruhr-Universität Bochum, auch wenn die neuartige Vereinigung der klassischen Universitätsfächer mit den Technikwissenschaften unter einem Dach insofern durchaus eine eigene Reformnote besaß, als hier die Technik erstmals aus ihrer problematischen Isolation im herkömmlichen Bildungsdenken gelöst werden sollte.[23] Für andere Neugründungen, wie etwa die der Universität Regensburg, konnte aus Sicht kritischer BeobachterInnen leicht der Eindruck entstehen, hier werde nicht nur keine neue, sondern eine ganz besonders alte Universität gegründet (Hartmut von Hentig).[24] All dies führte dazu, dass bei der Konstituierung des Gründungsausschusses der Universität Bielefeld 1965 auch Kultusminister Paul Mikat (1962–1966, CDU) die Frage aufwarf, ob bei den bisherigen Neuerrichtungen „die Anlehnung an die traditionelle Struktur

---

22 Von den städtischen Konkurrenzkämpfen zwischen Bamberg und Bayreuth handelt, nicht frei von Komik, das Buch des Bayreuther Oberbürgermeisters Hans Walter Wild, Denk ich an damals … Bayreuths Weg zur Universität, Bayreuth o. J.; zu den norddeutschen Konkurrenzverhältnissen vgl. Hermann Helmers, Geschichte der Universität Oldenburg, Oldenburg 1983, 137–141; Horst Wetterling, Die Gründung der Universität Osnabrück 1960–1970, Osnabrück 1972, 34–49.

23 Vgl. zur Gründung der Universität Bochum: Stallmann, Euphorische Jahre; Hans Stallmann, Am Anfang war Bochum. Die Gründung der Ruhr-Universität im Kontext der sechziger Jahre, in: die hochschule. journal für wissenschaft und bildung 13 (2004) 1, 171–184; Burkhard Dietz, Hochschulpolitik in Nordrhein-Westfalen und die Gründung der Ruhr-Universität Bochum, in: Burkhard Dietz/Winfried Schulze/Wolfhard Weber (Hg.), Universität und Politik. Festschrift zum 25jährigen Bestehen der Ruhr-Universität Bochum, Bochum 1990, 55–128; Hubert Raupach/Bruno W. Reimann, Hochschulreform durch Neugründungen? Zu Struktur und Wandel der Universitäten Bochum, Regensburg, Bielefeld, Bonn/Bad Godesberg 1974, Teil II.

24 Raupach/Reimann, Hochschulreform, 321.

der deutschen Universität nicht so gravierend ist, dass man allenfalls von einer ‚gemäßigten Reform' sprechen" könne.[25]

Die beiden prominentesten „Reformuniversitäten" der Jahre des Bildungsbooms waren die Universitäten Konstanz und eben Bielefeld.[26] Konstanz war dabei die erste Neugründung überhaupt, die sich nicht mehr als Entlastungs-, sondern primär als Reformuniversität verstand. Das Gründungskonzept war im engen Austausch mit dem Wissenschaftsrat entstanden. Der Verzicht auf die Universalität der Fakultäten, genauer: das Absehen von den drei traditionellen, berufsorientierten Fakultäten Theologie, Jurisprudenz und Medizin, das Novum einer Sozialwissenschaftlichen Fakultät, ergänzt durch eine Philosophische und eine Naturwissenschaftliche Fakultät (mit Schwerpunkt in der Biologie), die interdisziplinäre Zusammenarbeit in zentralen „Instituten", die Begrenzung der Zahl von Studierenden auf 3.000, die enge Verknüpfung mit den Bestrebungen zur Studienreform, alles dies war im Wissenschaftsrat an- und vorgedacht worden.[27] Man wollte die Fundamente für eine forschungsintensive Hochschule legen, die starren Fächergrenzen aufweichen, zu neuen Formen kooperativer Zusammenarbeit gelangen; und man wollte – indem dem Auswandern der Forschung aus der Universität entgegengesteuert wurde – die Forschung wieder zum „Medium der Lehre" machen. Der „Bericht" des Gründungsausschusses sah es als „Existenzfrage" für die Universität an, Formen zu finden, „in denen die Wissenschaft als Forschung wieder in ihr Zentrum rückt".[28] Zugleich machte man sich daran, bisher als konstitutiv angesehene Merkmale des deutschen Universitätsmodells in Frage zu stellen. Dazu zählte auch die Vorstellung, dass die Universitäten sowohl gleichrangig wie auch universal sein sollten. Konstanz, alsbald auch Bielefeld und überhaupt der nun immer öfter begegnende Gedanke einer Drei-Fakultäten-Universität basierten stattdessen auf der Voraussetzung eines arbeitsteiligen und funktional differenzierten Universitätssystems.

Da das Konstanzer Modell die Ausbildungsfunktion der Universitäten niedriger hängte und das „Massenproblem" ignorierte, eignete es sich nur wenig für eine bundesweite Verallgemeinerung. Gleichwohl erhofften sich die Gründer, über den lokalen Kontext hinaus allgemeine Impulse für die Hochschulreform geben zu können. Vier Jahre nach Gründung der neuen Universität hob eine

---

25 Paul Mikat, Gedanken zur Universitätsplanung in Nordrhein-Westfalen, in: Paul Mikat/Helmut Schelsky, Grundzüge einer neuen Universität. Zur Planung einer Hochschulgründung in Ostwestfalen, Gütersloh 1966, 11–19, 18.

26 Vgl. grundlegend: Moritz Mälzer, Auf der Suche nach der neuen Universität. Die Entstehung der „Reformuniversitäten" Konstanz und Bielefeld in den 1960er Jahren, Göttingen 2016.

27 Die Universität Konstanz. Bericht des Gründungsausschusses, vorgelegt im Juni 1965, in: Neuhaus, Dokumente, 570–626. Vgl. auch Waldemar Besson, Die Universität Konstanz, in: Zeitschrift für Politik NF 13 (1966) 285–293.

28 Die Universität Konstanz. Bericht des Gründungsausschusses, 575.

Reformbilanz der Landesregierung eine Reihe von Neuerungen hervor, deren Realisierung auch bundesweit auf die Hochschulpolitik ausgestrahlt habe.[29] Erstmals waren in Konstanz Fachbereiche an die Stelle von Instituten und Seminaren getreten, stand an der Spitze nicht ein Rektor mit einjähriger, sondern langfristiger Amtszeit. Wirtschaftsverwaltung und Selbstverwaltung fanden sich in Konstanz unter seiner Leitung vereint. Jährlich wurde von einem besonderen Ausschuss für Forschungsfragen projektgebunden über die Vergabe von Forschungsmitteln neu entschieden. Dazu kam dann noch, dass die AssistentInnen in Anlehnung an das Modell der Assistenzprofessur aus der direkten Abhängigkeit von den Lehrstuhlinhabern entlassen und den Fachbereichen zugeordnet worden waren. Auf Fachbereichs-, Fakultäts- und Senatsebene wurden ihnen Mitbestimmungsrechte gewährt, wie sie an den traditionellen Hochschulen unbekannt waren. Nicht zuletzt war auch die Mitwirkung der StudentInnen in den Universitätsgremien – wiewohl mit unterschiedlichen Paritäten – schon früh, relativ geräuschlos und vergleichsweise weitgehend verwirklicht worden.[30] Hier schienen also charakteristische Leitbegriffe der Hochschulreformdebatte auf: Effizienzsteigerung in der Verwaltung, Schwerpunktplanung in der Forschung, Demokratisierung in der Selbstverwaltung.

Die Konstanzer Universitätsgründer wurden jedoch bald schon von der Realität der heraufziehenden Massenuniversität eingeholt. Der Luxus der beabsichtigten Kapazitätsbegrenzung ließ sich nicht lange durchhalten. Die Universität musste sich weit mehr, als der Gründungsidee entsprach, praktischen Ausbildungsgängen zuwenden. Auch das ursprüngliche Leitprinzip der fächerübergreifenden Zusammenarbeit zwischen den Disziplinen gewann nicht den Realitätsgehalt, den sich das Gründungsprogramm erhofft hatte – der „territorial instinct" der Fachgelehrten erwies sich zumeist als stärker.[31] Anfang der siebziger Jahre schließlich entflammte ein erbitterter Streit über die Grundordnung der Universität, der in einen Oktroi von Seiten des Kultusministers und der Einsetzung eines Staatskommissars mündete. Eine ganze Reihe von Re-

---

29　Landtag von Baden-Württemberg, 5. Wahlperiode, Drucks. 3479: Antwort der Staatsregierung auf den Beschluss des 4. Landtages vom 28. 3. 1968: Bericht der Landesregierung über den Stand der Neugründung der Universitäten Konstanz und Ulm, 2. 11. 1970, 2; Grundlage für den Bericht war: Bericht der Universität Konstanz an die Landesregierung Baden-Württemberg, 3. 9. 1970, Hauptstaatsarchiv Stuttgart (HStASt) EA 3/907, Bü 960/5; für das folgende durchgängig auch der umfassende Bericht des Gründungsrektors: Gerhard Hess, Sieben Jahre Universität Konstanz 1966–1972. Ein Rechenschaftsbericht, Konstanz 1973; Gerhard Hess, Die Universität Konstanz – Reform als ständige Aufgabe, Konstanz 1968.
30　Vgl. zu den Konstanzer Neuerungen im Einzelnen auch zahlreiche Beiträge in: Hans Robert Jauss/Herbert Nesselhauf (Hg.), Gebremste Reform. Ein Kapitel deutscher Hochschulgeschichte. Universität Konstanz 1966–1976, Konstanz 1977.
31　Eberhard Weiler, Gerhard Hess und die Biologie in Konstanz, in: Jauss/Nesselhauf, Gebremste Reform, 337–347, 340; vgl. auch Arno Borst, Geschichte an der Universität Konstanz, in: Ebd., 163–179, 171.

formbausteinen mussten nach dem staatlichen Machtspruch wieder abgetragen werden, von der Stellung der AssistentInnen über Mitbestimmungsrechte bis hin zur Ordnung der Fachbereiche. Zunehmend war nun von Resignation unter den reformbereiten Konstanzer HochschullehrerInnen die Rede.[32]

Die andere Neugründung der 1960er-Jahre, die mit einem dezidierten Reformanspruch antrat, war die Bielefelder Universität, in ihren Grundzügen am Schreibtisch eines einzelnen Gelehrten ausgeheckt, demjenigen des Soziologen Helmut Schelsky.[33] Auch Schelskys Kernanliegen war es, der Krise der Hochschulen als Krise der Forschung zu begegnen,[34] und auch hier diente die Annahme als Ausgangspunkt, eine Reform aller Hochschulen nach einheitlicher Blaupause sei angesichts der Vielfalt der Funktionserwartungen, der diese ausgesetzt waren, unrealistisch und unzweckmäßig.[35] Die Universität Bielefeld sollte deshalb wenn schon nicht als reine Forschungsuniversität ohne größeren Studienbetrieb, so doch als „forschungsbetonte Reformuniversität" mit eingeschränkter Studentenzahl gegründet werden.[36] Dafür, dass dies gelingen konnte, nannte Schelsky institutionelle Bedingungen: Alle zwei Jahre sollten die HochschullehrerInnen von den Lehrverpflichtungen entbunden sein;[37] ein struktureller Numerus Clausus sollte die Zahl der StudentInnen auf komfortable 3.000 begrenzen; und als einzig aussichtsreicher Versuch, die „Einheit der Wissenschaften" wiederherzustellen, sollte an der neuen Universität der interdisziplinäre, theoriegeleitete Dialog der Fächer institutionell auf Dauer gestellt werden. Die organisatorische Verkörperung dieses Gedankens und damit die Keimzelle

---

32 Bericht der Universität Konstanz über das Studienjahr 1972/73 an die Landesregierung, 18. 10. 1973, 3, HStASt EA 3/907.

33 Mälzer, Auf der Suche, 243–343; Hermann Lübbe, Helmut Schelsky als Universitätsgründer, in: Horst Baier, Helmut Schelsky – ein Soziologe in der Bundesrepublik, Stuttgart 1986, 157–166; Klaus Dieter Bock, Helmut Schelsky: Hochschulreformer ‚auf eigene Faust'. Zur Vorgeschichte der Bielefelder Universitätsgründung, in: Ebd., 167–181; Hermann Korte/ Bernhard Schäfers, Helmut Schelskys Planung der „Theoretischen Universität" Bielefeld, in: Franz-Xaver Kaufmann/Rüdiger Korff (Hg.), Soziologie in Bielefeld, Bielefeld 1995, 52–59; Raupach/Reimann, Hochschulreform, 407–423.

34 Aufgrund einer von ihm durchgeführten Analyse der Arbeitsbelastung von Ordinarien auf der Grundlage einer Befragung gelangte Schelsky zu der Aussage: „Das System der Hochschulen wird mehr und mehr forschungsfremd"; H. Schelsky, Erläuterungen zu einigen Reformvorschlägen der Strukturmerkmale der Universität Bielefeld, 13. 7. 1967, Universitätsarchiv Bielefeld, Nachlass Schelsky 1,3.

35 Helmut Schelsky, Die Theoretische Universität in einem differenzierten Hochschulsystem, in: Zur Gestalt der neuen deutschen Universität, Essen-Bredeney 1963, 15–20, 16; Helmut Schelsky, Einsamkeit und Freiheit. Idee und Gestalt der deutschen Universität und ihrer Reformen, Reinbek bei Hamburg 1963, 305–310 und 312–317.

36 Helmut Schelsky, Die wissenschaftliche Planung der Universität in Ostwestfalen, 1966, Universitätsarchiv Bielefeld, Nachlaß Schelsky 1,1.

37 Strukturmerkmale der neuen Universität in Ostwestfalen. Empfehlung des Gründungsausschusses vom 1. 3. 1966, in: Mikat/Schelsky, Grundzüge, 90–92, 91.

der Neugründung bildete das Zentrum für interdisziplinäre Forschung (ZiF), bei dem in neuer Form Schelskys zuvor schon gehegter Plan neu auflebte, nach dem Vorbild der amerikanischen „Instituts for Advanced Studies" in Princeton und Stanford in Deutschland ein „Institut für höhere Studien" einzurichten, in dem GastforscherInnen für befristete Zeit und befreit von der Lehrtätigkeit an gemeinsamen Themen arbeiten würden.[38] Kooperative Forschungsplanung und zentrale Universitätsthematiken sollten die Reorganisation der Forschung im Sinne einer universitären Schwerpunktplanung komplettieren. Einige dieser Prämissen wurden bereits verwässert, als die neu berufenen Professoren bald ihren Eigensinn zu entfalten begannen, und vieles von Schelskys Ursprungskonzept wurde unterspült, als das Kultusministerium in Düsseldorf dann auch für Bielefeld die Studentenschleusen öffnete.[39] Schelsky, längst seiner Schöpfung überdrüssig, kommentierte deshalb später resigniert, es sei der Versuch, hier noch einmal eine Reformuniversität zu errichten, die die Bildungsuniversität humboldtisch-deutscher Tradition mit modernen Institutionen verbinden würde, an der alles planierenden Entwicklung zur durchreglementierten Massenuniversität gescheitert.[40]

IV. Fachhochschulen: das zweite Standbein

Mit dem Blick auf die beiden prominentesten Reformuniversitäten der 1960er-Jahre, den Konstanzer und Bielefelder Wissenschaftstempel, sind wir chronologisch an einer ganz anderen, kaum weniger bedeutsamen Weggabelung angelangt, einer Weichenstellung, die bei der Schilderung der Reform- und Umbauoption, über die das deutsche Hochschulsystem auf dem Weg zum Massenstudium verfügte, oft merkwürdig unterbelichtet bleibt. Denn mit den Fachhochschulen (FH) war an der Wende zu den 1970er-Jahren ein ganz neuer und von der althergebrachten Universität in vielem sehr verschiedener Hochschultypus im Entstehen begriffen, fortan das zweite Standbein des dualen

---

38 Helmut Schelsky, Grundzüge einer neuen Universität, in: Mikat/Schelsky, Grundzüge, 35–69, 43; Helmut Schelsky, Das Zentrum für interdisziplinäre Forschung. Eine Denkschrift, in: Mikat/Schelsky, Grundzüge, 71–87; vgl. auch Harald Weinrich, Das „Zentrum" der Universität Bielefeld, in: Andreas Dress/Hartmut von Hentig/Dietrich Storbeck/Eberhard Firnhaber (Hg.), Die humane Universität Bielefeld 1969–1992. Festschrift für Karl Peter Grotemeyer, Bielefeld 1992, 46–53.

39 Karl Peter Grotemeyer, Bedingungen und Perspektiven hochschulpolitischer Planung. Bielefeld – Bilanz nach 10 Jahren einer Neugründung, in: Deutsche Universitätszeitung 35 (1979) 22, 713–718; Franz-Xaver Kaufmann, Die Universität Bielefeld – ihr Konzept und dessen Schicksal, in: Dress, Die humane Universität, 28–45.

40 Helmut Schelsky, Erfahrungen mit vier Generationen der deutschen Universität, in: Helmut Schelsky, Rückblicke eines „Anti-Soziologen", Opladen 1981, 160–177, 174–175.

Hochschulsystems in der Bundesrepublik. Hervorgegangen waren die FHs aus einem doppelten, sich wechselseitig verstärkenden Handlungsdruck: Zum einen hatte die schon länger anstehende, von den Kultusministerien wiederholt erörterte, bislang jedoch zu keiner abschließenden Regelung gebrachte Frage, ob und in welcher Weise die Ingenieurschulen institutionell aufgewertet werden sollten, dadurch besonderen Schub erlangt, dass auf der supranationalen Ebene, im Rahmen der Europäischen Wirtschaftsgemeinschaft (EWG), die Regelung des Niederlassungsrechts für selbständige IngenieurInnen akut geworden war. Bei den europäischen Verhandlungen wurde nun aber davon ausgegangen, dass nur IngenieurInnen mit Hochschulreife und Hochschulausbildung als äquivalent eingestuft werden sollten. Den bundesdeutschen IngenieurschulabsolventInnen drohte damit, auf der niedrigeren Ebene der TechnikerInnen eingruppiert zu werden. Ebenso bedeutsam waren als ein zweiter Faktor die studentischen Proteste gewesen, die von den Ingenieurschulen ausgingen und auf eine entschiedene Statusaufwertung abzielten, wobei die Anerkennungsproblematik auf EWG-Ebene wiederum ein wichtiges und wirksames Argument lieferte.[41] So wurden seit den späten 1960er-Jahren allenthalben, aufbauend auf den Ingenieurs- und Höheren Fachschulen als Vorgängereinrichtungen, die neuen FHs geschaffen, die nun allerdings eine fachgebundene Hochschulzulassung voraussetzten und einen akademischen Grad verliehen. Die Fachhochschulen unterschieden sich in vielem von den Universitäten: Das Studium war kürzer, straffer organisiert und stärker berufs- und anwendungsbezogen, die FachschulprofessorInnen besaßen mehr berufliche Praxiserfahrung als ihre UniversitätskollegInnen, waren aber meist wenig wissenschaftserfahren. Ihr Lehrdeputat war deutlich höher bemessen, Forschung gehörte nicht zu ihrem Primärauftrag. Das Fächerspektrum der FHs war weit enger umgrenzt.[42]

Bundesminister für wissenschaftliche Forschung Gerhard Stoltenberg (1966–1969, CDU) dachte gegen Ende seiner Amtszeit daran, den dringend notwendigen Kapazitätsausbau im Hochschulbereich vor allem auf die neuen Fachhochschulen zu stützen, wofür ihm die kürzeren Studienzeiten und der weitaus geringere Finanzbedarf als an den wissenschaftlichen Hochschulen zu sprechen schienen.[43] Die Politik der folgenden Jahre ist solchen Vorstellungen allenfalls halbherzig gefolgt, auch wenn es nach etwa einem Jahrzehnt ihres Bestehens 136

41 Werner Mayer, Bildungspotential für den wirtschaftlichen und sozialen Wandel. Die Entstehung des Hochschultyps „Fachhochschule" in Nordrhein-Westfalen 1965–1971, Essen 1997, Kap. I., bes. 159–165.

42 Vgl. Ulrich Teichler, The First Years of Study at Fachhochschulen and Universities in the Federal Republic of Germany, Kassel 1990.

43 Pressemitteilung, Bundesminister Dr. Stoltenberg zur Hochschulplanung und -gesetzgebung, 8. 8. 1969, Bundesarchiv Koblenz B 138/10506; vgl. ähnlich auch Deutscher Bundestag, 5. Wahlperiode, Drucks. 2054: Bundesbericht Forschung II vom 28. 7. 1967, 14.

FHs gab und der Anteil der FH-StudentInnen an den Studierenden bei knapp einem Fünftel lag – und obwohl die FHs sich weit eher als die bestehenden Universitäten als soziale Aufstiegsschleuse für Unterschichtenkinder erwiesen.[44] Die Gründe für die Abwehrhaltung liegen auf der Hand: Die Verschulung des Studiums machte die Fachhochschulen meist für die studentischen ProtagonistInnen der Hochschulreformdebatte uninteressant, der Primat der Lehre und die nachrangige Bedeutung der Forschung für die hochschulpolitischen Wortführer unter den Professoren.

V.　Gesamthochschule – Luftschloss oder Masterplan?

Eine neue Generation von Hochschulgründern setzte Anfang der siebziger Jahre nicht mehr wie vormals Helmut Schelsky auf eine äußere Differenzierung der Hochschullandschaft bei zugleich innerer Integration der einzelnen Universitäten mithilfe von fächerübergreifenden Thematiken,[45] sondern umgekehrt auf äußere Integration der Hochschulen bei zugleich innerer Differenzierung, ein Institutionenmodell, das auf den Namen „Integrierte Gesamthochschule" getauft wurde. Statt vielgestaltig ausdifferenzierter Hochschultypen wurde nun das Organisationsleitbild verfochten, die verschiedenen Hochschularten unter einem Dach zu fusionieren. Damit wurde zugleich die Schwelle von einer neo- zur post-humboldtianischen „Gründungsphilosophie" überschritten. Die Gesamthochschule, erklärte der nordrhein-westfälische Wissenschaftsminister Johannes Rau 1972 bei der Eröffnung der Gesamthochschule Siegen, dürfe nicht die Fortsetzung der Universität mit anderen Mitteln sein, und Ministerpräsident Heinz Kühn (1966–1978, SPD) unterstrich beim Eröffnungsakt der Gesamthochschule Essen am 1. August 1972, dass das, was er für die Essenz des Humboldtschen Wissenschaftsbegriffs hielt, nämlich frei von möglichen Verflechtungen mit dem politischen Leben und frei von gesellschaftlichen Anforderungen zu forschen, unter den Bedingungen einer zunehmenden Durchdringung von Wissenschaft und Gesellschaft als Maxime nicht mehr genügen könne.[46]

Der Begriff „Gesamthochschule" war eines jener plötzlich hell aufleuchtenden Signalwörter, die komentenartig am bildungspolitischen Firmament erschienen, einen Schweif flimmernder Bedeutungen hinter sich her zogen, um bald jedoch

---

44　Wissenschaftsrat, Empfehlungen zu Aufgaben und Stellung der Fachhochschulen, Köln 1981, Zusammenfassung, 4; Rotenhan, Krise, 38–40; Teichler, The First Year, 48.

45　Schelsky, Einsamkeit, 305–310.

46　Johannes Rau, Prinzipien der Hochschulpolitik, in: Gesamthochschule. Angebot und Herausforderung, o. O. o. J., 17–22, 19; Heinz Kühn, Mehr Chancengleichheit, in: Ebd., 7–12, 9–10.

schon wieder zu verglühen.[47] Anfang der siebziger Jahre hatte es einen Moment lang so ausgesehen, als würde die Tür für eine Durchsetzung der Gesamthochschule weit offen stehen, keineswegs bloß als vereinzeltes Experiment, sondern als Regeltypus. Fast alle Akteure der Hochschulpolitik, so konnte es zu diesem Zeitpunkt scheinen, hatten sich die Gesamthochschule als Losungswort auf die Fahnen geschrieben.[48] Durchaus bezeichnend war es, dass auch die bayerische Landesregierung 1972 das Ersuchen des Landtags, eine „Teiluniversität" in Bamberg zu errichten, in den Auftrag zur Gründung einer Integrierten Gesamthochschule ummünzte, weil dies die Förderung von Seiten des Bundes wahrscheinlich machte. Der Wissenschaftsrat wiederum – was ebenso charakteristisch war – sprach in seiner Antwort auf die Bitte des Kultusministeriums, die Aufnahme des Bamberger Vorhabens unter die nach dem neuen Hochschulbauförderungsgesetz finanziell zu unterstützenden Hochschulen zu empfehlen, seinerseits die Erwartung aus, dass die beabsichtigten Gründungen in Passau und Bayreuth ebenfalls als Gesamthochschule errichtet werden würden.[49]

Freilich war mit demselben Begriff nicht auch immer schon dieselbe Sache gemeint, denn wie genau dieses neue Gebilde aussehen sollte und was sich konkret hinter der Fassade des von vielen Seiten in Anspruch genommenen Begriffs verbergen würde, war zu diesem Zeitpunkt alles andere als ausgemacht. So wurde die Gesamthochschule zunächst zur Projektionsfläche sehr unterschiedlicher Vorstellungen und Zielsetzungen – darunter besonders wichtig: die Kapazitäten des tertiären Sektors zu erweitern, die Attraktivität von Kurzstudiengängen und damit die Durchlaufgeschwindigkeit der StudentInnen zu steigern und schließlich unterschiedlich prestigeträchtige Bildungswege zusammenzuführen, um so die Chancengleichheit zu erhöhen. Die Integrierten Gesamthochschulen, die nun vor allem im hessischen Kassel und in den fünf nordrhein-westfälischen Städten Essen, Duisburg, Wuppertal, Siegen und Pa-

---

47 Zu den Gesamthochschulen vgl. allg. als Auswahl aus einer breiteren Literatur: Ladislav Cerych/Aylâ Neusel/Ulrich Teichler/Helmut Winkler, Gesamthochschule – Erfahrungen, Hemmnisse, Zielwandel, Frankfurt a.M./New York 1981; Jörn Schmidt (Hg.), Gesamthochschule. Eine vorläufige Bilanz, Hamburg 1980; Gerhard Rimbach, Vom Reformmodell zur modernen Universität. 20 Jahre Gesamthochschulen im Lande Nordrhein-Westfalen, Düsseldorf 1992; Norbert Kluge/Aylâ Neussel/Christoph Öhler/Ulrich Teichler (Hg.), Gesamthochschule Kassel 1971–1981. Rückblick auf das erste Jahrzehnt, Kassel 1981; Jürgen Klüver/ Wolfdietrich Jost/Karl-Ludwig Hesse (Hg.), Gesamthochschule – Versäumte Chance? 10 Jahre Gesamthochschulen in Nordrhein-Westfalen, Opladen 1983.
48 Vgl. Wilfried Rudloff, Ansatzpunkte und Hindernisse der Hochschulreform in der Bundesrepublik der sechziger Jahre: Studienreform und Gesamthochschule, in: Jahrbuch für Universitätsgeschichte 8 (2005), 71–90, 78–86.
49 Bayerisches Staatsministerium für Unterricht und Kultus an Geschäftsstelle des Wissenschaftsrats, 14.4.1972, Landesarchiv NRW, NW 356, Nr. 197; Stellungnahme des Wissenschaftsrates zur Aufnahme der Gesamthochschule Bamberg und der Universität Passau in das Hochschulverzeichnis des Hochschulbauförderungsgesetzes, 17.11.1972, 9. Ebd.

derborn entstanden, waren gerade auch darin ein Gegenmodell zu den Neugründungen in Konstanz und Bielefeld, dass die Forschung als Reformanliegen
hier weit hinter der Ausbildungsfunktion zurückstehen sollte. Nicht eine Reform
der Wissenschaften war das primäre Leitmotiv der Gründungen, sondern eine
Neuordnung der Studien. Das Herzstück der Gesamthochschulpolitik war deshalb die Entwicklung integrierter Studiengänge. Die curriculare Integration war
schon deshalb zentral, weil ebenso wie die Aufspaltung der Zugangsberechti-
gungen und Ausbildungsgänge auch die prestigewirksame Unterscheidung
zwischen einer Theorie- und einer Praxisorientierung der Studiengänge über-
wunden werden sollte. Integrierte Studiengänge sollten StudentInnen mit unterschiedlicher Zugangsberechtigung zusammenführen, dabei die ungleiche
Wertigkeit der Bildungszertifikate zwischen Universitäten und Fachhochschulen ausgleichen und ein abgestuftes Studiengangsystem mit sowohl praktischem
wie auch theoretischem Bezug errichten. Auf diese Weise, so wurde erwartet,
würde dann sowohl ein wissenschaftsnäheres Studium als an den Fachhochschulen als auch eine stärkere Berücksichtigung beruflicher Praxis als an den
Universitäten ermöglicht werden. Die Gesamthochschulen standen und fielen
also mit dem System der Studiengänge, das zu diesem Zweck ersonnen wurde.
Für die 1972 neu gegründeten Gesamthochschulen in Nordrhein-Westfalen
wurde beispielsweise das sogenannte Y-Modell des Wissenschaftsrats zur curricularen Maßgabe. Die integrierten Studiengänge mündeten hier nach dem
gemeinsamen Grundstudium in einen kürzeren praktischen oder einen längeren
theoretischen Zweig, womit nach dem pointierten Urteil eines Kritikers „der
Integrationspfad schon in der Geburtsstunde der Gesamthochschulen wieder
verlassen worden" war.[50] Denn die beiden Zweige des Hauptstudiums in Nordrhein-Westfalen ähnelten in ihren wesentlichen Prämissen jeweils wieder den
bisherigen Fachhochschul- und Universitätsstudiengängen und die qualifizie-
rende Zwischenprüfung verlieh der Entscheidung an der curricularen Weggа-
belung zugleich den Beigeschmack einer Differenzierung zwischen guten und
weniger guten StudentInnen.

Ähnlich wie bei den forschungsorientierten Reformuniversitäten Konstanz
und Bielefeld, wenn auch von einem ganz entgegengesetzten Ausgangspunkt aus,
folgte bei den Gesamthochschulen auf die Gründung schnell die Ernüchterung.
Einmal ganz abgesehen von den anhaltenden Finanznöten und Ausstattungs-
sorgen oder den Überleitungsschwierigkeiten bei den FachhochschullehrerIn-
nen war hierfür ein ganz allgemeiner Sachverhalt maßgeblich: Statt, wie noch
das Hochschulrahmengesetz von 1976 vorgab, zum Vorreiter einer allgemeinen
Entwicklung zu werden, die überall hin zu einem integrierten Hochschulsystem

---

50 Gesamthochschule Kassel Oktober 1972 – Juni 1977. Bericht des Gründungspräsidenten Dr.
   Ernst von Weizsäcker, dem Gründungsbeirat vorgelegt im Juli 1977, 8.

führen würde, zeigte sich bald, dass die Gesamthochschulen isolierte Einzelfälle in einem weiterhin dual strukturierten Hochschulsystem bleiben würden. Nicht zuletzt die offenen und versteckten Widerstände an den alten Universitäten hatten dem Gedanken der Gesamthochschule schnell den Wind aus den Segeln genommen. Ab Mitte der 1970er-Jahre wurde es wieder still um die Gesamthochschulidee. Die Gesamthochschulen hatten sich weitgehend als jene „Luftschlösser am Planungshorizont"[51] erwiesen, als die sie ein wortgewaltiger Kritiker 1971 tituliert hatte. Sie würden sich alsbald beeilen, den Namen einer „Gesamthochschule" diskret wieder gegen den herkömmlichen einer „Universität" auszutauschen.

VI.   Die Fernuniversität: Studienreform durch Fernstudium

Das Dauerthema der Studienreform hatte die institutionelle Phantasie der HochschulreformerInnen freilich noch auf andere Weise beflügelt. Zur Debatte gestellt wurden in den 1960er- und 1970er-Jahren auch neuartige Modelle eines auf dem Zusammenspiel von Hochschulen, Rundfunk und Fernsehen beruhenden Fernstudiums.[52] Der Abschied von dem, was bis dahin unter der „Humboldtschen" Universitätsidee verstanden wurde, war hier besonders augenfällig. Der Gedanke, mit Hilfe einer oder mehrerer „Fernuniversitäten im Medienverbund" den Übergang in das Zeitalter des Massenstudiums besser bewältigen zu können, erschien unter mindestens drei Gesichtspunkten viel versprechend: als Beitrag zum dringend notwendigen, dabei kostengünstigen Kapazitätsausbau, als ein Weg zur Öffnung der tertiären Bildung für bislang hochschulferne Schichten und schließlich auch als Möglichkeit, neue Anknüpfungspunkte für die Idee des Kontaktstudiums und für einen Ausbau der tertiären Fort- und Weiterbildungsangebote zu schaffen. Der erste Gesichtspunkt war für die staatlichen HochschulpolitikerInnen der wichtigste. Ein zentrales Planungspapier des nordrhein-westfälischen Kultusministeriums ging davon aus, „daß nach endgültigem Ausbau des Fernstudiums zwischen 10–40 % aller Studenten am Fernstudium teilnehmen werden."[53] Für diese Annahme hatten Erwartungen und Erfahrungen aus dem Ausland den Maßstab geliefert, unter anderem aus den USA, Australien und England, aber auch der UdSSR und der

---

51 Heinz Heckhausen, Die ‚Integrierte Gesamthochschule'. Ein neues Luftschloß am Planungshorizont der deutschen Hochschulpolitik, in: Deutsche Universitätszeitung 1971, 197–203.

52 Vgl. als Überblick Christoph Ehmann, Fernstudium im Medienverbund, Köln 1978.

53 Fernuniversität als Gesamthochschule in Nordrhein-Westfalen (Projektbeschreibung), Jan. 1974, abgedruckt in: Johannes Rau, Die neue Fernuniversität. Ihre Zielsetzung, ihr Aufbau und ihre geplante Arbeitsweise, Düsseldorf/Wien 1974, 35–86, 44.

DDR.[54] Für die DDR wurde angenommen, dass rund 25 Prozent der StudentInnen FernstudentInnen waren.[55] Mehr noch als die Berichte aus der DDR, in der das Fernstudium schon seit den fünfziger Jahren eine bedeutsame Rolle gespielt hatte, war es indes die seit Mitte der sechziger Jahre geplante, 1971 schließlich eröffnete Open University in Großbritannien (Milton Keynes), die bei den Planern auf besonderes Interesse gestoßen war, auch wenn die Modelleigenschaften dieses Herzstückes der Labour-Bildungspolitik im bundesdeutschen Kontext nicht als durchwegs übertragbar galten.[56]

Als Nordrhein-Westfalen 1974 zur Gründung einer eigenen Fernuniversität schritt, zog man im Düsseldorfer Wissenschaftsministerium allerdings die Konsequenz daraus, dass die vertrackten Verhandlungen, die seit Jahren unter den Ländern, aber auch zwischen Ländern, Bund, Hochschulen und Rundfunkanstalten über das „Fernstudium" geführt worden waren, noch immer zu keinem greifbaren Ergebnis geführt hatten. In der Absicht, endlich Nägel mit Köpfen zu machen, setzte Nordrhein-Westfalen sich von den mühseligen Verbundplanungen ab, um das Fernstudium vielmehr auf eigene Faust zu organisieren, nun freilich unter Verzicht auf die Einbeziehung von Rundfunk und Fernsehen.[57] Dass auch die Fernuniversität Hagen (übrigens nach der Studentenzahl heute die mit Abstand größte deutsche Hochschule) als Gesamthochschule ins Leben trat, fügte sich nahtlos in das Gesamtbild der dominierenden hochschulpolitischen Leittendenzen jener Jahre ein und unterstrich zugleich den Beitrag zur Studienreform, den sie leisten sollte. Da mit dem Fernstudium eine Abkehr von der persönlichen Dominanz des Lehrenden und eine Hinwendung zu nicht-personalen Medien verbunden war, da es nicht nur eine Revision und Neukonzipierung des verwandten Lehrmaterials erforderlich machte, sondern auch eine eigene, von der bisherigen Lehrpraxis sehr verschiedene Didaktik und

54 Vgl. z.B. Otto Peters, Vier ausländische Projekte für ein Fernstudium im Medienverband. Eine vergleichende Betrachtung ihrer didaktischen Struktur und bildungspolitischen Begründung, in: Günter Dohnen/Otto Peters (Hg.), Hochschulunterricht im Medienverbund, Teil 1: Probleme, Projekte, Pläne, o.O. 1971, 109–149.

55 Die Fernuniversität. Das erste Jahr. Aufbau – Aufgaben – Ausblicke. Bericht des Gründungsrektors, Hagen 1976, 37.

56 Nordrhein-Westfälischer Landtag, 7. Legislaturperiode, Drucks. Nr. 3671: Antwort der Landesregierung auf die große Anfrage 20 der Fraktion der F.D.P., 13.3.1974; vgl. John Ferguson, The Open University in Britain, in: The World Year Book of Education 1972/73: Universities Facing the Future, London 1972, 373–385; Jürgen Gemmeke, Die englische Open University. Eine Studie über Entstehungsbedingungen, Verlauf und Folgen einer bildungspolitischen Reform, Frankfurt a.M. 1983.

57 Vgl. zum Verlauf: Antonius Lipsmeier, Fernstudium in der Bundesrepublik Deutschland, in: Jan Kluczynski/Ulrich Teichler/Christian Tkocz (Hg.), Hochschule und Beruf in Polen und in der Bundesrepublik Deutschland, Kassel 1983, 137–150; Volker Lohse, Rechtsprobleme und Organisationsfragen des Fernstudiums in der Bundesrepublik Deutschland, in: Friedrich Wolf (Hg.), Fernstudium. Eine Anleitung, Saarbrücken 1976, 21–64.

da die Entsubjektivierung der Studienprozesse, wie erwartet wurde, mit einer Objektivierung der Lehre und des Prüfungswesens einhergehen sollte, war die Diskussion über das Fernstudium von Anfang an auch als Diskussion über grundsätzliche Innovationen in der Lehre geführt worden. Kehrseitig damit verbunden war allerdings – was durchaus als ein Nachteil empfunden werden konnte – eine Abkehr vom diskursiven Lernen im universitären Milieu, einem Kerngedanken der herkömmlichen Universitätsidee. Die Hälfte der FernstudentInnen stammte in den Anfangsjahren aus Nordrhein-Westfalen, der Rest verteilte sich auf die übrigen Bundesländer. Die Fern- waren deutlich älter als die UniversitätsstudentInnen, sie waren überwiegend berufstätig und stammten häufiger auch aus Arbeiterfamilien.[58] Wenn der Gründungsausschuss der Fernuniversität Hagen im Übrigen beschlossen hatte, die Hälfte der Studienplätze für – in der Regel bereits berufstätige – TeilzeitstudentInnen zu reservieren, legte das den Akzent noch einmal auf deren soziale Öffnungsfunktion. Eine vergleichbar konsequente Öffnung wie an der britischen Open University, das vollständige Absehen von jeglicher Hochschulzugangsberechtigung, ließ sich indes schon deshalb nicht durchsetzen, weil ein Teil der Gründer um die Anerkennung der Fernuniversität als vollwertige Hochschule fürchtete.[59] Auch die Fernuniversität stand so vor dem Problem, die Innovationen immer nur bis zu dem Punkt vorantreiben zu können, an dem ihr die alten Universitäten mit der Drohung begegneten, die Anerkennung als vollwertige Hochschule zu verweigern. Sich dem traditionellen Universitätsmodell ganz zu entziehen, war auch ihr nicht möglich.[60]

VII. Das enfant terrible: Projektstudium an der Universität Bremen

Eine Reihe von Neugründungen gewann in den frühen 1970er-Jahren dadurch ein eigenes Profil, dass AssistentInnen und StudentInnen in den Gründungsausschüssen erstmals einen erheblichen Einfluss erlangten. Die Universitätsgründungen in Bremen, Kassel, Oldenburg und Osnabrück besaßen dabei am ehesten den Charakter eines „gruppenrepräsentativen" Gründungsarrangements. Der „drittelparitätisch" zusammengesetzte Gründungsausschuss der Universität Oldenburg (1971–1974) beispielsweise wählte, kurz zuvor noch

---

58 Otto Peters, Die Fernuniversität im fünften Jahr. Bildungspolitische und fernstudiendidaktische Aspekte, Köln 1981, 39–50.
59 Peters, Die Fernuniversität, 21–22.
60 Thomas Heinze, Fernstudium und Identität, in: Paul Kellermann (Hg.), Universität und Hochschulpolitik, Wien 1986, 114–122, 116.

undenkbar, einen Vertreter der wissenschaftlichen MitarbeiterInnen zum Vorsitzenden.[61] Die bundesdeutsche Universitätsgründung jedoch, die am stärksten den Stempel von '68 trug, d. h. am deutlichsten sowohl von den Forderungen und Anliegen der studentischen Protestbewegung wie auch den didaktischen Konzepten der kurzlebigen Bundesassistentenkonferenz beeinflusst wurde, war die 1971 gegründete Universität Bremen. In ihrer politischen Stoßrichtung konnte man sie international am ehesten mit der französischen Neugründung in Vincenne vergleichen, der 1969 gegründeten linken Anti-Sorbonne im Pariser Stadtwald. In ihrer didaktischen Ausrichtung hingegen bestanden starke Gemeinsamkeiten mit der dänischen Neugründung in Roskilde, die 1970 hochschuldidaktisch völlig neue Wege beschritt, indem hier die studentische Gruppenarbeit zu Projekten freier Wahl zum dominierenden Lehrveranstaltungsformat erhoben wurde. Mit der Errichtung der Universität Bremen fand in dem norddeutschen Stadtstaat jedenfalls ein langer, konfliktreicher und äußerst verwickelter Gründungsmarathon seinen vorläufigen Abschluss, an dessen Ende ein Hochschulmodell stand, das sich bei seinen zahlreichen GegnerInnen und KritikerInnen umgehend den Ruf einer roten Kaderschmiede erwarb.[62] Bremen wurde so zum enfant terrible unter den deutschen Neugründungen.

Der Gründungsausschuss hatte 1970 zum ersten Mal einen Assistenten zum Gründungsrektor berufen, den stellvertretenden Juso-Vorsitzenden Thomas von der Vring, ein Schüler des Niedersächsischen SPD-Kultusministers und Politikwissenschaftlers Peter von Oertzen. Für die neue Universität forderte von der Vring, „im Rahmen des Studiums antizipierend egalitär-kooperative, also der Wissenschaft wie der humanen Gesellschaft gemäße Verhaltensweisen der Studenten einzuüben, die später in der gesellschaftlichen Produktion die Universitätsabsolventen dazu drängen, der Realität zu widerstehen und in ihrem Bereich am Fortschritt zu arbeiten". Dass der Universität so die doppelte Rolle eines Parteigängers der Unterprivilegierten und eines Agenten des Fortschritts zugedacht wurde,[63] provozierte den Widerspruch von Kritikern wie dem Freiburger Politologen Wilhelm Hennis, der der Bremer Gründung bei einem Streitgespräch im ZDF das Recht absprach, „nur die Universität der Unterprivile-

---

61 Helmers, Geschichte, 194–204. 1973 musste der Gründungsausschuss allerdings aufgrund eines Urteils des Bundesverfassungsgerichts die Drittelparität aufgeben; Horst Wetterling, Die Gründung der Universität Osnabrück 1970–1975, Osnabrück 1977, 11–39.
62 Vgl. als Überblick für die Entstehungsgeschichte: Birte Gräfing, Tradition Reform. Die Universität Bremen 1971–2001, Bremen 2012, 22–45.
63 Thomas von der Vring, Theoretische Überlegungen zum Problem der Universitätsgründung, in: Thomas von der Vring, Hochschulreform in Bremen. Bericht des Rektors über Gründung und Aufbau der Universität Bremen während seiner Amtszeit von 1970 bis 1974, Bremen 1975, 253–261, 255.

gierten" sein zu wollen.[64] Keine Neugründung, soviel wurde jedenfalls schnell deutlich, vermochte die Gemüter so zu erregen wie die Bremer Universität.

Im Zentrum der Universitätsreform nach Bremer Muster stand indes nicht die drittelparitätische Hochschulverfassung, sondern die Studienreform – tatsächlich wurde die Neuordnung des Studiums in Bremen kaum weniger radikal gedacht als die Neuverteilung der universitären Mitbestimmungsrechte. In den Mittelpunkt rückte das neue hochschuldidaktische Zauberwort des „Projektstudiums", zuerst lanciert von der Bundesassistentenkonferenz, jetzt Kernpunkt und Generalschlüssel der Bremer Studienreform.[65] Projektstudium hatte zunächst zu bedeuten, dass an die Stelle von Vorlesung und Seminar als Grundeinheit des Studiums die in Projekten organisierte Kleingruppenarbeit trat. Darüber hinaus sollte das Studium nicht mehr strikt über Disziplinen, sondern über Probleme organisiert werden, die ihrerseits wieder nach der „gesellschaftlichen Relevanz" des Themas auszuwählen waren. In die Projekte hatten unterschiedliche wissenschaftliche Fachsichten und Methoden einzufließen. Projekte sollten exemplarisch die Restriktionen der gegenwärtigen beruflichen Praxis vor Augen führen, aber auch Alternativen für eine veränderte berufliche Handlungsorientierung ergründen helfen. Als Lehreinheit sollten sie in der Regel eine Laufzeit von zwei oder drei Semestern haben, vielfältige Veranstaltungstypen kombinieren und interdisziplinär angelegt sein.[66] Während die stets von Neuem angerufene Formel der „Interdisziplinarität" in den forschungsgeleiteten Reformuniversitäten als das bevorzugte Medium für eine Reform des Forschungsbetriebs gelten konnte, wurde sie in Bremen zum Ansatzpunkt einer Reform der Lehre. Hörsäle, errichtet für die althergebrachte Veranstaltungsform der Vorlesung, suchte man in den neuen Bremer Universitätsgebäuden vergebens.

Der Umsetzung des Projektstudiums stellte sich bald eine Reihe von Hindernissen in den Weg. So hatte der mit dem Projektstudium verbundene organisatorische Mehraufwand zur Voraussetzung, dass sich das nach Bremen berufene Lehrpersonal der ersten Generation mit dem Projektstudium dauerhaft identifizierte. Dies ließ sich jedoch nicht immer in hinreichender Weise ge-

---

64 Reform-Universität oder Kader-Hochschule? Ein Streitgespräch, gesendet am 30. Juli 1970, im Zweiten Deutschen Fernsehen, Bremen 1970, 44.

65 Wilfried Rudloff, ‚Project Studies!' Reform Experiments in Academic Learning and Teaching in the 1960s and 1970s, in: Moving the Social 60 (2018), 45–70.

66 Planungskommission Lehrerbildung: Zum Projektstudium an der Universität Bremen (1970), in: Elin-Birgit Berndt u. a., Erziehung der Erzieher: Das Bremer Reformmodell: Ein Lehrstück der Bildungspolitik, Reinbek bei Hamburg 1972, 184–189; Das Programm der Bremer Universität zur Studienreform: das Projektstudium, in: Materialien zum Projektstudium (Materialien der Bundesassistentenkonferenz 11), hg. von der Bundesassistentenkonferenz, Bonn 1973, 59–82.

währleisten.[67] Hinzu kam als didaktisches Problem das Spannungsverhältnis zwischen dem Konzept des exemplarischem Lernens und der Notwendigkeit, ein breites fachsystematisches Wissen zu erwerben.[68] Die Gegner des Bremer Universitätsmodells unter den Kultusministern drohten deshalb damit, die Studienabschlüsse nicht anzuerkennen. Nach zehn Jahren war auch an der neuen Universität Bremen eine Stimmung der Ernüchterung und Enttäuschung weit verbreitet. Viele der anfangs gehegten Reformansätze und -ambitionen ließen sich auf Dauer nicht konsequent durchhalten. So musste 1973 als Folge eines äußert bedeutsamen Urteils des Bundesverfassungsgerichts zur Mitbestimmung an den Hochschulen die drittelparitätische Struktur der Selbstverwaltungsgremien wieder abgebaut werden. Auch an der Weser begab man sich nach und nach nun auf den beschwerlichen Pfad der „Normalisierung", der sukzessiven Anpassung an den Mainstream des bundesdeutschen Hochschulwesens, einen Parcours, auf dem ein Aushängeschild der Reformuniversität nach dem anderen stillschweigend wieder abmontiert wurde.[69]

VIII. Ausblick

Damit war auch dieses Reformmodell wieder zerronnen: Nach der Hochschulreform unter wissenschaftsreformerischen Zielsetzungen in Konstanz und Bielefeld und nach der Gründungspolitik unter gesellschaftspolitischen Vorzeichen wie in Kassel nun also auch die Hochschulreform als Medium der Systemveränderung in Bremen – unterspült von der isomorphen Sogkraft des Mainstreams, der Unbeeindruckbarkeit der Altuniversitäten, den wachsenden politischen Widerständen gegen ein Zuviel an Experimenten, aber auch der Unfertigkeit und mangelnden Umsetzbarkeit mancher Reformkonzepte. Man kann schlussfolgern: Von den Neugründungen aus ließ sich eine Hochschulreform in breiter Front nicht initiieren. Selbst für eine partikulare Existenz als Reformenklaven inmitten einer in ihren Grundkoordinaten kaum veränderten Hochschullandschaft fehlte es ihnen an einer zentralen Grundvoraussetzung, nämlich immun gegen den normativen Anpassungsdruck der Ton angebenden Selbstregulierungs-, Planungs- und Standesorganisationen – Rektorenkonferenz, Deutsche Forschungsgemeinschaft

---

67 Vgl. zur Berufungspolitik etwa: Alexander Wittkowsky, Zur Situation der Universität Bremen. Der Rektor antwortet auf Fragen, in: Diskurs. Bremer Beiträge zu Wissenschaft und Gesellschaft 7 (Juni 1982): Zehn Jahre Universität Bremen. Keine Festschrift, 69–79.

68 Das Problem war auch schon unter den Bremer Curriculumsplanern diskutiert worden. Vgl. Anke Nevermann, Probleme der Bremer Konzeptionen für eine Reform der Lehrerbildung, in: Berndt, Erziehung, 26–35, 29.

69 Vgl. die Beiträge in: 1971–1991: 20 Jahre Universität Bremen. Zwischenbilanz: Rückblick und Perspektiven. Zusammengestellt von Christian Marzahn, Bremen 1992.

oder Wissenschaftsrat – zu sein. Angesichts der engen Verwachsenheit der universitären Welt war den Reformhochschulen ein Rückzug in eine Nischenexistenz nicht vergönnt. Nach einer bemerkenswerten Phase der Differenzierung der Hochschullandschaft schlug damit das Pendel wieder in Richtung einer homogenisierenden Gegenentwicklung um. Die aus dem Geist der Wissenschaftsreform gegründeten Hochschulen wurden von den gesellschaftlichen Realitäten des Massenstudiums eingeholt, während die gesellschaftspolitisch motivierten Gründungen dem Autonomieanspruch und Forschungspostulat der Wissenschaft Tribut zahlen mussten, wollten sie auf der Bühne der Hochschulpolitik nicht die undankbaren Rollen des extravaganten Sonderlings oder eines ungeliebten Aschenputtels spielen. Selbst die Fachhochschulen, die ihren Eigencharakter nolens volens bewahrt haben, und die Universitäten, die sich weiter von den FHs abzugrenzen bemüht sind, haben sich inzwischen ein ganzes Stück weit einander angenähert: Während die Fachhochschulen bestrebt sind, auch als Orte der Forschung Anerkennung zu finden, haben sich die Studiengangstrukturen im Zuge des Bologna-Prozesses beiderseits angeglichen.

Abstracts

New Universities – Austria and Germany in the 1960s and 1970s

Thomas König
Crisis and new demands. The Austrian higher education regime 1920–1960 and the critical discourse of the early 1960s

In the early 1960s, the higher education sector in Austria was in a deep crisis. Intellectuals of all colors debated intensely about the reason for this, and also what purpose higher education was to fulfill. But where did the perception of crisis come from? What happened to universities and other institutions of higher education in the years between 1920 and 1960? The article attempts to address this question holistically, that is, by understanding the period of four decades before the crisis as one of a distinct higher education regime – one that was marred by political interventions, immense social tensions, and steady decline. Keywords: Austria, higher education regime, academic careers, knowledge society, 20th century

Paulus Ebner
All new? The Austrian Students' Union (ÖH) and Austrian students in the 1960s and 1970s

The situation of Austrian universities in the 1960s was very different from most West European countries: The legal position of the official student representation Österreichische Hochschülerschaft (ÖH) was much stronger than in most countries, but on the other side conservative and German nationalist students had a vast majority (about 80 %) in Austrian students' parliament. From the early 1960s on leftist and reform-minded groups among Catholic students changed the political framework. This essay tries to point out how the political landscape of Austrian students developed in the 1960s and 1970s and which of this changes became permanent. The impact of student activists on higher education reforms and on the cultural climate of Austria in these times are further topics.

Keywords: History of universities, history of social movements, Austrian contemporary history, 1968

Maria Wirth
"Something completely new" – The development of the Johannes Kepler University Linz from its beginning as a "new kind of university" to the present

Efforts to found an institution of higher education in Linz date back to the 16th century, but in fact it was the decision for a University of Social and Economic Sciences, which made the founding possible in 1962. Because of the lack of social sciences in Austria, the university in Linz was to fill a gap in the university system and represent a "new kind of university". However, the profile of the university soon changed. Even before the opening in 1966, the university got a Faculty of Engineering and Natural Sciences and the study of law, making it a university with "an unconventional mix of studies". In 1975 a Faculty of Law followed, and in 2014 a Faculty of Medicine, which allowed the University of Linz to grow further, but it also meant that it became more and more similar to other universities. The article traces the founding and development of the Johannes Kepler University Linz, focusing on the question of what should be new about this university, and how it changed over time. Central actors of the foundation, its financing, the influence of other Austrian universities and international developments in education will hereby be considered.

Keywords: Austria, university system, modernisation, Johannes Kepler University Linz

Alexander Pinwinkler
"Re-establishment" or refoundation? The University of Salzburg between traditionalism and new beginnings

The Paris Lodron University Salzburg was founded in 1962 and was named after the Archbishop who founded the former Salzburg Benedictine University in 1622. The article interprets the "re-establishment" of the Salzburg University as a project of the predominantly conservative-minded first generation of founders of the 1960s. In clear distinction from the Linz University of Social and Economic Sciences the University of Salzburg was primarily intended to train theologians,

teachers and lawyers. Furthermore, the article discusses some "progressive" tendencies at the young University of Salzburg: for example, the interdisciplinary cooperations, or appointments of academic researchers, such as Fritz Fellner, Norbert Leser or Erika Weinzierl. The latter indicates that the University of Salzburg, to which former NSDAP party supporters were initially unhesitatingly appointed, could no longer completely exclude a personal renewal at the latest at the turn of the 1960s to the 1970s.
Keywords: University of Salzburg, "re-establishment", catholicism, René Marcic, Fritz Fellner, Erika Weinzierl, academic networks, politics of academic appointments

Johannes Dafinger
Social sciences and educational planning: The founding of the University of Klagenfurt and the Organisation for Economic Co-operation and Development (OECD)

This paper focuses on the role of the Organisation for Economic Co-operation and Development (OECD) in decision making processes which led to the foundation of a new university in Klagenfurt, Austria, in 1970. As Austria's educational policy and planning started to rely on the expertise of social scientists in the 1960s, studies of OECD experts on the future demand for graduates from certain disciplines influenced the decision of the Austrian Ministry of Education to establish a university for educational sciences (Hochschule für Bildungswissenschaften) in Klagenfurt. The OECD also helped to organise a conference in 1969 in order to facilitate the discussion of a draft concept for the envisaged university with international experts and hence became directly involved in the founding of the university. The findings in this paper are based on research in the Austrian State Archives in Vienna, the Carinthian State Archives in Klagenfurt and the University Archives in Klagenfurt.
Keywords: Hochschule für Bildungswissenschaften, university, Klagenfurt, Organisation for Economic Co-operation and Development (OECD), educational policy, social sciences, political consulting, experts, educational sciences

Anna Minta
Built educational landscapes of the 1960s. Campus architecture and reform concepts in Linz

After World War II and the terror of national socialism, many countries were confronted with reorganising politics and societies, reestablishing democracy and humanitarianism as well as rebuilding free and diverse educational landscapes. In West Germany and Austria visions of a democratic, humanistic re-educated society were projected into the foundation and building of universities. Inspired by the Anglo-Saxon traditions of campus-universities new spatial concepts and architectural languages were developed that followed social ideals of free and equal communication, respecting social individuality and diverse scientific communities. This paper not only reconstructs the history of founding universities in Linz, but also discusses their campus concepts and modern architectural formations as manifestations of political and educational ideologies.

Keywords: modern architecture, social concepts, manifestions of democracy

Ingrid Böhler
No university for Vorarlberg. A regional university debate in the 1970s

Vorarlberg, Austria's westernmost and smallest federal state, had a strong industry and, as a result, enjoyed considerable prosperity after the Second World War. Nevertheless, tertiary education became a political issue later than in states like Salzburg, Upper Austria and Carinthia, where new universities were successfully established. In Vorarlberg, a public debate on the subject did not develop until after 1975. The characteristic feature of this debate was the lack of a cross-party pressure group that would have pursued the founding of a university systematically. Rather, it was an ideological conflict between two political parties: the Austrian People's Party (ÖVP), which ruled with an absolute majority, and the opposition Socialist Party (SPÖ), which – with the support of the socialist federal government – campaigned all the more vehemently for the establishment of tertiary education institutions. Despite the resistance of the powerful ÖVP, a number of higher education and research institutions were established by the mid-1980s, which over the years have also gained general acceptance and a considerable reputation. To this day, however, no university exists in Vorarlberg.

Keywords: Vorarlberg, higher education system, education policy

Wilfried Rudloff
Higher education reform through reform universities? The German university foundations of the 1960s and 1970s between diversification and homogenisation

In no comparable period of time so many new universities were founded in the Federal Republic of Germany as in the 1960s and the 1970s. The founding boom was accompanied by a flourishing of new university ideas and concepts, some of which sought to revive the old Humboldtian idea of the university, while others deviated radically from it. In most cases, however, the search for new concepts was based on the conviction that the hoped-for reform of the universities could best be achieved by founding new universities rather than by restructuring the old ones. In most of the reform universities, the ambitions for renewal were quickly followed by some degree of disillusionment, and it soon became clear that many of the new foundations were returning to more traditional paths. The article gives some indications as to why many of the reform ideas withered away and why the new universities succumbed to the pressure to adapt that emanated from the old ones.

Keywords: higher education reform, diversification of universities, typology of newly founded universities, post-Humboldtian university idea, homogenisation process

AutorInnen

Ingrid Böhler, Senior Scientist Dr.
Institut für Zeitgeschichte der Universität Innsbruck, ingrid.boehler@uibk.ac.at

Johannes Dafinger, Dr.
Institut für Geschichte, Abteilung für Zeitgeschichte der Alpen-Adria-Universität Klagenfurt, johannes.dafinger@aau.at

Paulus Ebner, Dr.
Archiv der Technischen Universität Wien, paulus.ebner@tuwien.ac.at

Thomas König, Dr.
Institut für Höhere Studien (IHS), Wien, koenig@ihs.ac.at

Anna Minta, Univ.-Prof. Dr.
Institut für Geschichte und Theorie der Architektur, Katholische Privat-Universität Linz, a.minta@ku-linz.at

Alexander Pinwinkler, Priv.-Doz. Dr.
Institut für Wirtschafts- und Sozialgeschichte der Universität Wien, alexander.pinwinkler@univie.ac.at

Wilfried Rudloff, Dr.
sv:dok, Dokumentations- und Forschungsstelle der Sozialversicherungsträger, rudloff@uni-kassel.de

Maria Wirth, Dr.
Institut für Zeitgeschichte der Universität Wien, maria.wirth@univie.ac.at

Personenregister